本书内容源于国家社科基金重大项目
"我国再生资源产业顶层设计与发展实现路径研究"

我国再生资源产业发展研究

顶层设计与实现路径

陈德敏 著

Research on the Development of China's
Renewable Resources Industry
Top-level Design and Realization Path

人民出版社

序

当我国经过四十多年波澜壮阔的改革开放、推动经济社会堪称奇迹的持续发展,一个欣欣向荣的强大中国已经在世界的东方屹然崛起。纵观人类进步的历史进程,中国全面推进的生态文明建设和绿色发展,正在成为迈入中华民族伟大复兴新时代的有机构成和鲜明底色。其中,我国的再生资源产业作为生态文明、绿色发展事业中的重要组成部分,持续地发挥着节约利用资源、保护生态环境的基础性作用。

再生资源产业的有序持续推进得到了党和国家的高度关注和扶持。党的十八大、十九大作出了推进资源节约和循环利用的相关工作部署。习近平总书记2013年7月视察武汉格林美再生资源加工基地时勉励说:变废为宝,循环利用是朝阳产业;垃圾是放错位置的资源,把垃圾资源化,化腐朽为神奇,是一门艺术。习近平总书记在2017年5月26日中央政治局第四十一次集体学习中强调:"生态环境问题,归根到底是资源过度开发、粗放利用奢侈浪费造成的。资源开发利用既要支撑当代人过上幸福生活,也要为子孙后代留下生存根基。要树立节约集约循环利用的资源观,用最少的资源环境代价取得最大的经济社会效益。"习近平总书记在十九大报告中强调,"推进资源全面节约和循环利用,实现生产系统和生活系统循环链接,倡导简约适度、绿色低碳的生活方式,反对奢侈浪费和不合理消费"。党中央明确的宏观部署和要求,为我国再生资源利用指明了发展方向,具有谋划长远的战略意义。

本书根据我主持的2012年度国家社会科学基金重大项目(批准号:

12&ZD209)"我国再生资源产业顶层设计与发展路径实现研究"主报告内容编撰而成,附件是本项目研究期间撰写提交的部分专家咨询建议和研究专稿。本项目包括一个主研究报告和分设的"再生资源产业理论架构与产业发展演变规律研究""我国再生资源产业发展进程挑战与指标评价研究""我国再生资源产业顶层设计与系统框架研究""我国再生资源产业发展路线与行动路径研究"等四个子课题报告,从2013年起至2018年10月完成,2008年11月经全国哲学社会科学工作办公室审核准予结项(证书号:2018&J119)。

自2012年底本研究项目批准立项以来,在党的十八大决策"五位一体"总体布局、推进生态文明建设以及党的十八届五中全会提出实行最严格的环境保护的大背景下,我国再生资源产业经历了前所未有的调整变化。2013年海关等监管部门实施清理"洋垃圾"进口的"绿篱"行动;2014年国家发改委试点示范50个城市矿山循环利用基地及各地建此类产业区,再生资源回收加工企业归类进园区;2015年起各城市全面开展"垃圾分类"试点,部分城市提出"两网合一"(与再生资源回收);2016—2017年提出减缩废弃物进口、全面清查"洋垃圾"进口的专项行动,全面清理城市区域分布的可利用废弃物回收网点;2018年提出在2020年将全面禁止"洋垃圾"进口的环保目标和任务。以上防治环境污染的重大举措,取得了实施最严格环境保护、规范再生资源回收的显著成效。

各地落实中央的部署要求,大大促进了再生资源回收行业从"散、乱、差"状况向规范有序防污染的清洁回收局面转变,再生资源加工向采用新技术、防止二次污染、进行清洁生产的工艺路线转变,再生资源产业全面实行循环经济园区化,各大类再生资源回收量、再利用量持续上升,成效明显。从近年发展实际出发,我们分析得出这样的基本判断:我国再生资源产业进入了面向可持续发展的调整转型新阶段。主要标志是:传统的再生资源粗放回收方式将逐步淘汰,加工再利用方式将采用新技术工艺并不断更新,新型再生资源产业体系、清洁回收加工再利用模式、系统的规范有序运行环境正在形成和拓展。

序

再生资源产业近年来的快速发展和阶段性变化,给本项目的研究带来不断翻页式的新挑战,需要不断改变以前的一部分固定看法与分析定式。我们在研究中坚持包容变化、适应调整、认识规律,提炼更新理念与指导原则,多次改写研究报告有关内容,更新调研内容及总体数据,前瞻发展,分析实际,预测趋势,以形成理论与实践结合的再生资源产业发展框架设计和政策制度建设的创新性研究成果。当我们在把握再生资源产业进入了调整转型新阶段的基本判断,并展开研究的过程中,更加清晰地认识到当前我国再生资源产业发展亟需顶层设计及整体思路指导的必要性与紧迫性,以及求实面对新的难题与挑战,探寻新的发展途径的实践需求。新时代要求我们必须深入了解本产业的新变化,概括新思想,论证新策略,提出新举措。为此,我们进行了不断的实地调研、走访、交流。先后多次走访了国家发改委、工信部、商务部有关再生资源产业统筹管理的部门领导及处室,了解国家新部署与相关政策;拜访中国循环经济协会、再生资源产业协会、物资再生行业协会以及省级相关协会与领导、专家,交流探讨本行业的新情况新进展;到全国典型的再生循环加工园区、加工企业、乡镇调研;与企业主管、一线人员、高校科研院所的学术专家座谈研讨面临的新情况新探索。广泛收集不断发展的现状数据,进行全面对比分析。在持续调研和深入研究的基础上,形成了内容提要简本、研究主报告文本、四个子课题研究报告;以问题导向撰写了多份专家建议上报,得到有关领导予以采纳的两份重要批示;先后公开发表了36篇相关学术论文,产生了提供政府决策咨询的良好效益和理论探索的学术影响。

经过结合实际的系统研究,我们形成了以下分析认识和系统性理论阐析。

一、深刻认识生态文明新时代再生资源产业的不可替代性和广阔发展前景。我国深入开展与经济社会发展和人民生活质量提升息息相关的资源节约开发、过程合理使用、废弃物回收再利用,客观上综合发挥了节约资源、保护环境和支撑发展的重要功能。随着科技进步、生产与生活水平提高、人们环境保护和资源节约意识提升,物质资源使用后产生的日益增多的可用废弃物更多地有序回收和批量处置,再生转化为有用物质资料的数量将会越来越多,类型及用途将会更为宽广。从新中国成立后于20世纪50年代起步的废旧物资回收、80年代以来的再生资源回收利用、到进入21世纪的再生资源产业调整拓展,我国的发展实践已经充分证明,再生资源产业是充满生机的战略性新兴产业,在节约自然资源、保护生态环境、拓展社会就业、采用先进科技、形成规范运行的产业链与价值链等方面,具有不可替代的重要经济作用和社会功能。

二、科学界定再生资源相关主要概念内涵及规律性特征。本研究对我国再生资源产业涉及的主要概念、实质内涵和规律特征进行全面解析,对于推动学术界准确地进行相关领域的研究、资源节约及再生资源产业政策调整完善具有重要意义。首先,对本研究所涉及的人们认识不一的主要概念——再生资源与再生资源产业、废弃物与废物、再生资源进口与洋垃圾等,进行了厘清和科学界定,以求全面理解和形成共识。其次,通过综合分析,指出再生资源产业是将生产、流通、消费过程中所产生的废弃物料,经过回收再加工形成新产品的生产经营活动及其组织方式(又被称为"静脉产业"),发挥"变废为宝"的功能,减少自然资源耗费,实现人与自然和谐、生态良性循环的状态。最后,从"资源—环境—发展"的宏观定位阐述人类可持续发展的客观趋势和基本理论,分析了废弃物回收、再加工业等组成的再生资源产业链及其实践价值,论证了再生资源产业的生命周期规律和演进成长阶段理论。

三、研究构建再生资源产业的基本理论框架。再生资源产业理论是对基于再生资源产业发展的客观规律加以概括,用以指导产业发展实践。首先,系统分析和构筑了包括资源回收利用论、再生资源产业发展理论的再生资源产业理论框架,结合运用循环经济理论的基本内涵和五个特征,阐释了再生资源产业是国民经济结构中的重要部分,类似于人体的动脉(主产业)与静脉(资源回收再利用产业)。强调社会、经济和环境的共赢,本质上体现为理性和节约的经济活动。其次,分析了绿色发展的内涵定义和五个主体内容,指出绿色产业与再生资源产业的内在联系。基于绿色发展的内涵,我们认为绿色产业是一种在生态环境容量和资源承载力约束下,与资源环境相融的经济效益、社会效益和环境效益有机统一的可持续发展的产业体系。绿色产业是一个广义、开放的概念,符合资源利用效率高、环境友好、对气候影响小、覆盖面广的特点,再生资源产业在绿色产业中具有重要地位和作用。最后,提出了可持续发展理念是人类社会处理人口、资源、环境与社会经济发展关系的总体指导体系。可持续发展理念的四个基本要素为:代际公平、代内公平、资源永续利用、环境保护与发展协调的一体化。资源永续利用是其物质基础和核心内容。可持续发展理论指导下的资源利用的核心和关键在于如何使资源能够得以"再生",组成一个"资源—产品—使用—再生资源"的规范循环系统。

四、调研评估再生资源产业运行现状、问题与发展态势。本研究着眼于再生资源产业发展实际,剖析存在的问题,深化对我国再生资源产业发展运行现状的认识与理解,进而对未来发展态势进行评估,探寻改善其运行现状的路径,为破解再生资源产业发展难题提供必要的参考。首先,我国再生资源产业逐步向规模化、规范化发展。根据调研的现状态势表明,回收体系基本形成,再生资源总回收量和回收价值稳步上升,一系列龙头企业、循环经济示范区、再生资源产业园区不断涌现,"小散乱"问题得到改善,产业集中度不断提高、创新型回收模式不断涌现、"互联网+"思维日益渗透。其次,对再生资源产业发展水平与进程进行检测评价。结合产业演变规律,再生资源产业发展主要历经起步阶段、发展阶段和成熟阶段,我国再生资源产业正迈入从"起步"到"发展"的调整转型新阶段。我国再生资源异质性和技术差异较为明显,产业空间布局需要优化,从再生资源产业接替对经济增长质量影响来看,多数省份再生资源对原生资源的产业接替对经济增长质量的提升具有显著的促进作用;从调整我国再生资源产业结构、缩小区域经济差异、减少环境污染的角度出发,以东部带动西部再生资源产业发展。最后,新形势下再生资源产业调整转型阶段面临发展瓶颈的制约。整体上来看,我国再生资源产业发展战略目标不明确、发展不平衡、发展不规范、监管体系不健全、科技水平不高、法律法规缺失、专业人才缺乏、参与意识不强等问题突出，使行业陷入了驱动力不足、调整转型难的发展困境。此外，随着宏观经济波动、行业成本上升、转型升级压力、外资企业竞争等因素影响，实现再生资源产业持续发展仍需克服一系列问题与挑战。

五、系统阐析再生资源产业调整转型与顶层设计构想。我国再生资源产业面临着调整转型压力，突破产业发展瓶颈，加强顶层设计是重中之重。再生资源产业顶层设计是一个具有全局性、整体性、基础性的元规划和元设计。长期以来，我国再生资源产业发展的目标导向模糊、组织架构缺失、技术市场运行效率低下、缺乏社会环境支持、制度建设有待完善。本研究基于"目标模式—管理系统—运行系统—综合集成"四个层级的思维逻辑，采用"战略—系统模型"和"综合集成模型"相结合的顶层设计方法对我国再生资源产业的顶层框架进行系统设计和动态设计。

六、求实分析再生资源产业调整转型的可行路径。本研究根据国家发展战略需求和现实基础，通过科学设计符合我国国情的再生资源产业结构、运行模式及发展路径，采取系列政策措施解决当前再生资源产业发展无序和滞后的局面，从而科学有效地指导再生资源产业规范发展，提高我国再生资源产业效率和市场竞争力，推进生态文明建设。通过从2020年起三个五年规划的递进实施，到2035年基本形成市场化、网络化、规范化和绿色化的再生资源产业体系。具体设想为：形成一业三构架："一业"是指形成国民经济"静脉产业"（即再生资源产业），"三构架"是指构建产业组织体制、运行机制、法律规制；健全一统四层面："一统"是指统一的再生资源产业结构体系，"四层面"是指产业结构体系分国家、地方、园区（基地）、企业等四级层面；夯实一基五支撑："一基"是指再生资源产业发展的基础载体，"五支撑"包括产业基地及设施、资源回收体系、技术创新及应用、专业人才队伍、社会氛围营造。

七、建立健全保障再生资源产业发展的法规制度体系。再生资源产业法规制度建构是再生资源产业可持续发展的基础，是监控调节和顺利运转的制度性保障。一方面，完善我国再生资源产业的法规体系，以产品生命周期为规范，建构再生资源产业制度体系，规范废弃物资源再利用市场的有序发展。探索制定《废弃物资源再生利用法》，再逐步立足社会各领域层面制定涉及再生资源产业技术及管理的专项条例与配套实施细则，以分别对其中的具体内容予以规制，进而推动再生资源产业绿色、健康可持续发展。建构一套再生资源产业发展法规体系，使其具备执行力与行为约束力，引领我国改变传统经济增长模式，有效解决废弃物日益增多等环境难题，促进资源节约、环境保护与经济社会协调发展。另一方面，建立健全再生资源产业系统监管制度。抓住关键环节，规范化和制度化再生资源的分类回收、清洁运送、分拣整理、加工生产、产品销售，促进各环节的有序链接。一是针对再生资源产业链回收环节，建立健全生活垃圾强制回收制度、再生资源行业综合利用规范制度、生活垃圾分类示范教育及公众参与制度。二是针对再生资源产业链加工环节，健全完善再生资源产品加工制度、循环经济计量保障、认证认可和检验检测制度、政策引导制度、辅导奖励制度、责任约束制度。三是针对再生资源产业链利用环节，建立再生资源利用标识标志制度、扶持激励制度、绿色采购制度、生产者责任延伸制度。

八、谋划提出再生资源产业现代化规范化的行动策略。再生资源产业发展行动策略对产业进程具有深远影响，既是全面系统的前瞻性战略思考，也是现实有可操作性的行动指南。推进的指导要点与思路为：提升理念引导，明晰目标路径，加强制度调控，依托市场机制，革新技术工艺，坚持政策激励，营造社会环境，完善法规保障。按照现代化治理要求应采取的八项主要对策如下：以新时代绿色发展为导向，持续发挥再生资源产业不可或缺的独特作用；从国家宏观层面完善顶层设计，指导再生资源产业规范有序发展；明确政府主管部门统筹协调职责，推进再生资源产业监管法规制度建设；发挥市场机制主导作用，促进形成有效运行的现代回收加工营销产业链；注重科技创新和成果应用，提高再生资源产业基础设施条件和回收加工能力；强化信息网络平台建设，提升再生资源产业面向亿万公众千企百业的精细化服务水平；实施稳定的优惠扶持政策，激励再生资源产业立足本行业实现内涵式发展；引导公众支持回收利用，形成有利于再生资源产业发展的社会环境。

本次出版的主报告研究成果得到了各子课题成果的支持。在此，首先真诚感谢四位子课题负责人——国务院研究中心周宏春研究员、同济大学杜欢政教授、重庆大学蒲勇健教授、李蜀庆教授。尤其感谢与我从90年代初认识并交流请教的挚友周宏春研究员，自立项以来为课题研究贡献良多，撰写了获国务院领导同志重要批示的建言，提供了高水平的成果支撑。同时，我谨记在心并要真诚感谢北京大学叶文虎先生，感谢他长期以来在可持续发展研究领域给予我的诸多指导和倾力支持。

课题研究能取得良好的成果，与我的研究团队多年来坚持不懈的学术劳作与付出分不开。课题组成员秦鹏教授、谭志雄副教授、韩经纬博士等，他们为本项目成果形成和出版持续进行了五年多研究工作。团队成员张瑞副教授、高艳红副教授、王睿副教授、董正爱副教授、杜辉副教授等承担了部分内容撰写，陈林副研究员、肖俊夫助理研究员及鄢德奎、周娴、付佳、陈思盈博士等参与了调研分析和专题资料整理工作；在北京工作的王华兵博士主动关心和联系出版事宜。在本书付梓之际，向他们所奉献的智慧和辛勤劳动致以真挚的感激之情！

本书出版得到了人民出版社领导和编辑同志的大力扶持，李媛媛编辑给予了专业的出版指导和帮助，在此特表衷心的感谢。

鉴于本人的理论水平和实践经验所限，目前的研究成果仍有诸多需要深化和提高之处，书中的不足与错漏在所难免，期待各位关心我国再生资源产业发展的同仁和朋友们给予批评指正。

陈 德 敏
2019年10月于重庆大学

目 录

导论:我国再生资源产业步入时代发展新起点 …………………… 1

第一章 再生资源产业的内涵与规律性特征 ……………………… 5
 第一节 基本概念内涵 ……………………………………………… 5
 第二节 "再生—资源—产业"的三维审视 ……………………… 13
 第三节 "资源—环境—发展"的定位思辨 ……………………… 16
 第四节 价值理念:可持续发展 …………………………………… 20
 第五节 再生资源产业演变规律 …………………………………… 21

第二章 再生资源产业发展基本理论体系构建 …………………… 27
 第一节 理论溯源 …………………………………………………… 27
 第二节 再生资源产业理论体系 …………………………………… 42

第三章 我国再生资源产业运行状况与发展态势评估 …………… 49
 第一节 我国再生资源产业现状与阶段研判 …………………… 49
 第二节 我国再生资源产业发展存在的问题与面临的挑战 …… 60
 第三节 我国再生资源产业未来发展趋向 ……………………… 67

第四章 我国再生资源产业发展水平与进程的检测评价 ………… 73
 第一节 基于 AHP 方法的再生资源产业发展指数构建 ………… 73
 第二节 基于产业替代的再生资源产业发展水平检测 ………… 84

第三节 "抛弃收费"有多远——以废弃电子市场为例 …………… 104

第五章 调整转型趋势下我国再生资源产业发展顶层设计构想 …………… 117
第一节 我国再生资源产业顶层设计现状 …………… 117
第二节 我国再生资源产业顶层设计基础框架 …………… 120
第三节 我国再生资源产业顶层设计框架体系分析 …………… 124

第六章 调整转型趋势下我国再生资源产业发展的可行路径 … 164
第一节 我国再生资源产业发展的基本思路与愿景 …………… 164
第二节 我国再生资源产业发展路线图 …………… 168
第三节 再生资源产业转型发展的运行方式 …………… 175

第七章 我国再生资源产业发展的制度规范框架 …………… 180
第一节 我国再生资源产业发展的制度需求 …………… 180
第二节 我国再生资源产业制度规范的域外借鉴 …………… 183
第三节 我国再生资源产业发展的制度化 …………… 196
第四节 我国再生资源产业的制度体系构建 …………… 207

第八章 我国再生资源产业现代化规范化的行动策略 …………… 214
第一节 以新时代绿色发展为导向,持续发挥再生资源产业不可或缺的独特作用 …………… 215
第二节 从国家宏观层面完善顶层设计,指导再生资源产业规范有序发展 …………… 216
第三节 明确政府主管部门统筹协调职责,推进再生资源产业监管规章制度建设 …………… 219
第四节 发挥市场机制主导作用,促进形成有效运行的现代回收加工营销产业链 …………… 221

第五节 注重科技创新和成果应用,提高再生资源产业
　　　　基础设施条件和回收加工能力 …………………… 222
第六节 强化信息网络平台建设,提升再生资源产业面向
　　　　千家万户千企百业的对应服务水平 ………………… 224
第七节 实施稳定的优惠扶持政策,激励再生资源产业
　　　　立足本行业实现内涵式发展 ………………………… 226
第八节 引导公众支持回收利用,形成有利于再生资源
　　　　产业发展的社会环境 ………………………………… 228

附录:课题研究期间提交的专家咨询建议 …………………… 231
　附1 关于进一步规范重庆市报废汽车回收行业发展的建议 …… 232
　附2 加强废弃物分拣整理、提升再生资源利用水平的建议 …… 240
　附3 规范可再生废弃物资源进口利用的政策建议 ……………… 246
　附4 制定"废弃物资源再生利用法"的建议 …………………… 251
　附5 《循环经济促进法》的修改与建议 ………………………… 254
　附6 我国资源综合利用法律规制的关键问题及建议 …………… 263
　附7 "中华人民共和国资源综合利用法"立法建议 …………… 278
　附8 求实创新之路:从资源综合利用到推进循环经济 ………… 287

参考文献 ………………………………………………………… 293
后　记 ………………………………………………………… 303

Contents

Introduction: China's Renewable Resources Industry on the Threshold of Development ·················· 1

Chapter 1   Connotation and Regularity of Renewable Resources Industry ················ 5

　Section 1   Basic Concepts and Connotation ···················· 5
　Section 2   A Three-Dimensional Vision of "Renewal-Resources-Industry" ···················· 13
　Section 3   Speculation on the Orientation of "Resources-Environment-Development" ···················· 16
　Section 4   Value Conception: Sustainable Development ············ 20
　Section 5   Evolution Law of Renewable Resources Industry ·········· 21

Chapter 2   Construction of Basic Theoretical System of Renewable Resources Industry Development ········ 27

　Section 1   Theoretical Origin ···················· 27
　Section 2   Theoretical System of Renewable Resources Industry ······ 42

Chapter 3 Evaluation on the Operation Condition and Development Trend of China's Renewable Resources Industry ……… 49

    Section 1 Present Situation and Development Stage of China's Renewable Resources Industry ……… 49

    Section 2 Problems and Challenges of China's Renewable Resources Industry Development ……… 60

    Section 3 Future Trends of China's Renewable Resources Industry Development ……… 67

Chapter 4 Assessment of the Level and Process of China's Renewable Resources Industry Development ……… 73

    Section 1 Construction of Development Index of Renewable Resources Industry Based on AHP Method ……… 73

    Section 2 Detection of the Level of Renewable Resources Industry Development Based on Industry Substitution ……… 84

    Section 3 How Far is "Abandoning Charge"—Taking Abandoned Electronic Market as an Example ……… 104

Chapter 5 Conception of Top-Level Design of China's Renewable Resources Industry Development Under the Trend of Adjustment and Transformation ……… 117

    Section 1 Present Situation of Top-Level Design of China's Renewable Resources Industry ……… 117

    Section 2 Basic Framework of Top-Level Design of China's Renewable Resources Industry ……… 120

Section 3 Analysis on Framework System of Top-Level Design of China's Renewable Resources Industry ………… 124

Chapter 6 The Feasible Path of China's Renewable Resources Industry Development Under the Trend of Adjustment and Transformation ………… 164

Section 1 Basic Ideas and Vision of China's Renewable Resources Industry Development ………… 164

Section 2 Road Map of China's Renewable Resources Industry Development ………… 168

Section 3 The Operation Mode of Transformation and Development of Renewable Resources Industry ………… 175

Chapter 7 Institutional Regulation Framework of China's Renewable Resources Industry Development ………… 180

Section 1 Institutional Requirements of China's Renewable Resources Industry Development ………… 180

Section 2 Extraterritorial Reference of China's Renewable Resources Industry Institutional Regulation ………… 183

Section 3 Institutionalization of China's Renewable Resources Industry Development ………… 196

Section 4 Institutional Construction of China's Renewable Resources Industry ………… 207

Chapter 8 Action Strategies of Modernization and Standardization of China's Renewable Resources Industry ………… 214

Section 1	Guided by the Green Development of The New Era, Continuing Playing the Indispensable and Unique Role of Renewable Resources Industry	215
Section 2	Improving Top-Level Design in National Level, Guiding the Standardized and Orderly Development of Renewable Resources Industry	216
Section 3	Clarifying Governmental Authorities' Responsibilities of Overall Coordination, Promoting the Construction of Regulatory System of Renewable Resources Industry	219
Section 4	Giving Full Play to the Leading Role of the Market Mechanism, Promoting the Formation of an Effective Modern Recycling and Processing Marketing Industry Chain	221
Section 5	Paying Attention to Scientific and Technological Innovation and Application of Achievements, Improving the Infrastructure Conditions and Recycling and Processing Capacity of Renewable Resources Industry	222
Section 6	Strengthening the Construction of Information Network Platform, Improving the Corresponding Service Level of Renewable Resources Industry for Households and Enterprises	224
Section 7	Implementing a Stable Preferential Support Policy, Encouraging the Renewable Resources Industry to Achieve Connotative Development Based on the Industry	226

  Section 8 Guiding the Public to Support Recycling, Forming the Social Environment Conducive to Renewable Resources Industry Development ·············· 228

Appendix ··· 231
  Appendix 1 Suggestions on Further Standardizing Waste Vehicles Recycling Industry Development in Chongqing ·············· 232
  Appendix 2 Suggestions on Strengthening Waste Sorting and Improving the Level of Renewable Resources Utilization ·· 240
  Appendix 3 Policy Suggestions on Regulating the Import and Utilization of Renewable Waste Resources ·············· 246
  Appendix 4 Suggestions on Formulating "Waste Resources Recycling Law" ··· 251
  Appendix 5 Amendments and Suggestions on *Circular Economy Promotion Law* ··· 254
  Appendix 6 Key Issues and Suggestions on Legal Regulation of Resources Comprehensive Utilization in China ············ 263
  Appendix 7 Legislative Suggestions on "Comprehensive Utilization of Resources Law of the People's Republic of China" ··· 278
  Appendix 8 Practical and Innovative Way—From Comprehensive Utilization of Resources to Promotion of Circular Economy ·· 287

References ··· 293
Epilogue ··· 303

导论:我国再生资源产业步入
时代发展新起点

资源是人类生存发展与社会文明的基础,也是制约人类文明兴衰的决定性因素。人类发展史的内在逻辑再次显现,因资源短缺引起的危机只能通过资源再生的变革去解决,人类拯救自己的最好办法莫过于将被人类糟蹋的资源回收再生利用。由此,再生资源产业应运而生并不断革新,推动着人类由不可持续的资源掠夺时代进入一个可持续的资源再生时代,以资源的可持续利用支撑经济社会的可持续发展。废弃物资源循环再生利用,既可弥补资源不足的短板,又可减少污染保护环境。

20世纪50年代以来的曲折而有效的再生资源回收利用实践,昭示了人类文明的觉醒与进步——从盲目向外在的自然界攫取资源,转变为自觉从内在的资源利用行为调整,开拓出物质资源不断再利用的智慧进程和绿色发展之路。发展再生资源产业是我国应对资源短缺、减轻环境压力、实现以清洁生产和绿色产业为导向的新型经济模式的必然选择。根据国家发展战略需求和现实基础,通过科学设计符合我国国情的再生资源产业结构、运行模式及发展路径,采取系列政策措施解决当今再生资源产业发展无序和滞后的局面,将有利于科学有效指导再生资源产业规范发展,提高我国再生资源产业效率和市场竞争力,促进绿色经济发展,推进生态文明建设。

我国是人口众多、资源不足、环境欠佳、粗放型经济发展模式尚处于改革转型中的新兴大国,资源匮乏将是长期制约我国经济社会持续发展的主要瓶颈。但是,生产过程中能源原材料使用不合理,消费领域中物品使用浪费过大,同时大量可用废弃物资源回收率偏低,亟待系统高效再生利用。例如,改革开放以来我国城乡建设迅猛发展,撇开传统的废弃资源大量产生而再利用滞后之外,天天产生的巨量建筑废弃物(包括可回用的水泥、钢筋、铝材、玻璃和塑料等)多数运出倾倒弃置,回收利用偏少,既浪费可用资源,又污染生态环境;随着新型城镇化的推进,建筑废弃物还会增多,如何作为资源通过产业化方式有效利用,亦甚为迫切。拓展再生资源产业,是实现多赢的正确策略与可行路径。

当前我国单位 GDP 消耗的主要资源和污染物排放远高于发达国家。尽管作为世界"制造工厂",中国的大量资源能源消费和碳排放是为其他国家承担的,但"高投入、高消耗、高污染、低产出、低效益"的粗放经济增长方式是难以为继的,也凸显了中国资源、能源和环境安全问题的严峻性。国内资源环境问题多样性的挑战,一些战略性能源资源,包括油、气等优质资源以及铁、铜、铝等战略性矿产资源长期处于供需紧张状态,对外依存度迅速攀升。据研究预测,我国十余种主要矿产资源已经难以支撑经济增长与社会发展需要。

把握再生资源发展规律,借鉴发达国家再生资源发展实践经验,突破中国再生资源产业发展面临瓶颈,不仅需要我们勇于实践,更需要我们寻求理论突破和解决方案,毕竟没有实践基础的理论往往会成为空洞的理论,而没有理论指导的实践往往会出现盲目的实践。进入 21 世纪以来,资源、环境对全球经济社会发展的影响更加显著,世界各国都提高了对资源的重视程度,并将资源的循环利用和高效利用作为节约资源、减少排放的重要切入点。在这个过程中,再生资源产业的重要作用越来越得到社会的认可和重视,我国已将再生资源产业作为新兴战略产业,创造良好的发展环境,促进其加快发展,发挥有效回收、精深加工和高值化利用的作用,提高资源利用效率,创造新的经济价值。中国再生资源产业虽然具备一定的发展优势与机会,但存在不少的问题与挑战。长期以来,再生资源产业在我国产业结构体系中的地位和作用没有得到应有的重视,没有将再生资源产业放在实现经济与社会可持续发展的战略性产业的重要位置上,在各时期产业发展规划制定中没有对该产业进行长远规划,从而使产业发展缺乏长远的战略目标和定位。造成上述问题的最主要原因,是迄今我们对发展再生资源产业的重要意义认识不足,没有建立起独立的产业制度、产业组织体系和产业理论。相比于德国的循环经济始于"废弃物经济",日本有独立的循环型静脉产业,并都有着完备的废物回收与综合利用的法律与政策体系,中国再生资源产业相关的法规政策与管理机制大多隐略于现实生产、流通及消费中,这与再生资源产业的地位、规模极不相称,也很不利于规范、指导产业的有序持续发展。因此,中国再生资源产业最紧迫的任务是构建完善的产业制度、组织体系与运行路径。

作为国家决策与战略部署,党的十八大报告已明确将"资源循环利用体系初步建立"作为全面建设小康社会的具体目标之一;提出了"节约集约利用资源,推动资源利用方式根本转变,加强全过程节约管理","发展循环经济,促进生产、流通、消费过程的减量化、再利用、资源化"的战略举措;进一步确立了"努力建设美丽中国,实现中华民族永续发展"的远景目标。党的十九大报告进一步提出"加快建立绿色生产和消费的法律制度和政策导向,建立健全绿色低碳循环发展的经济体系";"推进资源全面节约和循环利用,实施国家节水行动,降低能耗、物耗,实现生产系统和生活系统循环链接。倡导简约适度、绿色低碳的生活方式,反对奢侈浪费和不合理消费,开展创建节约型机关、绿色家庭、绿色学校、绿色社区和绿色出行等行动。"

发展再生资源产业的重要性和紧迫性不言而喻。该产业发展可以变废为宝、化害为利,节约资源、保护环境,成为经济转型的新动力,成为绿色循环低碳发展,建设资源节约型、环境友好型社会的产业载体。

本书试图通过界定再生资源产业的内涵,运用系统科学、产业经济学、可持续发展理论等学科知识,科学架构再生资源产业发展的理论体系。这对于推动我国再生资源产业领域的理论研究,进一步丰富绿色产业理论体系,促进绿色发展理念的提升与升华,从决策支撑上提高保障国民经济稳定发展的资源持续供给能力,具有重大的理论价值和实践指导意义。本书将集中探析我国再生资源产业在国民经济体系中的产业地位与持续发展中存在的现实障碍,客观把握经济全球化、国际产业转移以及国际国内环境的变化趋势,立足于中国再生资源产业的实际,把握和解决再生资源产业发展面临的关键性重大问题,从战略规划与前景目标层面对产业进行科学合理的顶层设计和发展路径探索,从而为中国再生资源产业的可持续发展创造一个良好的产业制度环境。

第一章　再生资源产业的内涵与规律性特征

首先,对本书所涉及的人们认识不一的主要概念——再生资源、再生资源产业、废弃物与废物、"洋垃圾"等,进行了厘清和科学界定,以求全面理解和形成共识。其次,通过资源观、再生观、产业观分析,指出再生资源产业是将生产、流通、消费过程中所产生的废弃物料,经过回收再加工形成新产品的生产经营活动及其组织方式(又被称为"静脉产业"),发挥"变废为宝"的功能,减少自然资源耗费,实现人与自然和谐、生态良性循环的状态。最后,从"资源—环境—发展"的定位阐述人类可持续发展的客观趋势和基本理论,论证废弃物回收、再加工业等组成的再生资源产业链及其价值理念,以及关于再生资源产业的生命周期规律和演进成长阶段理论。

第一节　基本概念内涵

一、废弃物与废物

关于厘清"废弃物"与"废物"概念不同的内涵。"废弃物"是可利用废弃物与环保处置类废物(垃圾)的统称。可利用废弃物(即弃置物)是指不再具有原使用价值而被弃置,可以通过回收加工使其重新获得使用价值的废旧物料,包括生产性废弃物和生活性废弃物。"废物"一般是指丧失了使用价值而需要进行填埋或焚烧等无害化处置的垃圾。我们认为,这两个内涵不同的概念应当区分,笼统用"废物"谓之容易带来理论和实践上的混淆,包括不少法律规章条文中用此概念造成的内涵不明确和表述不周延。这是本书特别指出需要厘清的。

本书所指的废弃物,是指在生产、生活和流通领域中产生的丧失原有利用价值或者虽未丧失利用价值但被抛弃的固态、液态和气态的以及法律法规规定纳入废弃物管理的物品和物质。废弃物分为产业废弃物和生活废弃物。所谓产业废弃物是指产业活动中产生的废弃物,包括产业一般废弃物与产业危险废弃物。其中,产业危险废弃物是指列入国家危险废弃物名录或者根据国家规定的危险废弃物鉴别标准和鉴别方法认定的具有危险特性的产业废弃物;产业一般废弃物是指除产业危险废弃物以外的全部产业废弃物。所谓生活废弃物是指在日常生活中或者为日常生活提供服务的活动中产生的废弃物以及法律法规所指的废弃物。世界著名生态工业倡导者、加拿大达尔豪斯大学(Dalhousie University)资源与环境研究院院长库泰认为:"废弃物其实就是放错了位置或未合理使用的资源,也就是在错误的地点、时间弃置了的资源。"

二、再生资源进口与"洋垃圾"

关于"洋垃圾"及相关概念。"洋垃圾"是目前的口语称谓,即进口的可利用固体废弃物和非法入境的固体废物的通称。前者是指可作为资源回收利用的废弃物,即国家海关实行进口许可证管理所称的进口固体废物;后者是指名副其实的"洋垃圾",即固体废物中的垃圾部分,是国家禁止进口的固体废物目录中指明的废矿渣、废催化剂、废轮胎、废电子产品等以及生活垃圾、医疗垃圾和危险性废物。应当认识并区分可利用废弃物和垃圾废物,依法分别进行回收利用处理和垃圾无害化处置,坚决打击走私进口"洋垃圾"。

按国家有关部门的界定,再生资源进口是进口那些可以用作原料的固体废物,包括废五金、废钢铁、废纸、废塑料等。有关再生资源进口的争议不断,赞同方认为意义重大,反对方的理由是"洋垃圾"。"洋垃圾"指进口固体废弃物,或特指以走私、夹带等方式进口国家禁止进口的固体废物或未经许可擅自进口属于限制进口的固体废物。进口的"洋垃圾"中,经常掺杂着高污染、高危险性废物,对我国生态环境安全和人民群众健康构成了威胁。因此,2017年我国进一步缩减了固体废物的进口种类,并于2018年初开始施行新的《进口废物管理目录》,将来自生活源的废塑料、未经分拣的废纸以及废纺织原料、钒渣等4类24种固体废物列入了其中。

再生资源是循环经济发展的源头。如塑料是石油产品,进口废塑料可以少进口石油,进口废钢铁可以替代铁矿石进口。我国是商品出口大国,允许耗费原材料制成的产品出口,若按照推行的"生产者责任延伸制度",出口制成品而不让该产品报废弃置部分进口再利用,生产企业就要付费给国外企业进行废物处理。因此,进口可利用再生资源是否属"洋垃圾",应以是否造成环境污染或危害为准绳,不能"一棍子打死"。

三、再生资源与再生资源产业

(一)再生资源及其回收体系

再生资源是指在社会的生产、流通、消费过程中产生的失去原有使用价值而被弃置,可以经过回收加工改制使其恢复原有物质性能和使用价值的废旧物料[1]。再生资源加工行业依据不同的行业类别大体可以分为废钢铁、废有色金属、废塑料、废纸、废旧轮胎、废弃电器电子产品、报废机动车、废旧纺织品、建筑废弃物等。再生资源不等于垃圾,但对再生资源进行定义时离不开对垃圾的认知。由于我国政策法规对垃圾的狭义定义,政府长期

---

[1] 本书所分析的再生资源及其产业,针对的是人们熟知的狭义再生资源,主要是指社会回收的可再生利用的废旧物料及相关生产经营活动。广义再生资源是指全部可利用废弃物资源。

以来监管和重点治理的只是生活垃圾,而国际上通行的垃圾概念,是对城市所有固废的统称,不仅仅指狭义上的生活垃圾,还包括废旧物资、电子垃圾、建筑垃圾、有害垃圾、医疗垃圾等其他固废,而且还会随着经济发展水平的提高而不断发展。在我国的绝大多数城市,上述广义范围内的垃圾分属不同部门管理,长期处于多头管理的状态,使得远超生活垃圾总量的其他固废并未得到有效管控。当前大部分城市里生活垃圾网络已比较完善,但废旧物资等其他固废长期完全交由市场来调节。长期以来市场处于失序状态,涵盖生活垃圾和废旧物资等其他固废的统一收运网络尚未形成。北京市在《生活垃圾管理条例》中早已明确了"大垃圾"的概念,并于2017年将再生资源与生活垃圾纳入一个部门管理,是对环境治理体系的一次重要变革,有利于解决多头管理问题,推动"两网"甚至"多网"融合,实现对城市固废的齐收共管,目前已取得初步成效。其他城市也应拓展垃圾的概念和内涵,尽快推进固废管理体制改革,构建多网融合的垃圾收运和处置体系,实现对城市固废的齐收共管、协同处置。

表1-1 再生资源产品分类与定义

序号	名称	定义
1	废钢铁	失去原有用途并可以回收使用的钢铁碎料及钢铁制品。
2	废有色金属	生产生活过程中产生的废有色金属。包括铜、铝、铅、紫铜板、黄铜型材、锌白铜管、镍铜丝材、锡磷青铜带材、铝合金板、铅合金材、铝铜复合板带、铜铝合金锭及铸件、钛及钛合金管棒、钼带、箔材、高纯稀土金属、单一稀土氧化物、共沉淀稀土氧化物、彩电荧光粉、灯用三基色荧光粉、计算机用终端显示粉、钐钴粉、钐钴磁钢、铈锆复合氧化物、铜粉、铝粉等。
3	废塑料	被废弃的各种塑料制品及塑料材料。包括在塑料及塑料制品生产加工过程中产生的脚料、边角料和残次品,包括工业边角料、废弃塑料瓶、包装物及其他塑料制品、农膜等。
4	废纸	在生产生活中产生的可循环利用的纸。包括废纸箱(使用过的各种瓦楞纸箱、纸盒以及纸箱厂的边角料等)、废报纸(使用过的不带涂层的报纸,过期未发售的报纸)、废铜版纸(使用过的双涂面的挂历、画报、画册以及印刷厂的铜版纸切边等)、废页子纸(没有装订的呈书页状的废纸)、废牛皮纸(使用过的各类牛皮纸包装箱)、废卡纸(使用过的介于页子纸和纸板之间的一类坚挺耐磨的厚纸)、废书刊杂志等。

续表

序号	名称	定义
5	废旧轮胎	不能继续使用或用于翻新的轮胎。包括可翻新旧轮胎（经使用但胎面尚未达到磨耗极限，可对其外表面胶层进行全翻新或部分翻新的轮胎）。
6	废弃电器电子产品	失去使用价值或淘汰丢弃的电器电子产品。包括电视机、电冰箱、空调、洗衣机、吸尘器、计算机、打印机、传真机、复印机、电话机等。
7	报废机动车船	达到国家机动车船强制报废标准的汽车和轮船，或者未达到国家报废标准，但发动机或底盘严重损坏，经检验不符合国家机动车船运行安全技术条件或国家机动车船污染物排放标准的机动车船。包括摩托车、农用运输车、老旧运输船舶等。
8	废旧纺织品	在生产过程中产生的下脚短纤维、废纱、回丝、边角料等，以及废旧的纺织服装及其制品。包括旧衣服、床上用品、毛巾、地毯、羊绒制品、聚氨酯制品等。
9	废玻璃	在社会生产和生活过程中产生的，已经失去原有全部或部分使用价值，经过回收、加工处理，能够作为原料被循环利用的玻璃及其制品。包括废平板玻璃（废弃的板状玻璃制品）、废日用玻璃（废弃的玻璃包装、玻璃容器、玻璃工艺品等的统称）、废玻璃净料（经过加工处理后的废玻璃）、废玻璃毛料（未经过加工处理且含有杂质的废玻璃）。
10	废电池	失去使用价值的电池及其废元（器）件、零（部）件和废原材料。包括工业生产中产生的报废电池、报废的半成品、废元（器）件、零（部）件和废原材料，以及工业用途、日常生活或者流通领域中产生的失去使用价值的电池。

从产生源头看，再生资源主要分为四类：生活类（居民家庭）、产业类（工业、农业、建筑业等）、服务消费类（超市、百货店、维修店等）和公共机构类（机关、学校、医院等）。根据再生资源产生源头，形成四类回收系统：一是生活类资源回收系统。在城市，加强现存的由回收网点、分拣中心、集散市场构成的由点到面的回收体系，并保持动态调整，适应城市发展趋势；在农村，要实现城乡统筹的管理机制，建立机制促进企业将回收网点向农村延伸，以城带乡，城乡互动，农村回收系统的建立要与城镇化进程相协调。二是厂商直挂的产业类再生资源回收系统。回收企业要与废物生产企业形成共生关系的产业链，建立符合产业属性的回收模式。同时，倡导企业将可再利用的资源直接向下游企业或国家城市矿产示范基地输送，减少中间环节，

降低回收成本,提高利用效率。三是回收企业与公共机构合作类再生资源回收系统。组织规模化的回收企业与公共机构合作,运用多种方式开展资源回收,建设规范化、标准化、环保高效的回收模式。四是以逆向物流为特点的服务消费类再生资源回收系统。零售企业面向广大消费人群销售产品,集中回收可利用资源,培养销售者责任,加快建立环境友好型商场,利用销售配送网络,建立起回收网络。

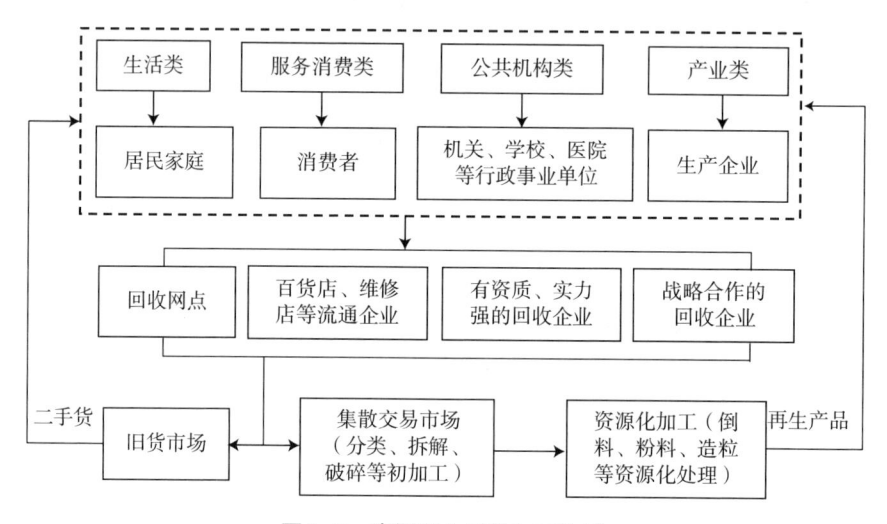

图 1-1 资源再生回收加工体系

（二）再生资源产业

再生资源产业是指对可利用废旧物品进行收集、运输和再加工为产品,使其重新进入流通销售的生产经营活动及其组织形式。在我国"短缺经济"时代或"资源约束趋紧"情况下,再生资源产业发展是需求导向的,如废旧进口家电,因为其中的零部件可以再利用,毕竟部分零部件的使用时间尚未到设计寿命。而在新形势下再生资源产业发展须以绿色发展理念为导向。根据绿色低碳发展需求,确定再生资源产业发展的环境属性和公益性定位,势在必行。

再生资源产业有广义和狭义之分。社会经济系统可分为社会生产和日常生活两方面,因此再生资源的产生也可相应界分:一是如生活垃圾、废弃物资等的居民生活消费中产生的再生资源;二是如加工废料、工业"三废"等的工业生产过程中产生的再生资源。源于生产和生活的各类再生资源在回收价值属性上迥异。出于经济利益考量,对于具有较高再利用价值的生活废弃物资和工业加工废料,企业通常愿意主动回收并予以加工再利用,这就是狭义的资源再生产业。而对于再利用价值偏低的生活垃圾和工业"三废"等,往往需要通过填埋堆肥或焚烧等方式加以处置,回收处理等环节多是由政府承担或政府买单、企业被动承担,相应经济生产活动被称为"环保产业"或"环卫工程"。由于后者能产生社会经济生产所需要的能源供给,也属于再生资源产业范畴。因此,广义再生资源产业内涵应是由狭义的"再生资源产业"和"环保产业"共同构成。①

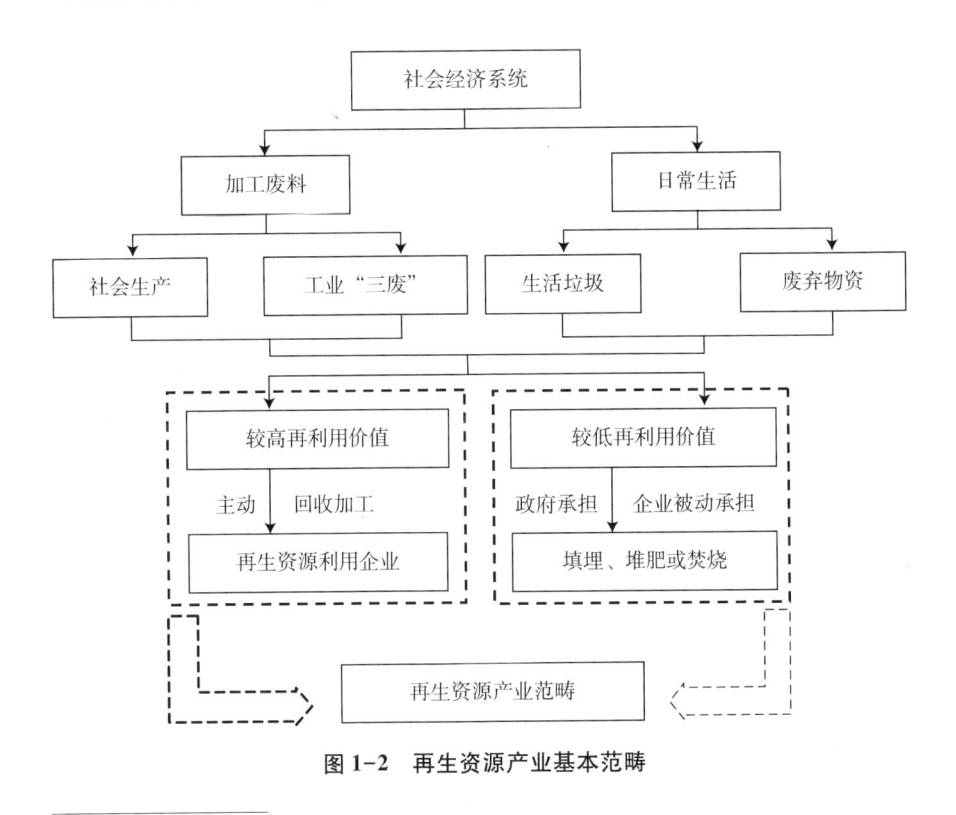

图 1-2 再生资源产业基本范畴

---

① 参见郭庭政:《我国资源再生产业集群化及其影响因素研究》,博士学位论文,大连理工大学,2009 年。

(三)再生资源行业产业链

伴随经济体制变革和市场化发展,再生资源产业的市场化程度也逐渐加深。前端回收环节,拾荒者、各固定和流动收购点都扮演着重要的角色,将回收的废弃物资源进行初步筛选和分类;而在末端再利用环节,资源加工企业作为主体进入资源再生产业领域,对废弃物资源再处理、再利用。概括而言,再生资源行业的产业链主要包括前端的废旧物资等废弃物资源回收、中端的资源化加工处理以及末端的资源再利用,此外,这三大环节中不可忽视的还有贯穿始终的清运环节。

四、再生资源产品生命周期

基于"产品生命周期"(产品设计、产品制造、产品流通、产品消费等四个环节,以及产品废弃物处理)加强产品废弃物回收利用管理。

第一,加强产品设计与制造过程中产品废弃物回收利用管理。(1)产品设计和制造时,要尽量使产品能重复使用,使产品及其原材料易于回收,并在处理阶段不会产生有害物质。(2)建立节约资源能源的产品生产和流通体制。要求企业所产生的产品废弃物,原则上由企业进行资源化后加以再利用,严格控制产品废弃物的最后排放量。

第二,加强产品消费中产品废弃物回收利用管理。要求增强环保意识,改变价值观念,采用资源节约型产品;要求消费者对产品废弃物排放后的再利用处理给予积极支持,如对可能再利用的产品废弃物纳入废品回收系统。

第三,加强产品废弃物排放后的回收利用和无害化处置。(1)要求针对"废弃物—源头分类—回收—运输—分拣(再生资源集散市场)—加工—利用—再消费"的资源再生循环全过程建立一个能被民众接受,并且符合当地再利用条件的合理的废弃物回收利用体系;(2)要求通过有效的收集和搬运来保持环境卫生,并努力节约运输过程中的能量消耗;(3)回收可复用和再生的产品废弃物,焚烧、填埋不能复用和再生的产品废弃物;(4)在焚烧处理中,要尽可能防止发生二次公害,并促进废弃物的再利用;(5)对于最终必须填埋的废弃物,要尽量减少它的数量和体积,并使之无害化,保护处理场地周围的环境。因此,对产品废弃物的治理途径首先是尽量减少废弃物,其次是产品废弃物在排放前的预处理,最后是产品废弃物排放后的治理。

第二节 "再生—资源—产业"的三维审视

一、"再生"观

《辞海》中再生的概念为"对某些废品进行加工,使恢复原来性能,成为新的产品"。在"资源再生"这个领域里,国内外的许多研究中对"再生"概念的理解和使用比较具有针对性,如"再生资源""可再生资源""再生金属""再生能源"等,对应国外的用法如"Recovery""Recycling""Regeneration"等。内生性的再生过程是自身主动行为,如动植物资源的再生;而外生性的再生过程则是受外在因素的作用下的被动行为,如金属矿产资源的再生。对于可循环利用的耗竭性资源,其再生的内涵显然指外生性的再生,目前该视角国内外文献中的争议不多。

废弃物资源之所以具有这种再生性,是因为其在物质结构上具有多元素多成分性,以及由此分别形成的多种不同组合,构成了其在社会用途上具有多种功能。按照客观规律,物质不灭,在一定条件下能量及功能可以转换。因此,废弃物资源可以通过加工、改制、更新后进行再利用。随着社会生产的发展,科学技术的进步,人们采用不断加强的综合利用手段,对废弃物资源利用的可行性认识更加深入,利用行为日益广泛,并作为资源的重要部分用于生产与生活,取得了可观的经济、环境和社会效益。

"再生"观的实质就是循环观,而循环经济核心就是物尽其用、提高资源利用效率和效益,核心是提高资源利用效率,按"物质代谢"或"共生"关系延伸产业链,以"资源→产品→废弃→再生资源"为表现形式,是一种集约化的增长模式,其表现形式为物质代谢、过程耦合、要素共享,可理解为"效仿食物链,延伸产业链,提升价格链",而其核心则是最后一句,要使产品附加值提高,要使产品技术含量提高,这是推进循环经济的重要手段。①

二、"资源"观

资源是一个庞大宽泛的集合名词。《辞海》中解释为"一国或一定地区内拥有的物力、财力、人力等各种物质要素的总称。分为自然资源和社会资源两大类。前者如阳光、空气、水、土地、森林、草原、动物、矿藏等;后者包括人力资源、信息资源以及经过劳动创造的各种物质财富。"马克思在《资本论》中指出,劳动和土地是形成财富的两个原始要素。② 恩格斯的定义是:"其实,劳动和自然界在一起它才是一切财富的源泉,自然界为劳动提供材料,劳动把材料转变为财富。"③由此可见,自然资源与人的劳动是构成人类财富不可或缺的两个因素。我们通常所理解的资源,不仅包括由客观物质所组成的自然资源,还包括人类社会当中由人的劳动所产生出的技术、经济等元素构成的社会资源。因此,一切客观存在的物质、能量或者技术信息知识等,都可以被统称为资源。由此可见,资源无处不在,是不断地为人类发展提供动能的客观存在的物或者财富。

资源观是再生资源产业的源头。"垃圾是放错地方的资源"是有条件的;使垃圾或者废弃物能够被再一次利用而产生一定的价值,一直是循环经济的理念,同时也是资源再利用产业发展的出发点。我们可以做这样的解释:在生产活动当中,当所生产出的产品的价值比生产它所耗费的成本低时,即卖出所生产出的产品要亏损,那这就是垃圾废物,反之就是资源。比

---

① 参见周宏春:《循环经济是新的发展模式》,2010年10月14日,见 http://www.chinareform.org.cn/Economy/Macro/Practice/201010/t20101014_46765.htm。
② 参见马克思:《资本论》第1卷,人民出版社2004年版,第715页。
③ 《马克思恩格斯选集》第4卷,人民出版社1995年版,第373页。

如说,很多家庭都会存储空瓶、废纸类的废弃物,如果这些废弃物有人愿意出钱收购,这就是资源。如果这些废弃物无市场需求,那就是垃圾废物。或者说:"收破烂"的人回收的是可以再次利用产生价值的资源,而不只是随意丢弃的垃圾,可收与不收就是区分是垃圾还是资源的最生动的界限划分。这种界限划分是随着废品市场的供需变化而不断波动的,并不是绝对的。从全球的视野看,一些东西在发达国家是"固体废弃物",在发展中国家就是资源。发达国家之所以倡导废物"全球大循环",实际上是想利用发展中国家的廉价劳动力、环境容量等资源。[1]

三、"产业"观

产业的概念最早是作为产业经济学的研究对象而被提出的,是指国民经济中以社会分工为基础,在产品和劳务的生产和经营上具有某些相同特征的企业或单位及其活动的集合。产业是由诸多微观的企业所组成的集合,而产业自身又构成了国家经济的一部分,所有的产业、市场中的消费者和国家的经济行为集合构成国民经济。围绕废钢铁、废纸、废塑料、废轮胎等固体废物所进行的回收、分类、加工利用以及投资、分配和服务等活动,构成再生资源产业。在资源约束趋紧的形势不再、高值废物增多而回收人员却在减少的情况下,必须调整再生资源产业定位,加强顶层设计,使再生资源产业发展体现绿色发展理念要求。[2]

通过将生产、生活中产生的废弃物再加工,进而将前一阶段的废弃物变为后一阶段的产品,赋予废弃物新的价值,这一产业过程被称为再生资源产业,也被一些学者称为"静脉经济""第四产业"。实质上它解决了两个问题,一是垃圾过剩,二是资源枯竭,是循环经济理念下的问题解决思路。赋

---

[1] 参见周宏春:《拒绝洋垃圾进口须练好固废回收"内功"》,2017年8月2日,见 http://www.drc.gov.cn/xsyzcfx/20170802/4-4-2894166.htm。

[2] 参见周宏春:《加强再生资源产业发展顶层设计》,《中国经济时报》2016年4月15日。

予废物新的利用价值,通过循环技术使得垃圾再次变为资源,而自然资源本身被节制利用,这样的资源运用模式是生态资源利用走向健康发展的道路。再生资源产业要在产业功能、产业定位、产业范围三个层次作出明确的划分,以适应全产业链下的"第四产业"的发展要求。

第三节 "资源—环境—发展"的定位思辨

看待问题角度会影响到我们对问题的理解与思考。关于循环经济的讨论亦是如此,对于循环经济的定位,不同学者也有不同的理解。有的学者认为是资源利用战略,有的则是从环境保护的角度出发,还有人认为是一种新的发展模式。这些理解也都不分对错,是由于看待问题的出发点不同而导致的。

一、定位于"资源战略"

通过观察西方国家工业化过程可以发现,存在规模化生产、规模化应用、大量浪费的特征。显然,以我国的现实国情,我们无法选择如此的工业化道路。循环经济的首要出发点是资源利用战略。循环经济的减量化原则,实质上反映的是物质循环利用。基于我国的国情与发展路径,循环经济的减量化并不只是减少资源的消耗,而是让资源的价值利用尽可能饱和,从而提升资源利用效率并减少废弃物排放。

资源的利用可以通过多种手段达到节约的目的,而我国资源节约利用最常见的方法或者手段就是循环利用与资源再生。从古代开始,我国就已经出现了资源循环利用的示范。唐朝时珠江三角洲出现的"桑基鱼塘"雏形,上个世纪出现的废物回收,都可以提高资源利用效率。而20世纪50年代的"牙膏皮换牙膏"(抵押政策的早期操作形式)只是一种激励措施,希望以此来缓解物资供应的匮乏。

许多专家认可"垃圾是放错位置的资源",部分学者在做循环经济规划时追求产业链的完美延伸。事实上,有些物质可以循环利用,有些则不然。在进行工业化循环利用时,根据物质的不同属性与物理状态,可以将其划分为三类。第一类是在日常的生产生活中很常见的可以回收利用的物质,如废旧瓶罐、纸张、电器、水等。这一类物质循环在经济和技术上都是可行的。第二类在技术上也是可以实现的,但是利用成本太高,这类物质循环包括一些建筑类废物或是外包装等。第三类的物质循环无论是在技术上还是利用成本上都不具备实现的价值,例如油漆涂层、化学药剂、肥料等化工产品。在推行循环利用经济发展时,对不同属性的物质要采取不同的循环利用策略:对第一类物质,要继续挖掘技术潜能,进一步提高利用效率;对第二类物质,要从降低利用成本的角度来促进物质循环技术的升级;对第三类物质,要研发出可替代产品取代不可回收利用的产品,如尽可能减少化学合成药剂的使用而采用生物技术替代等。

在能源利用领域,比如在钢铁厂已经开始采用热能分级利用技术,提高热能的利用率。但我们要认识到这并不是能源的循环利用,否则永动机技术早就可以实现。所以,循环利用的对象不同,会影响到探讨问题的思路与方向,我们需要讨论的只是能够被循环利用的那一类物质。严格地说,减量化指的是减少废弃物的排放,而不是减少资源消耗量这一层面,这样有可能跳出了循环经济范畴。

二、定位于"环境战略"

经济的快速发展,大量的生产生活废物的产生带来了严重的环境危机,西方最开始将循环经济定位为一项重要的环境保护制度。从源头开始预防,这一理念也很早就在我国环境保护领域展开了讨论。1973年我国第一次环境保护会议提出"全面规划,合理布局,综合利用,化害为利,依靠群众,大家动手,保护环境,造福人民"32字方针。我国第二次环境污染防治大会曾提出"将资源综合利用与环境保护有机统一",资源综合利用是环保护的前提。

在我国，倡导资源循环利用或者循环经济的发展，其中一个重要的目的就是为了保护生态环境。并且，从事前沿循环经济研究的专家学者也大多是环境保护领域的学者。"节约资源"已升华为环境保护的基础性政策手段，充分说明了在资源利用与生态环境保护领域，要重视运用循环经济的理念。

在很长一段时间里，我国实际上是在走"先污染，后治理"的老路，是一种"末端治理"的模式。倡导循环经济，就是要改变这种落后的治理现状。"末端治理"存在严重的不足：一是这种非主动而为的治理方式无法针对环境污染的根本施展手脚，并且还存在着次生污染的风险。如工厂为了大气减排，采取一些脱硫脱硝措施，却产生了新的固体废弃物；污水处理的生物降解工艺会产生大量的污泥。二是面临成本增加困境，污染物的净化率越高投入的成本也会越大。三是创新动力不足，经济条件不足的国家总是需要依赖外来的污染治理技术，而自身无法更多地关注环境保护的新的理念与前沿技术。四是会对企业的盈利与发展造成影响，企业为了规避监管采取非法偷排行为，而对于提升资源利用效率的新工艺、新技术并无太大的研发兴趣。五是污染的事后监管无法关注生产过程中的资源浪费，如酿酒工艺中的一些有机废弃物就可以重新利用；通过改进生产过程中的一些工艺环节，可以显著降低资源利用成本。六是政府的执法成本过高。"末端治理"是一种需要大量投入财力物力的治理模式，并且本身不会产生任何收益，发达经济体已经不再采用这种高投入低收益的治理模式。发展循环经济显然是更高明的环保模式。

清洁生产是被企业广泛利用的一种循环经济生产模式，同时也是重要的环境保护手段。联合国环境署提出了这一概念，通过优化生产过程中的多种工艺技术及管理方式，以生产过程监督替代污染后的治理，使资源使用效率显著提升，生产过程中与过程后的污染排放显著下降，企业的盈利能力与竞争力显著加强。清洁生产审核、环境管理体系、生态设计、生命周期评价、环境标志和环境管理会计等一系列清洁生产的手段被广泛应用。这些工具都需要应用于企业生产与管理的全过程,深入到企业的原材料供应、能源消耗、人员培训、质量检验等各环节,以使生产过程与环境保护互相融合,尽量减少污染物的产出。

三、定位于"发展模式"

资源节约与环境保护的政策需要落实,发展循环经济就是针对这两者的回应,生产与消费两个环节都必须体现相关政策要求。以往的发展模式可以概括为"资源—产品—废弃"这样一种经济形态,人们认为地球有着无限的资源、无限的容量,从而一边大量开采资源,一边大量排泄废物,是一种单一化的经济发展模式。而循环经济模式将生产过程中的每一种产出都看作下一环节的可能资源利用选项,以"资源—产品—废弃—再生资源"所呈现,是复合型的经济增长模式,同时刺激创新,产生出新的产业形态。

发展模式是比"资源战略,环境战略"更宏观的分析视野,毕竟经济的发展依靠的是企业,循环经济也不例外,需要收益成本测算。政府倡导循环经济不能只注重经济效益,要平衡经济发展、环境保护、社会稳定三者的关系。资源战略和环境战略,面向的是分部门的决策选择;而发展模式,则需要从国家的角度协调安排。在过去,只注重废弃物的回收再利用,如废钢铁回收再熔炼;现在则强调节约利用、高效利用及资源化利用的资源战略,从经济领域延伸到社会领域,从简单的废品回收到制度化标准化下的市场机制利用。相比于清洁生产只强调单一企业内部的生产过程控制,循环经济则更宏观地从产业链的角度安排配置资源,打通前端与后端的资源利用路径,形成阶梯式的资源或能源利用格局,达到产业共生与环境治理的目标。

从我国行政管理体制看,循环经济作为资源战略或是环境战略,是从行政主管部门站位的角度来安排的;而作为发展模式,以新时期对党政管理体制的要求,地方党政一把手需要担负起责任。换言之,从发展模式角度界定循环经济,需要更高的层级统筹谋划。

第四节 价值理念:可持续发展

可持续发展的一体化原则是循环经济所追求的重要结果之一。可持续发展在社会再生产领域的基本原则——资源的循环(永续)利用构成循环经济的核心内涵。而代际公平和代内公平原则是为实现更高层面社会公正,不仅需要循环经济的社会产品再生产模式,同时还需要法律、税收、再分配、社会救济、公共投资等一系列措施来保障循环经济再生产模式下的社会公正问题。

可持续发展是比循环经济更高层次的理念,是循环经济的终极目的,而循环经济则是可持续发展的重要实现途径。正是因为有了可持续发展理念的指导,企业个体层面的资源综合利用才发展成为涉及产业间和整个社会经济层面的具有系统性、综合性的循环经济形式。生态工业是清洁生产的高级形式,两者的本质都是在企业和产业层面实现对资源的循环利用,是循环经济在企业和产业层面的实现形式。

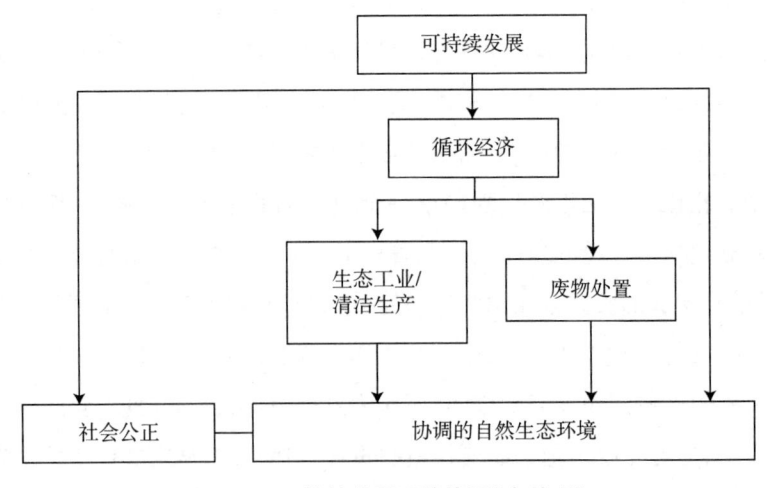

图 1-3 可持续发展下的协调"自然观"

环境保护与治理是循环经济产生的社会背景,也是循环经济生产方式带来的必然结果。但是,今天的循环经济概念已经远远超出了单纯的环境保护与治理范畴,而是涉及社会再生产、贸易体系、技术支撑、法律体系、政策保障等领域的全方位经济运作方式。良好的生态环境是循环经济的重要目的及其所带来的必然结果。

第五节 再生资源产业演变规律

一、产业演变一般规律

(一)产品生命周期

单个产品或企业的生命周期,从本质上看无非是一些具有相对生产技术或产品特性的产品或企业的集合。无论是产品或企业都是有生命周期的,一般可划分为四个阶段,即引入期、发展期、成熟期和衰落期。在产品的生命周期中,其销售额和利润额的变化为倒 U 形曲线。

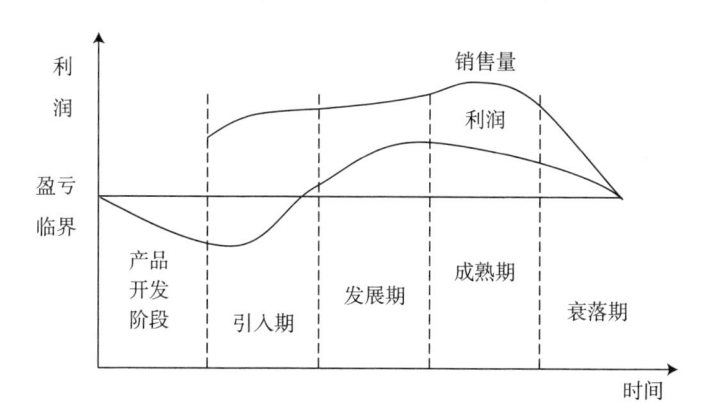

图 1-4 产品生命周期(Product Life Cycle,PLC)

(二)产业生命周期

一个产业聚集了多种产品,而非只是单一产品,整个产业的发展过程不能简单地用某一种产品的发展过程来描述,这两者是不同的。一是产业过程周期曲线是平稳的持续的过程描述,这是因为产业的生命周期集成了多种产品的生命周期。二是产业生命周期即使出现较大衰退迹象,也并不会消失。新兴产业的发展挤占了原本旧产业的发展空间,但对某一类产品的使用并不会完全消失。三是产业生命周期曲线会发生转折,这种转折伴随着产业转型,即技术会被淘汰,但产业会迭代升级。

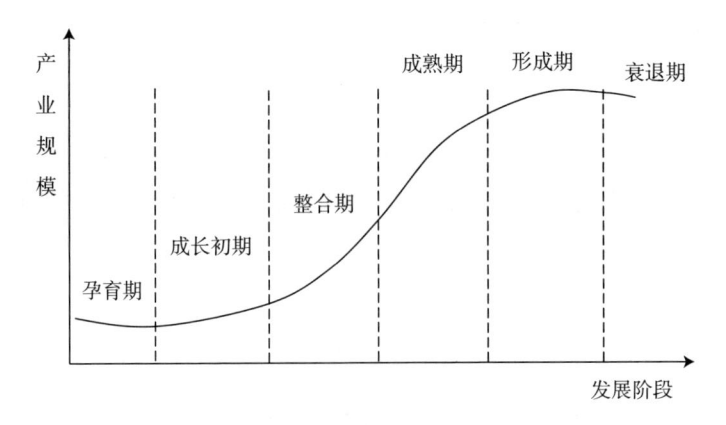

图 1-5 产业生命周期(Industry Life Cycle,ILC)

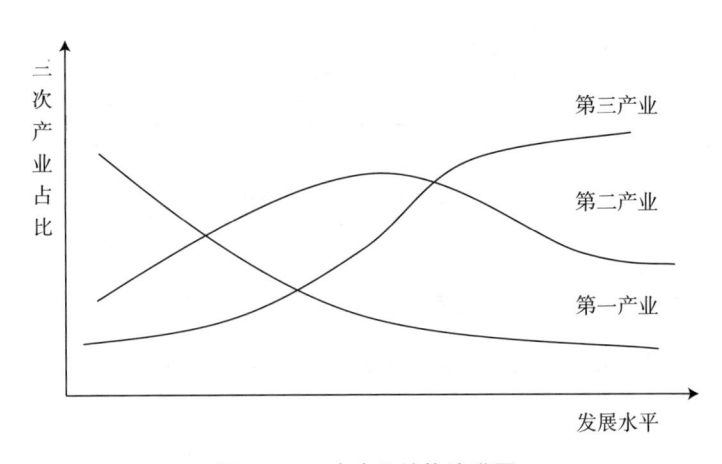

图 1-6 三次产业结构演进图

(三)产业结构演进

产业结构是以往经济增长的结果和未来经济增长的基础,成为经济增长的重要因素。产业结构同经济发展的对应是不断变化的,这种变动主要表现为产业结构低级向高级演进的高度化和横向演变的合理化。从发达国家和新兴工业国家发展实践来看,产业结构的演进表现为以下几种规律性:从工业化发展阶段来看,产业演进有前工业时期、工业化初期、工业化中期、工业化后期和后工业化时期五个阶段;从主导产业的转换过程来看,产业结构的演进有以农业为主导、轻纺工业为主导、原料工业和燃料动力工业等基础工业为重心的重化工业为主导、低度加工型的工业为主导、高度加工组装型工业为主导、第三产业为主导、信息产业为主导等几个阶段;从三大产业的内在变动来看,产业结构演进是沿着以第一产业为主导到第二产业为主导,再到第三产业为主导的方向发展。

二、再生资源产业演变规律

(一)全生命周期与再生资源产业

产品全生命周期管理(Product Lifecycle Management,PLM)是指管理产品从需求、设计、制造、消费直到回收再用的每一个环节的信息与流程(图1-7)。

再生资源产业的主要环节,就是对废弃物的回收与再利用,即资源的循环利用。与再生资源产品相对的另一产品被称为原生产品,原生产品是利用初始的原生材料加工生产的产品。原生产品被利用过后,其价值还未被用尽,这正成为再生资源产品的初始材料,再生资源产品的原材料是原生产品被消费过后的废弃物,而不是原生材料。所以,再生资源产品与原生产品关系十分紧密,再生资源产品依赖原生产品产业的发展。因此,再生资源产业的研究要以原生产业的研究为起点。

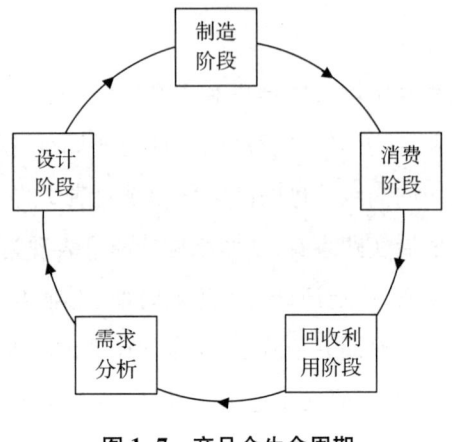

图 1-7 产品全生命周期

已有学者开始采用产品生命周期理论研究再生资源产业发展问题。例如,程会强(2006)从再生资源产业特点出发,认为发展再生资源产业需运用生命周期理论,对产品的原材料、制造、使用及用后处置等过程进行评价,以便更好地掌握废弃物的利用方向与价值,从而提高废弃物综合利用水平。徐滨士(2007)对装备再制造与全寿命周期管理进行了研究,提出了再制造循环寿命周期理论。从原生产品的设计、生产、消费等全生命周期出发,研

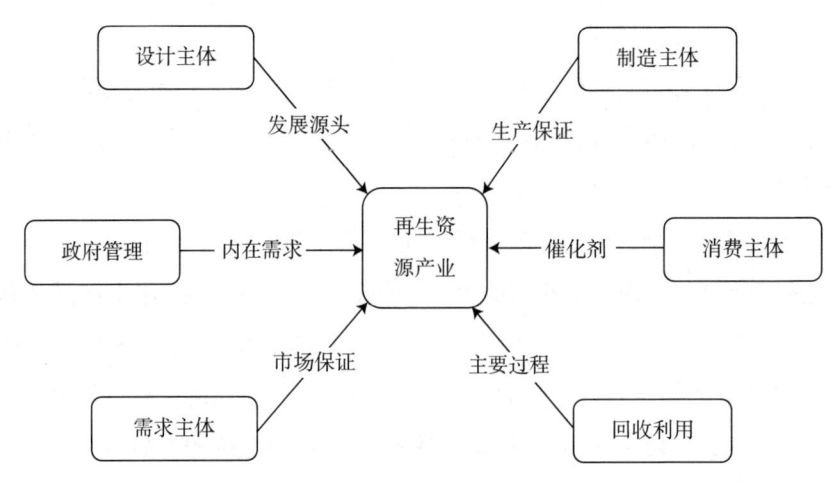

图 1-8 产品生命周期阶段与再生资源产业关系

究再生资源产业政策问题。刘光富、张士彬等(2014)针对产品全生命周期与再生资源产业发展关联性,认为设计阶段是再生资源产业发展的源头,制造阶段是再生资源产业的生产保证,再生资源产业发展的催化剂是消费阶段,而再生资源产业的主要过程则是由回收和利用两个阶段构成,需求分析是再生资源产业的市场保证,政府管理是再生资源产业发展的内在需求(图1-8)。

(二)再生资源产业演进阶段

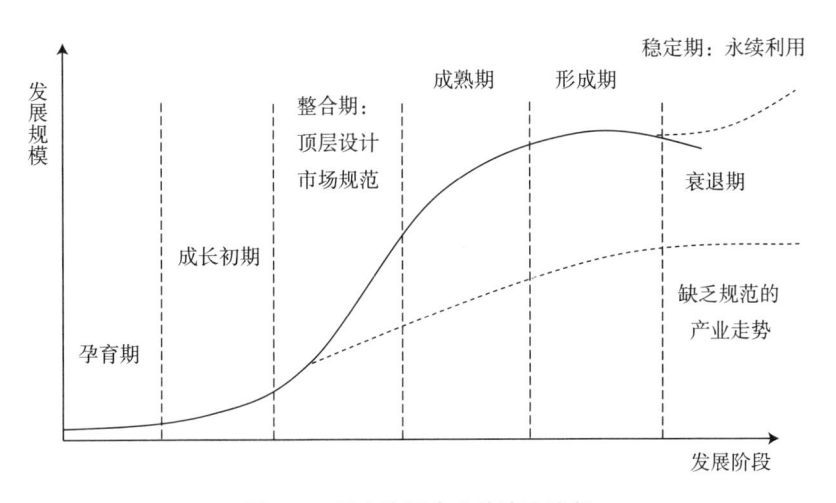

图1-9 再生资源产业的演进阶段

随着发展,再生资源产业的回收体系产生了巨变,因而其功能也趋于完善。新中国成立初期,我们拥有着全球最为完备先进的废旧物资回收系统,其主要由各级物资(包括金属回收)和供销合作社废旧物资回收公司两大部分组成。改革开放后,我国逐步确立了市场经济体制,而之前按照计划经济体制所形成的回收体系在市场经济条件下随着回收人员的岗位再分配、创业、离职而渐渐失效;其后由于物资管理部门被撤销,前述各级物资系统和供销系统的回收公司已然毫无作用。此外,大量农民工在进城之后涌入回收行业,与此同时,社会回收体系在回收行业所发挥的作用与日俱增,如以企业或工业园区为代表的利益导向团体日益壮大。周宏春(2008)认为虽然我国再生资源产业发展取得不少成绩,但也存在不少问题,包括:回收体系不健全,经营不尽规范,加工利用技术较为落后,法制化和标准化程度不高,等等。这些问题既有产业发展本身的问题,也有管理方面的问题,主要体现在:行业监管不到位,市场秩序较乱;企业规模小[①],技术水平低,二次污染问题突出;缺乏优惠政策,增值税抵扣依据设置不合理;废物进口政策不明确,配额管理尚需完善;法规不健全,废物回收责任不明确;认识不到位,妨碍了再生资源产业的健康发展。

[①] 参见周宏春:《我国再生资源产业发展现状与存在问题》,《中国科技投资》2010年第4期。

第二章　再生资源产业发展基本理论体系构建

本章主要在对循环经济理论、绿色发展理论以及可持续发展理论溯源的基础上,明晰了再生资源产业发展基础理论,并从物资循环、再生资源回收以及未来抛弃收费可能出现的转折点等角度构建了再生资源产业发展的基本理论体系。

第一节　理论溯源

一、循环经济理论

(一)循环经济基本概念

我们现今使用的循环经济一词,最早出现于20世纪60年代。美国经济学家肯尼斯·鲍尔丁(Kenneth E.Boulding)提出了著名的"宇宙飞船理论",指出地球就像一艘在太空中飞行的宇宙飞船,要靠不断消耗和再生自身有限的资源而生存,如果不合理开发自然资源,肆意破坏环境,就会走向毁灭,这是循环经济思想的早期萌芽。20世纪90年代以来,人类在对传统的线性工业经济模式造成的全球性资源短缺、环境污染和生态退化等问题的反思之后,提出旨在谋求人类经济、社会及生态环境持续协调发展的新型经济模式。此模式一经提出,便得到了世界各国的积极响应和支持,德国、日本、美国等一些发达国家不仅在理论上对循环经济进行了深入而广泛的探讨,在实践上也相继建立了以探索循环经济为目标的各种实践模式。

循环经济是一个涉及多学科交叉的新兴学科,对其概念和内涵的理解,不同学科从各自角度的理解存在着一定的差异性,这使得对循环经济的内涵理解呈现多样性,比较有影响力的有以下几种:冯之浚(2007)认为以资源稀缺为前提构建的传统线性经济和末端治理范式逐渐被循环经济范式所替代,这种替代不是细枝末节的修改、补充和调整,而是一次真正意义上的升华和改造,所以说循环经济是人类面对日益严峻的资源危机和环境问题、寻找可持续发展之路提出的新的范式革命。陈德敏(2004)从资源循环利用的角度指出,循环经济的核心内涵是资源的循环利用。循环经济的中心含义是"循环",强调资源在利用过程中的循环,其目的是既实现环境友好,也保护经济的良性循环与发展。这里的"循环"不是指经济的循环,而是指经济赖以存在的物质基础——资源在国民经济再生产体系中各个环节的不断循环利用。段宁(2005)从物质代谢的角度阐释循环经济的内涵,指出任何形态的经济都建立在相应的物质基础上,物质运动的基本形式和运动的物质主体决定了经济的发展方式和发展水平。循环经济是以人类可持续发展为增长目的,以循环利用的资源和环境为物质基础,充分满足人类物质财富需求,生产者、消费者和分解者高效协调的经济形态。曲格平(2000)从生态学的角度认为循环经济本质上是一种生态经济,它要求运用生态学规律并非机械论规律来指导人类利用自然资源和环境容量,按照自然生态系统物质循环和能量流动的规律重构经济系统,要求将清洁生产、资源综合利用、生态化设计和可持续消费等融为一体,实现废物减量化、资源化和无害化,以达到经济系统和自然生态系统的物质和谐循环,维护自然生态平衡。

目前学者们普遍认为,循环经济运行遵循资源利用减量化(Reduce)、产品的重复使用(Reuse)、废弃物的再循环利用(Recycle)的"3R"原则,并且这三个原则的优先级并非并列,而是依次递减的原则。首先,减量化处于3R 原则中的最高优先级原则,因为减量化原则要求在生产、流通和消费等过程中尽量减少资源的消耗,尽量较少废物的产生,使得能用较少的原料和能源投入来满足人类物质消耗的需要,属于输入端的"节流"控制,尽可能少的投入也就会最大可能地减少对自然生态系统的扰动,因此无疑是最佳选择。其次是产品的重复使用,其最终目的是通过重复使用产品达到延长产品的使用寿命,最大可能地提高资源和能源的使用效率,来达到减少资源和能源消耗、减轻污染负荷的目的,这种方式属于过程性"开源"控制,即提供了另外一种产品消费的途径,并且这种方式需要很少甚至不需要新的资源和能源投入,因此是仅次于减量化的次佳策略。最后,再循环利用则需要对失去原有使用价值的废物,采用再生利用技术使其重新具有使用价值,而这种使用价值可能是原级再生,也可能是降级再生,并且再生加工制造过程需要投入一定量新的资源和能源来补充再生过程的能量损耗,虽然这种方式属于末端控制方式,但与末端治理方式显著不同,它可以为经济系统提供大量再生的资源和能源,也是属于"开源"控制,而且这种"开源"提供的再生资源量非常惊人,素有"有多少新就有多少旧",不但可以有效替代原生资源开采,而且也大大消除了这些废物排入环境产生的污染负荷,从而实现循环经济物质流的闭合。

通过以上对循环经济的分析,可以发现循环经济是一种生态型经济,它具有以人类的持续生存和发展为价值取向、强调经济社会和物质环境的共赢等特征,但无论循环经济多么特殊,本质上仍然是一种经济活动。既然是一种经济活动,就要遵循经济发展的基本规律:从微观角度来看,它以稀缺资源的优化配置为对象,以提高资源利用效率为核心,从源头减少废弃物排放;从宏观角度来看,它要求经济社会的发展与资源、环境的高度协调和良性循环;从中观角度来看,产业组织结构和布局形成闭环循环模式,而在这样的产业组织结构模式下,资源再生产业则是必不可少的产业,正如日本学者将制造业形象地称为动脉产业,将资源再生产业形象地称为静脉产业,它对循环经济的重要作用,好比人体的动脉和静脉的关系。

（二）循环经济的界定角度

1. 从资源综合利用的角度

从资源综合利用的角度界定，循环经济是指通过废弃物或废旧物资的循环再生利用发展经济，目标是使生产和消费中投入的自然资源最少，向环境中排放的废弃物最少，对环境的危害或破坏最小，即实现低投入、高效率和低排放的经济发展。从这一角度强调的循环经济，其核心是废旧物资的回收和资源综合利用，以"减量化、再利用、资源化"为原则，以"低消耗、低排放、高效率"为特征，符合可持续发展理念的经济增长模式，是对"大量生产、大量消费、大量废弃"的传统增长模式的根本变革。

2. 从环境保护的角度

从环境保护角度界定循环经济，认为它是一个具有时代性的环境保护发展模式，表现为污染物的"低排放"甚至"零排放"，并把清洁生产、资源综合利用、生态设计和可持续消费等融为一体的经济活动。解决城市垃圾的处理和处置问题，应当根据可持续发展的原则，从垃圾源头消减、资源循环利用、垃圾的资源再生、达到最小排放这一总体思路出发，进行垃圾管理和治理。

3. 从技术范式的角度

从技术范式角度界定循环经济，认为循环经济是一次范式革命，倡导的是一种与环境和谐的经济发展模式，遵循"减量化、再使用、再循环"原则，是一个"资源—产品—再生资源"的闭环反馈式循环过程，最终实现"最佳生产，最适消费，最少废弃"。循环经济是一次范式革命[1]，这场正在发生的范式革命主要体现在以下方面：第一，生态伦理观由"人类中心主义"转向"生命中心伦理"和"生态中心伦理"。末端治理的生态伦理是以人类为中心的；而循环经济强调的伦理，主张在生产和消费领域向生态化转化，承认"生态位"的存在和尊重自然权利。第二，生态阈值问题受到广泛关注。循

---

[1] 参见冯之浚：《循环经济是个大战略》，《光明日报》2003年9月22日。

环经济强调在阈值的范围内合理利用自然资本,在尊重自然权利的基础上切实有力地保护生态系统的自组织能力。第三,自然资本的作用被重新认识。循环经济将自然资本列为最重要的资本形态,是人类社会最大的资本储备,提高资源生产率是解决环境问题的关键。第四,从浅生态论向深生态论的转变。

4. 从人与自然关系的角度

从人与自然角度界定循环经济,认为循环经济本质上是一种生态经济,要求运用生态学规律来指导人类社会的经济活动,按照自然生态系统物质循环和能量流动规律重构经济系统,使得经济系统和谐地纳入到自然生态系统的物质循环过程中,建立起一种新形态的经济。物质闭环流动、经济形态、生态经济等的内涵要求按照经济规律、社会规律、自然规律、技术规律、环境规律组织整个生产、消费和废弃物处理过程,将现行的"资源—产品—废弃物"的开环式经济系统转化为"资源—产品—废弃物—资源"的闭环式经济系统,在经济社会活动中实现资源的减量化、产品的重复使用和再循环使用。①

5. 从经济形态和增长方式的角度

从这个角度界定,认为循环经济是一种新的经济形态和增长方式。它以资源循环利用为主要特征,以环境友好的方式利用资源,将保护环境和发展经济有机地结合起来,把人类生产活动纳入自然循环过程之中,所有的原料和能源都在不断循环的经济过程中得到合理和高效利用,从而把经济活动对自然环境的影响控制在尽可能小的程度之内。

(三)循环经济内涵再理解

广义的循环经济是指围绕资源高效利用和环境友好所进行的社会生产和再生产活动,目的是以尽可能少的资源环境代价获得最大的经济效益和

---

① 参见曲格平:《发展循环经济是 21 世纪的大趋势》,《中国环保产业》2001 年第 1 期。

社会效益,实现人与自然和谐发展。资源节约和环境友好相辅相成。一方面,只有节约资源,将传统的单向的线性经济转变为循环经济模式,才能将经济活动对环境的不良影响降到最低;另一方面,只有环境友好,发展才不至于受到环境的制约,环境才能成为经济增长的要素,才能实现生产发展、生活富裕、生态良好的全面小康社会目标,实现人与自然和谐发展。资源效率和环境友好虽然是有机的统一,但在有些情况下的侧重点并不完全一致,这就需要将资源效率和环境友好作为循环经济的核心。

狭义的循环经济是指通过废物的再利用、再循环等社会生产和再生产活动发展经济,相当于"垃圾经济""废物经济"范畴。一般说来,经济总与一定的产业相对应。使用循环经济术语的德国实际上是从物质循环和废物管理角度提出的。日本提出循环型社会,与之相对应的是"静脉产业"。所谓"静脉产业"是指围绕废物资源化形成的产业,是相对于"动脉产业"而言的,"动脉产业"是指开发利用自然资源形成的产业。

其他几种具有代表意义的界定有:

1. 循环经济是一种善待地球的经济发展新模式。它要求把经济活动组织成为"自然资源—产品和用品—再生资源"的反馈式流程,所有的原料和能源都能在这个不断进行的经济循环中得到最合理的利用,从而使经济活动对自然环境的影响控制在尽可能小的程度。

2. 循环经济是一种依据资源—生产/消费—再生资源的物质代谢循环模式而建立的一种既具有自身内部的物质循环反馈机制,又能合理融入生态大系统物质循环过程中的经济发展体系形态。

3. 循环经济是根据"减量化、再利用、再循环和无害化"原则,以物质流管理方法为基础,依靠科学技术、政策手段和市场机制调控生产和消费活动过程中的资源能源流动方式和效率,将"资源—产品—废物"这一传统的线性物质流动方式改造为"资源—产品—再生资源"的物质循环模式,充分提高生产和再生产活动的生态效率,以最少的资源能源消耗,取得最大的经济产出和最低的污染排放,实现经济、环境和社会效益的统一,形成可持续的生产和消费模式,建成资源节约型和环境友好型社会。

4.《中华人民共和国循环经济促进法》给出的循环经济定义是：在生产、流通和消费等过程中进行的减量化、再利用、资源化活动的总称。减量化是指在生产、流通和消费等过程中减少资源消耗和废物产生。再利用是指将废物直接作为产品或者经修复、翻新、再制造后继续作为产品使用，或者将废物的全部或者部分作为其他产品的组件予以使用。资源化是指将废物进行利用或者对废物进行再生利用。

综上所述，循环经济一词是对物质循环流动型经济的简称，是一种新的经济形态和经济发展模式。循环经济以资源节约和高效利用为前提，以"减量化、资源化、无害化"为原则，是实现社会经济可持续发展的重要途径。循环经济概念的形成既是对世界发展历程的历史唯物主义表达，也是我国集体智慧的结晶，是从历史和发展的视角综合世界经验和中国实践形成的。应该说，循环经济是具有相当"中国特色"的；甚至可以说，我国的倡导推动了世界对循环经济的广泛研究。可以用下面的几句话来结束有关循环经济概念的讨论。

循环经济的内涵是：第一，是一种发展，是用发展的办法解决资源约束和环境污染矛盾。例如，通过煤矸石发电、粉煤灰生产建材等，不仅消减了废物的产生和排放，又产生经济效益，形成新的经济增长点。第二，是一种新型的发展。从重视发展的数量向发展的质量和效益转变，重视生产方式和消费模式的根本转变，从线性式的发展向资源—产品—再生资源的循环式发展转变，从粗放型的增长转变为集约型的增长，从依赖自然资源的增长转变为依赖自然资源和再生资源的增长。第三，是一种多赢的发展。在提高资源利用效率的同时重视经济发展和环境保护的有机统一，重视人与自然的和谐，兼顾发展效率与公平的有机统一、兼顾优先富裕与共同发展的有机统一。

正是有了发展的内涵，循环经济才得到我国各级政府的高度重视；正是有了新型的内涵，才能转变我国的生产方式和消费模式，将中央提出的"创新、协调、绿色、开放、共享"的发展理念落到实处；正是有了多赢的内涵，才能用发展的办法解决我国面临的资源环境矛盾，实现社会经济的可持续发展,实现人与自然的和谐发展。

二、绿色发展理论

(一)多维一体的绿色发展理念

绿色发展理念是在发展过程融合了马克思主义关于生态的论述、新时代发展的中国特征以及整个东方华夏文明而形成的关于人类社会在新世纪如何发展的全新的理念,是在政治、经济、文化、社会建设的发展过程中全面融入生态文明建设理念的新时代发展理念(图2-1)。党的十八大报告指出:"坚持节约资源和保护环境的基本国策,坚持节约优先、保护优先、自然恢复为主的方针,着力推进绿色发展、循环发展、低碳发展"。周宏春(2016)认为绿色发展包括三层含义:一是生产方式绿色化,二是生活方式绿色化,三是思想意识绿色化。"十八届五中全会提出的五大发展理念是相互联系、相互促进、相辅相成的,解决的是未来中国在新常态下如何转型、增长动力是什么的问题。我们需要更好地利用自然,前提是尊重自然、保护自然。无论是生态经济、循环经济还是低碳发展,核心是要在资源环境容量的前提下,按照自然规律,同时尊重经济规律发展经济,完成我国工业化和城镇化的历史任务"。[①]

1. 绿色经济发展

绿色经济发展理念是指基于可持续发展思想产生的新型经济发展理念,致力于提高人类福利和社会公平。"绿色经济发展"是"绿色发展"的物质基础,涵盖了两个方面的内容:一方面,经济要环保。任何经济行为都必须以保护环境和生态健康为基本前提,它要求任何经济活动不仅不能以牺牲环境为代价,而且要有利于环境的保护和生态的健康。另一方面,环保要经济。即从环境保护的活动中获取经济效益,将维系生态健康作为新的经

[①] 《专家学者热议什么样的发展才是绿色的?》,2016年1月5日,见http://politics.people.com.cn/n1/2016/0105/c70731-28012262.html。

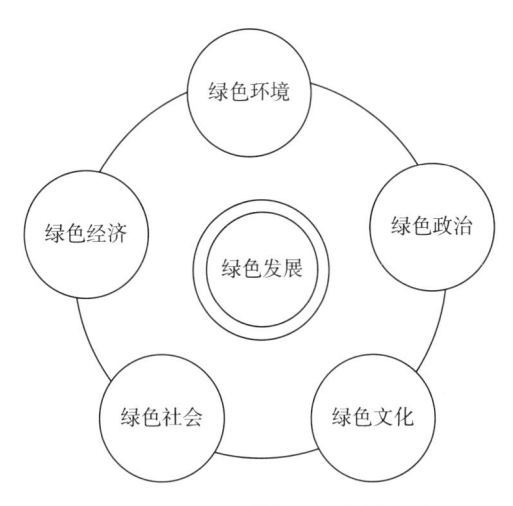

图 2-1 多位一体的绿色发展理念

济增长点,实现"从绿掘金"。要求把培育生态文化作为重要支撑,协同推进新型工业化、城镇化、信息化、农业现代化和绿色化,牢固树立"绿水青山就是金山银山"的理念,坚持把节约优先、保护优先、自然恢复作为基本方针,把绿色发展、循环发展、低碳发展作为基本途径。

在新常态下,我国发展的环境、条件、任务、要求等都发生了新的变化。适应新常态、把握新常态、引领新常态,保持经济社会持续健康发展,必须坚持正确的发展理念。"十三五"规划提出并阐述了创新、协调、绿色、开放、共享的发展理念,强调落实这些发展理念是关系我国发展全局的一场深刻变革。发展理念是发展行动的先导,是发展思路、发展方向、发展着力点的集中体现。要直接奔着当下的问题去,体现出鲜明的问题导向,以发展理念转变引领发展方式转变,以发展方式转变推动发展质量和效益提升,为新时期我国经济社会发展指好道、领好航。

2.绿色环境发展

通过合理利用自然资源,防止自然环境与人文环境的污染和破坏,保护自然环境和地球生物,改善人类社会环境的生存状态,保持和发展生态平衡,协调人类与自然环境的关系,以保证自然环境与人类社会的共同发展。

良好的生态环境是最公平的公共产品,是最普惠的民生福祉。科学布局生产空间、生活空间、生态空间,扎实推进生态环境保护,让良好生态环境成为人民生活质量的增长点,成为展现我国良好形象的发力点。[①] 经过四十多年发展,我国环境保护政策、法规和标准已经成形,这一点国内外专家已有共识。党的十八届三中全会要求,用制度保护生态环境。经过几年努力,应当建成系统完备、科学合理、运行高效的环境保护制度,包括污染物排污许可证制度、损害赔偿制度、责任追究制度等。建议选择其中的一些政策工具,加大实施力度,以起到事半功倍的作用。以排污许可证制度的制定、实施和监督形成管理主线;以环境保护标准为准绳形成"倒逼"机制;以环境司法为常态实行责任终身追究制度;加强能力建设,形成环境保护的长效机制。

坚持节约优先、保护优先、自然恢复为主等原则,是推进生态文明建设的基本政策和根本方针,也是制定经济社会政策、编制各类规划、推动各项工作必须遵循的基本原则和根本方针。自然资源是我国经济社会发展的基础,土地、水、能源、矿产、森林、海洋等资源是一切文明建设的物质基础。离开了资源能源的生产和消费,经济社会发展难以保障,人民生活水平难以提高,发展难以持续。应推动资源利用方式根本转变,节约集约利用资源,加强生产、流通和消费的全过程管理,大幅降低能源、水、土地等的消耗强度,这既是提高我国经济竞争力的客观需要,也是人均资源占有不足的内在要求。提高资源产出率的途径包括资源节约、综合利用和循环利用,如在采矿中对共生矿、伴生矿进行综合开发,最大限度地把废物转为可利用的资源;重视产品的循环,尽可能使产品经久耐用;重视服务的循环,从关注交换价值向关注使用价值转变,提高服务业比重。又如利用煤矸石发电和生产建材产品,开发利用煤层气发电,既可以增加能源供应,又可以减少瓦斯爆炸对矿工安全的威胁,减少温室气体排放,从而收到一举多得之效。发展绿色

[①] 参见《习近平谈"十三五"五大发展理念之三:绿色发展篇》,2015年11月12日,见 http://cpc.people.com.cn/xuexi/n/2015/1112/c385474-27806216.htm。

经济、循环经济和低碳经济,本质上是促进生产、流通、消费过程的减量化、再利用、资源化,形成节约资源保护环境的空间格局、产业结构、贸易结构、生产方式和生活模式,以资源的可持续利用支撑经济社会的可持续发展。

3. 绿色政治生态

绿色政治是指政治生态清明,从政环境优良。习近平指出:"自然生态要山清水秀,政治生态也要山清水秀。严惩腐败分子是保持政治生态山清水秀的必然要求。党内如果有腐败分子藏身之地,政治生态必然会受到污染。""做好各方面工作,必须有一个良好政治生态。政治生态污浊,从政环境就恶劣;政治生态清明,从政环境就优良。政治生态和自然生态一样,稍不注意,就很容易受到污染,一旦出现问题,再想恢复就要付出很大代价。"讲绿色生态也是生产力,绿色政治生态同样能够极大促进社会生产力的发展,最终实现绿色政治生态的巨大效能。这是一个系统的工程,这个过程急不得,要统筹推进,踏石留印地去落实,最终才能实现我们党和人民所期待的效果。

4. 绿色文化发展

绿色文化是一种以绿色行为为外在表现,以生态意识、环保意识、生命意识等绿色发展理念为内涵而形成的文化现象,其反映了人与自然和谐相处、共同繁荣发展的价值理念、行为方式以及思维模式。国家大力倡导的绿色发展,其中的精髓就是绿色文化。绿色文化作为一种意识、理念和价值取向,不是独立存在的,而是贯穿于绿色发展始终,并渗透到其各个方面,发挥着至关重要的作用。因此,现阶段我国要想顺利完成经济结构的调整和发展方式的转变,就必须高度重视绿色文化,大力弘扬绿色文化,让绿色文化、绿色价值观深入人心,以便更好地促进绿色发展、实现建设美丽中国的目标。

要让绿色文化得到更好的推动和发展,首先要引导人们树立绿色的世界观、价值观文化;其次要树立一种绿色环保的生活方式和合理的消费文化,"用之无节,取之无时"必将造成严重的后果;同时还要注重树立绿色GDP文化,纠正过去把GDP作为衡量经济发展的唯一标准的观念;最后要树立绿色法律文化。2014年修订通过的《中华人民共和国环境保护法》就是绿色法律文化的典型代表,该法集中体现了党和国家对于加强我国的环境保护法治、推动生态文明建设的坚定意志和决心。《中华人民共和国环境保护法》的修订不仅有助于破解环境污染等难题,还有助于整个社会树立绿色法律文化,从而在我国形成全面、长效的环境治理机制体系,为我国经济结构的调整和发展方式的转变提供有力保障。

5. 绿色社会发展

绿色是大自然的象征,是蓬勃生命和生机活力的体现;同时,绿色也意味着经济与生态的良性循环、人类与自然的和谐发展。总之,绿色包含着人们对于未来的美好期盼,它能给人们带来一种心理上的安静平和,是现代社会文明的标志之一。党的十八届五中全会公报提出,要"促进人与自然和谐共生,构建科学合理的城市化格局"。《国家新型城镇化规划(2014—2020年)》提出,要加快绿色城市建设,将生态文明理念全面融入城市发展,构建绿色生产方式、生活方式和消费模式。从这两份文件中不难看出国家对于绿色社会发展的重视,尤其是在"十三五"期间,无论是在建设绿色城市,还是推进城镇化的过程中,都要全方位、大力推进绿色发展、低碳发展、循环发展,要注重对水、土地、能源等资源的节约利用,加强对环境的保护和对受损害生态的修复,减少对自然的破坏,实现绿色低碳生活和绿色城市建设。将绿色社会发展渗透到我们社会生活的方方面面,使其成为新时代的社会潮流,成为极具时代特征的历史阶段。

(二)绿色产业

从绿色经济的实现路径出发,通过研究绿色经济的"绿色化"技术体系以及绿色经济强调的生态环境和资源的永续利用,来分析再生资源产业与绿色经济的关系;从绿色经济的"5R"原则出发,来阐述再生资源产业在绿色经济中的地位;从绿色经济理论的实践层面出发,以再生资源产业对实现绿色消费、绿色技术与绿色生产以及绿色GDP的作用贡献,阐述再生资源产业的重要作用。

绿色产业的概念可谓见仁见智,每个人的理解都不完全一样。实际上,不仅个人理解存在差异,国际有国际的标准,中国也有自己的界定。通常,国际上有关绿色产业的范围比较大,它把生态农业、节能减排、产业政策化等都称之为绿色产业。亚洲开发银行把可再生能源如太阳能、风能和清洁能源如核能、地热能等也称之为绿色产业。对于我国来说,关于绿色产业的界定也是莫衷一是。国务院曾经发文件提出战略性新兴产业,其中节能环保产业、循环经济等可以看作是绿色产业。我们认为绿色产业是一种环境代价小、经济效益、社会效益和环境效益有机统一,在生态环境容量和资源承载力约束条件下能够健康发展,能够与资源环境"脱钩"发展的产业。

绿色产业是一个广义的概念,不应狭义理解,需要用一种开放、发展的眼光去理解它、看待它。绿色产业具有以下特点:第一,资源利用效率高。我国多年来资源的高强度开发及低效利用,加剧了资源供需矛盾,资源短缺和资源低效利用已成为制约我国经济社会可持续发展的重要瓶颈。绿色产业则可以缓解资源匮乏和短缺问题。第二,对环境友好、不利影响较小。当前,我国环境污染整体不容乐观,有些地区则污染严重。"十三五"规划中重点强调要大力推进生态文明建设。发展绿色产业则可以解决环境污染问题,建设环境友好型社会。第三,排放强度逐渐降低、对气候影响小。我们说的绿色产业并不是指没有一点污染的产业,那样的产业不存在,而是污染较小、可控、排放强度逐渐降低的产业。第四,覆盖面广。正如前面所说,绿色产业是一个广义的概念、开放的概念,不仅包括第二产业还包括第一产业的绿色化部分,如生态农业。①

三、可持续发展理论

从20世纪60年代开始,工业文明下的社会在发展过程中出现的严重

---

① 参见吕红星:《"十三五"绿色发展蓝图将助推产业转型升级——访国务院发展研究中心社会发展研究部研究员周宏春》,《中国经济时报》2016年1月13日。

环境污染和生态破坏问题开始在世界范围内引起包括普通民众、民间团体和各国政府的高度重视与广泛关注。1962年,美国海洋生物学家蕾切尔·卡逊(Rachel Carson)的著作《寂静的春天》成为呼吁生态文明建设的先声。作者以其极为深刻的思考在唤醒世人关注环境问题的同时,向人类中心主义思想提出了挑战,将批判的矛头直指过去传统经济增长论的主要弊端。几乎是与此同时,人类社会经济的巨大发展使得资源短缺成为一个摆在全人类面前的全球性危机。美国经济学者鲍尔丁于1966年发表了《未来飞船地球之经济学》,强调地球的资源已经无法支撑消费型工业社会的进一步发展,人类要避免出现资源短缺危机就必须寻找新的经济增长模式和社会再生产方式。

1972年,联合国在全球环境运动高涨、各国日益重视资源合理利用的背景下于瑞典斯德哥尔摩召开环境会议,并出台《只有一个地球》和《人类环境宣言》两份官方文件。其中,《人类环境宣言》首次以具备国际法效力的形式确定了对资源的保护和有效利用原则。例如,"对地球生产非常重要的再生资源的能力必须得到保持,而且在实际可能的情况下加以恢复和改善"。这次会议之后,人类发展所面临的人口、资源、环境危机为各国政府和人民广泛认知和接受,各国也纷纷开始寻求解决危机的出路所在。因此可以说,这次会议起到了唤起全球危机意识觉醒的启蒙作用。

至20世纪80年代,由于酸雨问题、河流及海洋污染等涉及国家间的协作治理污染,国际社会开始完善对处理国际环境问题的国际立法;注重国内环境立法与国际环境立法的协调,强调越界污染损害的国家责任以及探索国际环境保护合作。1982年联合国环境与发展大会在肯尼亚发布《内罗毕宣言》,强调污染防治的国际合作。同时,各国开始从注重对污染的末端控制转变到对资源利用的全过程管理,资源在生产过程中的合理利用成为一种共识。1987年,以布兰特兰夫人为首的联合国世界环境与发展委员会在经过四年研究之后正式向联合国大会提交了《我们共同的未来》的报告。这份报告第一次在联合国的文件中使用了"可持续发展"概念,由此在国际上逐步形成了对"可持续发展"概念的共识。在可持续发展理念的四个基本要素(代际公平、代内公平、资源永续利用、环境与发展的一体化)中,资源永续(再生)利用是其物质基础和核心内容。

2002年8月,联合国于南非约翰内斯堡召开第四次可持续发展世界首脑会议,产生了《执行计划》和《政治宣言》两项文件。其中,《执行计划》将消除贫困和水资源安全作为当前工作的重点,而《政治宣言》强调了各国政府和首脑在实现全球可持续发展进程以及执行《21世纪议程》中所应当起到的作用,强调了保持世界生物多样性以及发展教育、创造就业、开发新技术的重要性。经过联合国的推动,可持续发展和资源永续利用成为当今世界社会经济与社会发展的主导方向。可持续发展理念是人类反思过去传统的经济发展模式后所总结、提炼的理论成果。就可持续发展理论来讲,对其影响最大、范围最广、接受程度最高的是由时任挪威首相布伦特兰(Gro Harlem Brundtland)所主持发表的报告《我们共同的未来》为代表的可持续发展理论。根据报告中的表述,"可持续发展是既满足当代人的需要,又不对后代人满足其需要的能力构成危害的发展"。可以看出,这份报告认为各国对于可持续发展的理解可以存在差异,但可持续发展的基本精神是每个国家都应坚持和遵循的,各国均应据此来制定本国的经济和社会发展目标。换言之,可持续发展应当成为全人类面向未来的共同目标和选择。报告明确指出"可持续发展要求,不可再生资源耗竭的速率应尽可能少地妨碍将来的选择"。这表明,现代社会人们对资源的过量使用必然会导致其储存量的大幅减少,进而影响到人类后代的生活和选择,因此要求我们在使用地球上的物质资源的同时,务必采取使得资源可以被再生、循环进而永续得以利用方面的措施,以确保在得到可接受的替代物之前,资源不会过早的枯竭。

可持续发展理论指导下的资源利用其核心和关键是在于使得资源能够得以"再生",组成一个"资源—产品—再生资源"的闭路循环系统。事实上,不论是资源的"循环"抑或是"再生",均是强调人类赖以发展的物质资源在生产体系中各个阶段和环节不断循环(再生)的过程。具体来说,要实现资源的再生利用,首先需要对自然资源合理地开发利用,并在生产加工过程中通过技术手段将其加工为环境友好型产品进入流通消费阶段,最后通过回收手段回到生产加工过程实现资源回用,当实现上述过程不断往复之时,即为资源的再生利用。资源再生利用的明显特征在此过程中表现为低开采、高利用、低排放,物质资源在这个不断进行的闭路循环系统中得到合理与持久的利用,把对自然环境的影响降低到最小的程度。

由此可见,可持续发展理念是人类社会处理人口、资源、环境与社会经济发展关系的总体指导体系。"可持续"强调的是人类社会经济发展所依托的自然资源与人工资源的合理开发与保护。可持续发展理念的提出便是来自对资源的关注,其目的是为了实现物尽其用,使资源在技术进步的前提下可以多次再生利用,最后才成为没有利用价值的废物,并对其进行焚化回收能量或填埋。所以,从指导思想来看,人类社会经济的可持续发展理念是再生资源利用的目标和归宿;从产业领域看,从资源回收利用基础上发展起来的清洁生产,以及比清洁生产更进一步的生态工业运作方式使得再生资源获得了有效的实现途径;从最终结果来看,再生资源得以充分利用将极大地减少新增资源需求以及彻底消除生产、生活中未经处理的废弃物排放,既解决了人类面临的资源短缺问题,又可以使我们获得一个良好的生态环境。

第二节　再生资源产业理论体系

一、物质循环理论

早在1929年,美国地质局地理学家休伊特(D.F.Hewett)便提出资源供给问题,并认为其由四个因素决定:地质状况、技术、经济学、政府政策。这些因素通过影响社会经济活动中的物质流及其节点改变整个社会的资源供应状况。[1]

---

[1] William M. Brown, *The Meaning of Scarcity in the 21st Century: Drivers and Constraints to the Supply of Minerals Using Regional, National and Global Perspectives*, U.S. Geological Survey Open-File Report 02-333, 2002, pp.6-20.

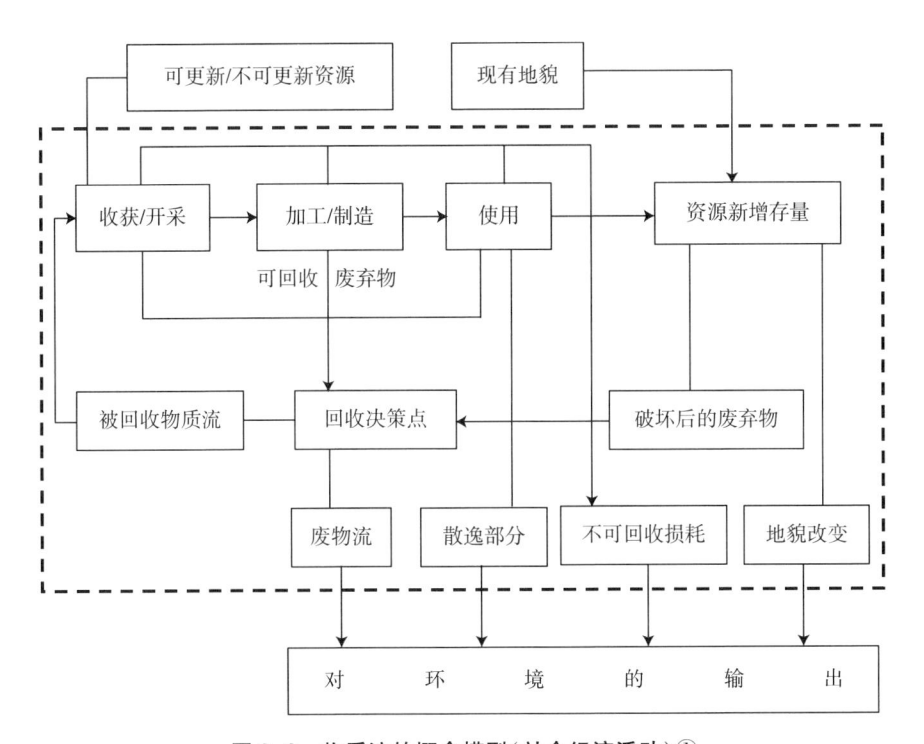

图 2-2　物质流的概念模型(社会经济活动)①

1972年,罗马俱乐部发表的《增长的极限》中同样提到了不可再生资源供给的极限问题。不过该论文主要是从物质资源以及地理储量角度来分析的,并得出结论:按照当时的趋势,大多数不可再生资源将在一百年内耗尽,从而带来人类文明不可避免的衰落。

2000年8月,美国地质局再次在一篇为当时在赫尔辛基举行的工业生态学研讨会准备的论文中提到:决定未来资源供应的不仅包括地质储量,而且也为诸多其他社会、经济因素所左右,物理限制、经济限制、技术限制、社会限制、政策限制、产业限制等六大因素相互作用(图2-3),共同决定着未来的资源供应,而并非仅仅由地理储量来决定。

2002年,美国地质局正式发布《二十一世纪资源短缺的内涵:地区、国

---

① 参见陈德敏:《资源循环利用论》,新华出版社2006年版,第97页。

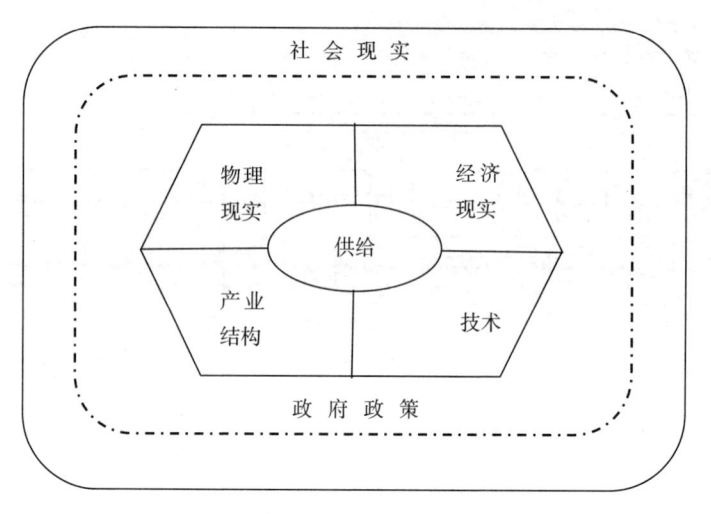

图 2-3 六大因素之间的关系

家和全球矿产供给前景中的动力与限制》(*The Meaning of Scarcity in the 21st Century: Drivers and Constraints to the Supply of Minerals Using Regional, National and Global Perspectives*),全面考察了美国的矿产资源状况,并指出:在未来的数十到数百年间,在全球范围内矿产资源短缺相对于其他关于矿产资源和储量如何满足社会需求而引起的社会问题而言仍将处于从属地位。[1] 换句话说,在今后相当长的一段时期内,资源的短缺将主要由各种社会、经济问题所引起。

二、资源回收利用论

资源循环利用是指根据资源的成分、特性和赋存形式对资源综合开发、能源原材料充分加工利用和废弃物回收再生利用,通过各环节的反复回用,发挥资源的多种功能,使其转化为社会所需物品的生产经营行为。对此我们应当有两个基本认识:首先,资源短缺和市场需求是资源综合利用的根本

---

[1] Haughton, G., "Environmental Justice and the Sustainable City", *Journal of Planning Education and Research*, 1999(Vol.18, No.3), pp.233-243.

引导力量;其次,资源循环利用的根本推动力是科技进步,每当新技术出现总会开拓出新的资源领域及新的使用方式,推动资源综合利用不断向广度和深度发展。

经济系统中存在许多种类的输入和输出,其中物质、能量和信息是三个最重要的。能量体系是保证经济体系中物质流动的因素,过去两个世纪中,我们通过技术进步使用了比以往多得多的能源,主要依靠的是化石能源,而它是可耗竭的。信息(或知识)是三个体系中最重要的部分①。物质只有成为人类知识的客体之后,才能进入经济体系之中,而物质资本不过是人类知识在现实世界中的烙印。信息(知识)的积累过程也就是人类社会进步的过程。

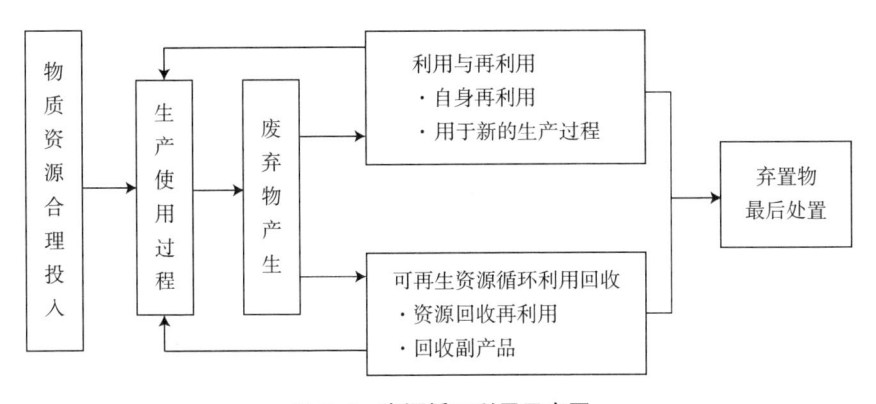

图 2-4 资源循环利用示意图

三、基于发展阶段的再生资源产业发展理论

假设再生资源回收市场上只有正规回收企业,即回收企业均为政府认定的可在再生资源市场上进行回收的企业。设 TC 为再生资源回收企业回收总成本,包括从最终消费者手里回收废品的成本 $P \times Q$(P 为回收价格,Q 为回收数量)和劳动力成本 C_L。TR 为回收企业回收再生资源获得的总

---

① 将"知识产业或信息产业"称为第四产业,依据对"克拉克大分类法"的延伸,该产业是指对本身无明显利润但可以提升其他产业利润的公共产业。

收益，P_0 为回收企业将回收废品出售给产品制造商的价格，在该模型中假定 P_0 为恒量。另外，假定回收企业从消费者手里收购的废品全部出售给制造商作为二次生产原料供给。由以上分析，有：

$$TC = P \times Q + C_L$$
$$TR = P_0 \times Q$$

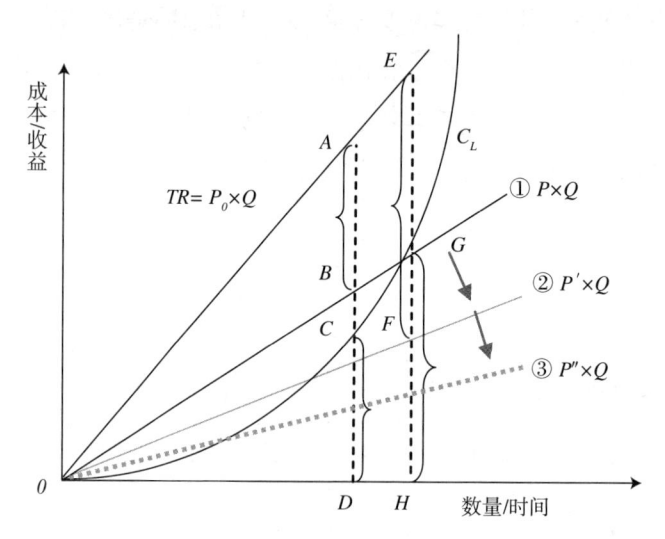

图 2-5 劳动力成本上升下再生资源回收企业成本/收益变动

在图 2-5 中，当回收商废品回收数量达到 D 点时，回收商总收益为 TR 在图中表示为线段 AD，废品收购成本为 $P \times Q$ 表示为 BD，劳动力成本 C_L 表示为 CD。此时有，$TR = TC = P \times Q + C_L$，亦即回收商的总收益等于总成本，利润为零。也就是说，在回收商回收数量达到 D 点以前，回收商有利润可图；在 D 以后，随着劳动力成本上升，要想继续获取经济利润，收购废品所付出的成本就得降低，也就是当废品市场回购价格降低到可以弥补由于劳动力价格上升导致的回收商总成本上升这一缺口时，回收商回收废品才能有利可图，继续经营下去。

此时，为获取经济利润，废品市场回收价格由 P 下降到 P'（曲线①→②），相应的回收成本曲线由 $P \times Q$ 移动到 $P' \times Q$，当回收数量达到 H 点时，回收商总收益为 TR'，在图中表示为 EH，收购废品成本为 $P' \times Q'$ 表示为 FH,劳动力成本为 C_L' 表示为 GH,$TR' = TC' = P' \times Q' + C_L'$,回收商总收益等于总成本,回收商利润为零,此时回收商若继续从事该行业会继续降低回收价格(如曲线②变化到③)至 P''。随着劳动生产力成本的持续上升,回收商的总成本也会不断上涨,在这一过程中,回收商要想获取经济利润(不倒闭),市场回收价格就会持续下降,到回收价格降低为 0 时,回收商的总成本全部为雇用的劳动力成本。

然而,随着经济社会发展,劳动力成本上升的趋势会一直存在。对于废品回收商而言,劳动力成本上升到一定局限时(图 2-6 中 N 点,劳动力成本等于回收收益),回收商收售再生资源再无利润可图而不愿意继续从事该行业。那么,若该行业不退出市场,废品回收市场必然会出现"倒收费"现象,以维持回收商的经济利润。也就是说,最终消费者不是像以前一样将废品卖给回收商,而是付费给回收商。此时,"抛弃收费"拐点来临。在图 2-6 中,回收数量达到 M 点时,会迎来"抛弃收费"拐点 N,该点也可理解为"抛弃收费"临界点。当出现"抛弃收费"拐点时,废品回收商从最终消费者手里回收废品的收入将作为其总收益的一部分,$TR = P \times Q + P_1 \times Q = (P + P_1)Q$,其中,$P_1$ 为最终消费者抛弃废品需要支付给回收商的价格。总成本全部为劳动力成本。

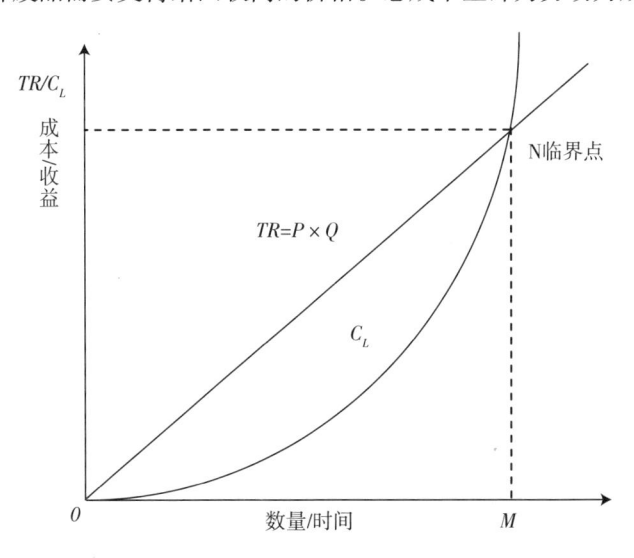

图 2-6 劳动力成本上升下再生资源"抛弃收费"临界点

上述理论分析总结为:随着劳动力成本的持续上升,再生资源回收企业回收再生资源不要付费而要收费,也就是说,存在一个劳动力成本下的"抛弃收费"临界点,此时"抛废者"由向再生资源回收者收费转向对其付费。

第三章　我国再生资源产业运行状况与发展态势评估

尽管近年来我国再生资源产业发展取得了一定进展,但实践中由于再生资源回收利用的社会认知欠缺、法律法规体系尚不完善、政策措施不够健全、相关标准体系还未确立以及专业人才队伍匮乏等问题,再生资源产业发展仍然面临瓶颈制约。在复杂的国内外形势下,再生资源产业发展面临众多挑战。立足产业链和生命周期理论的分析,我国再生资源产业已经进入调整转型阶段。当前我国再生资源产业出现了新趋势:环保型工业园区的集聚发展、两网合一的回收趋势、再生资源产业全产业价值链整合、再生资源产业网络化发展模式。

第一节　我国再生资源产业现状与阶段研判

一、总体概况与阶段研判

随着全面深化改革向纵深推进,国家高度重视再生资源行业的发展,不断推出重要利好政策,再生资源回收行业迎来了发展年。社会资本对行业的关注度趋高,企业兼并重组活动频繁;新型回收模式层出不穷,整个行业呈现稳中有进、稳中向好趋势。伴随供给侧结构性改革不断深入,全面清除"地条钢"、去产能等政策因素叠加,推动了再生资源价格大幅上涨。同时由于钢铁、有色金属等大宗商品价格的上涨,废轮胎、废塑料、废旧纺织品、废弃电器电子产品等再生利用行业清理整顿,取缔关停"地条钢"企业,"2+26"城市工业企业错峰生产,禁止进口洋垃圾等诸多因素叠加,国内再生资源回收价格呈现上涨趋势。再生资源回收与利用企业的市场交易频繁活跃,近年来再生资源回收量增长缓慢的趋势有所改变,回收行业逐步走出效益低迷态势。同时,随着环保督查力度持续加大,一些不规范的再生资源企业被关停。现状态势表明,我国再生资源产业进入了调整转型新阶段。

(一)再生资源企业发展概况

再生资源产业是循环经济的重要组成,将废弃物转化为可利用资源或产品,既减轻环境承载压力,又产生经济价值,越来越受到各国政府的重视,已成为世界性朝阳产业。近年来,随着我国各地区废弃资源回收体系的逐渐完善,再生资源产业已初具规模。再生资源回收利用企业发展迅速,在造纸、建材和有色金属等领域已经涌现出一批典型企业。天津子牙循环经济产业区、浙江再生塑料产业基地、江西新余钢铁再生资源产业基地、广东清远华清循环经济产业区,都是全国范围内发展再生资源产业的典型示范性区域。

我国再生资源产业持续增长,其中废弃资源综合利用行业规模以上企业数量逐年上升,如图 3-1 所示,到 2017 年底,达到 1584 家,占全国所有行业规模以上企业数量(372729)比例达到 0.425%,全部从业人员年平均人数 17.36 万人,占全国所有行业比例达到 0.194%。从行业结构来看,再生资源行业中,民营企业是再生资源行业的主力,占八成左右,吸收就业人口 75%左右,国企和外资企业占比较低。龙头企业发展迅速,业务范围不断拓宽,经营态势良好,小作坊式、散乱污企业进一步取缔和清理。从行业的地域分布来看,有近 80%的再生资源回收企业集中于华南、华东和西南三个区域,其中广东、安徽、浙江、江苏、湖南、河北、湖北、山东较多,分别达到262、171、140、125、80、74、72、68 家,说明这些地区该产业发展势头较好,已经形成一定规模。

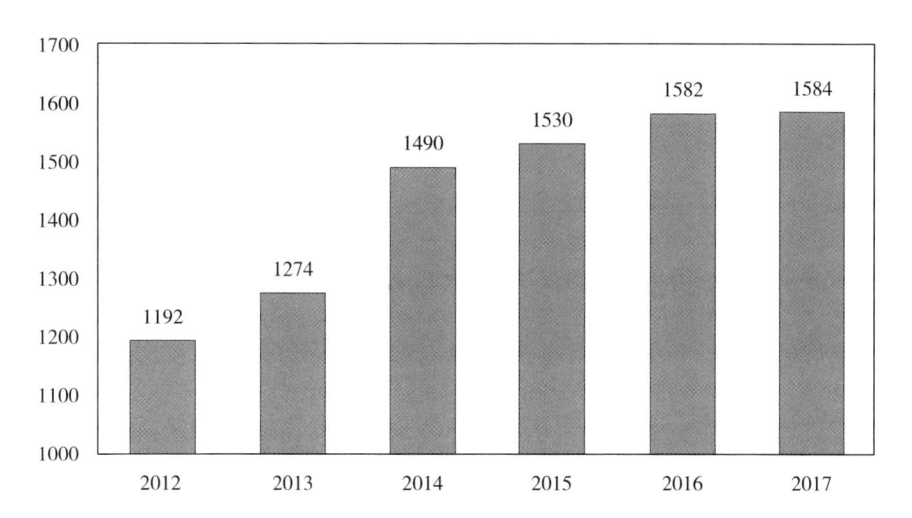

图 3-1 我国废弃资源综合利用行业规模以上企业数量（2012—2017 年）①

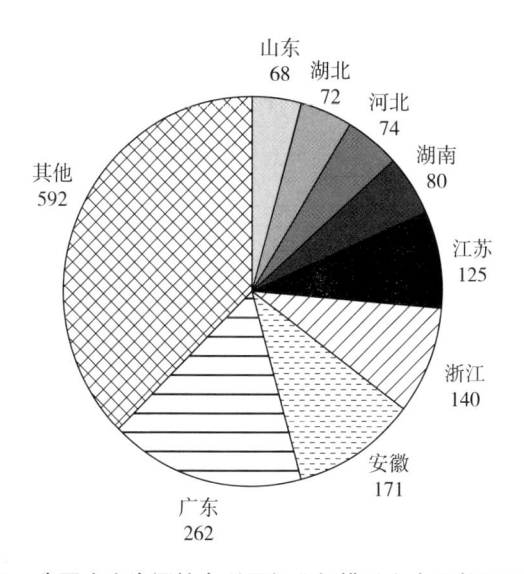

图 3-2 我国废弃资源综合利用行业规模以上企业数（2017 年）

截止到 2017 年底,我国废弃资源综合利用行业规模总资产合计达到

---

① 根据《中国统计年鉴》整理所得,其中再生资源产业与制造业分类之下的"废弃资源综合利用业(C42)相对应"。

(单位：亿元)

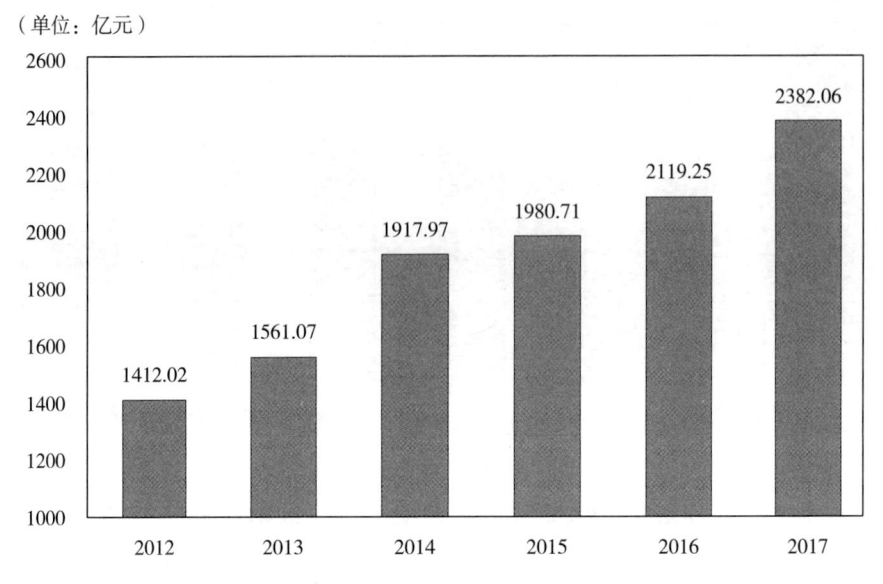

图 3-3　我国废弃资源综合利用行业资产走势（2012—2017 年）

2382.06 亿元，较上年同期增长 12.40%；主营业务收入为 3898.18 亿元，较上年同期下降 4.24%；全年利润总额为 227.21 亿元，较上年同期增长 6.58%。

(二)再生资源产业回收概况

过去一段时间，再生资源产业受全球经济增长速度放缓、国内经济发展进入新常态、推进供给侧结构性改革等国内外经济环境影响，持续走低。近年来，再生资源行业的发展得到了从国家到地方层面的高度重视，出台了一系列扶持政策。随着全国供给侧改革不断深入以及"十三五"规划的稳步推进，再生资源回收与利用企业的市场交易频繁活跃，多年来回收量增长缓慢的趋势有所改变，此外，随着监管力度的不断增加，取缔、关停违规企业，行业整体更加规范化。截至 2017 年末，全国再生资源回收企业数量为 9 万多家，从业人员约为 1200 万人，再生资源行业发展呈现稳中有进、稳中向好趋势。

从回收总量来看，我国十大类别的再生资源(废钢铁、废有色金属、废

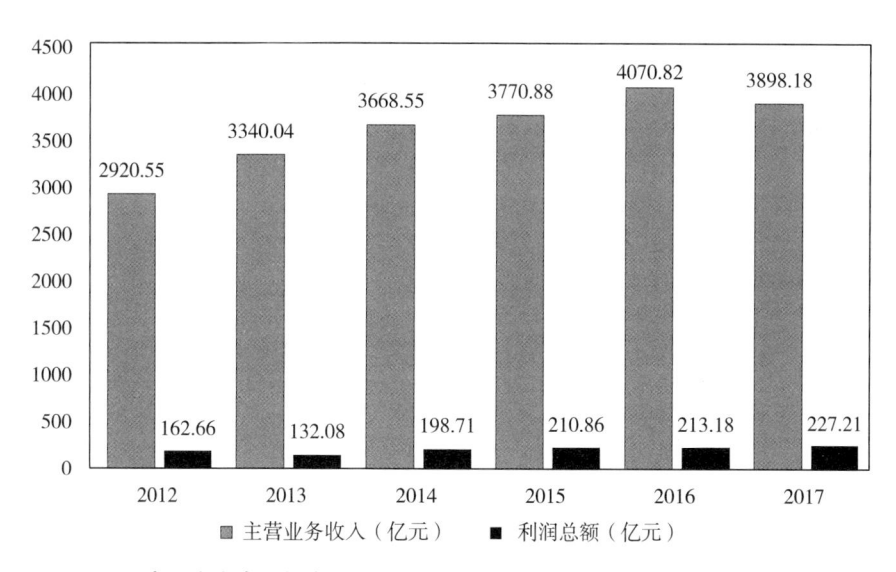

图 3-4 我国废弃资源综合利用行业主营业务收入和利润总额（2012—2017 年）

塑料、废轮胎、废纸、废弃电器电子产品、报废机动车、废旧纺织品、废玻璃、废电池）总量多年来持续增长，到 2017 年，十大类别的再生资源总回收量 2.82 亿吨。从回收价值来看，受宏观经济与大宗商品价格影响，回收总价值自 2014 年有所下降外，近三年整体呈回升态势，2017 年，十大品种再生资源回收总值达 7550.7 亿元，同比增长 28.7%。得益于钢铁和有色金属等大宗商品价格上涨、禁止洋垃圾、再生利用行业清理整顿、"2+26"城市工业企业错峰生产等叠加影响，导致主要品种价格上涨进而回收值大幅增加。

从进出口来看，受《禁止洋垃圾入境推进固体废物进口管理制度改革实施方案》实施的影响，2017 年，我国五大类别（废钢铁、废有色金属、废塑料、废纸、废旧纺织品）的再生资源总进口量 3620.9 万吨，较 2016 年下降 9.9%；五大类别的再生资源总出口量倍增至 257.23 万吨，较 2016 年 17.31 万吨增长近 14 倍，主要由政府取缔"地条钢"小作坊、废钢铁资源阶段性过剩后转向出口所致。

（三）我国再生资源产业分品种发展情况

再生资源产业作为循环经济的重要组成部分，随着绿色发展理念贯彻落实,越来越强调减少垃圾排放和环境污染,再生资源的回收率和利用水平正在不断提升。然而,再生资源产业受到宏观经济波动的影响较大,由于大宗商品价格的波动以及原材料、劳动力价格的上涨,近年来,从事再生资源回收的企业经济效益相对低迷;2017年以来,随着国家扶持政策的相继出台、世界宏观经济也有所回升,再生资源行业整体回暖。未来行业发展面临着新的机遇。

表3-1 我国主要再生资源类别回收利用表(2011—2017年)①

序号	名称		单位	2011年	2012年	2013年	2014年	2015年	2016年	2017年
1	废钢铁		万吨			15080	15230	14380	15130	17391
		大型钢铁企业	万吨	9100	8400	8570	8830	8330	9010	14791
		其他行业	万吨			6510	6400	6050	6120	2600
2	废有色金属		万吨	455	530	666	798	876	937	1065
3	废塑料		万吨	1350	1600	1366.2	2000	1800	1878	1693
4	废纸		万吨	4347	4472	4377	4419	4832	4963	5285
5		废轮胎	万吨	329	370.3	375	430	500.6	504.8	507
		翻新	万吨	34	45.3	50	50	28.6	28.8	27
		再利用	万吨	295	325	325	380	473	476	480
6	废弃电器电子产品									
		数量	万台	16058	8264	11430	13583	15274	16055	16370
		重量	万吨	370.6	190.7	263.8	313.5	348	366	373.5
7	报废汽车									
		数量	万辆	149.6	132.3	187.5	220	277.5	300.6	291.0
		重量	万吨	285	249	274.4	322	871.9	721.3	665.8
8	报废船舶									
		数量	艘	317	340	65	142	102		
		重量	万轻吨	225.2	255	52	109	91		
9	废玻璃		万吨			849	855	850	860	1070

① 根据《中国再生资源回收行业发展报告》整理所得,部分年份统计口径以及统计内容发生变化。

续表

序号	名称	单位	2011年	2012年	2013年	2014年	2015年	2016年	2017年
10	废电池（铅酸除外）	万吨			9.3	9.5	10	12	17.6
	合计（重量）	万吨	16461.8	16035	23307.5	24470.6	24550.4	25642.1	282000

表3-2 我国主要再生资源类别回收价值表（2011—2017年）[①]

单位：亿元

序号	名称	2011年	2012年	2013年	2014年	2015年	2016年	2017年
1	废钢铁	2740.9	2226	3392.6	3122.15	1984.4	2042.6	3043.4
2	废有色金属	889.1	1027	1131.2	1324.68	1395.6	1829	2079
3	废塑料	919.8	1056	888	1100	810	957.8	1081.3
4	废纸	869.4	830.3	744.1	616	642.7	744.5	977.7
5	废轮胎	79	88.9	75.8	68.8	65.1	70.5	73.5
6	废弃电器电子产品	119.2	57.2	69.8	78.4	78.3	94.4	125.1
7	报废船舶	63.1	63.8	11.4	21.8	11.5		
8	报废汽车	83.4	64.2	60.4	66	122.1	108.2	87.3
9	废玻璃			28.87	25.7	21.3	22.4	32.1
10	废电池（铅酸除外）			19.2	19.8	18.5	24.8	37.3
	回收总值	5763.9	5413.4	6421.4	6446.9	5149.4	5902.8	7550.7

二、基于产业链的现状分析

（一）产业链前端：逐步构建分类回收体系

国务院办公厅发布关于转发国家发改委、住建部《生活垃圾分类制度

---

① 根据《中国再生资源回收行业发展报告》整理所得，部分年份统计口径以及统计内容发生变化。

实施方案》(以下简称《方案》)的通知,要求46个城市先行实施生活垃圾强制分类,2020年底生活垃圾回收利用率达35%以上。这46个城市分两类:一类是直辖市、省会城市和计划单列市,北京、上海、天津、重庆及大连、青岛和深圳等都在其中;二类是住建部等确定的第一批生活垃圾分类示范城市,包括河北邯郸、江苏苏州、山东泰安、湖北宜昌等。换句话说,上述46个城市的党政机关,学校、科研、文化、出版、广播电视等事业单位,协会、学会、联合会等社团组织,车站、机场、码头、体育场馆、演出场馆等公共场所管理单位及宾馆、饭店、购物中心、超市、农贸市场、商铺、商用写字楼等企业负责对其产生的生活垃圾进行"强制"分类。

(二)产业链中端:绿色生产和逆向物流

一是推行绿色生产和构建生态城市。推进钢铁、有色、石化、化工、建材等行业拓展产品制造、能源转换、废弃物处理—消纳及再资源化等行业功能,强化行业间横向耦合、生态链接、原料互供、资源共享。以企业集聚化发展、产业生态链接、服务平台建设为重点,推进绿色工业园区建设。促进园区内企业之间废物资源的交换利用,在企业、园区之间通过链接共生、原料互供和资源共享,提高资源利用效率。推进资源环境统计监测基础能力建设,发展园区信息、技术、商贸等公共服务平台。

二是发展逆向物流。鼓励有条件的企业与上游生产商、销售商合作,通过"以旧换新"等方式,利用现有物流体系,试点开展废弃电器电子产品等再生资源品种逆向物流体系建设。推动仓储配送与包装绿色化发展,规范物流配送包装。加大废弃物回收物流处理设施投资力度,建设回收物流中心,提高再生资源回收的收集、仓储、分拣、包装、加工水平,借助社会化、专业化物流企业的力量,建立安全、高效、环保的物流系统。

(三)产业链末端:市场运营和绿色消费

一是建立再生产品和再生原料推广使用制度。开展再制造企业的生产质量体系认证,推进再制造产品认定,支持第三方认证机构开展再生产品、再制造产品等绿色产品认证,并作为政府采购、政府投资、社会推广的优先选择范围。实施原料替代战略,引导生产企业加大再生原料的使用比例。建设再制造产品推广平台和示范应用基地,选择电子电器生产企业、汽车生产企业、纺织企业等在生产环节推广使用再生材料。

二是鼓励再制造产品消费,大力推动资源综合利用、再制造、再生产品使用。扩大再制造产品消费市场,完善再制造产品统一标识、认证制度,畅通再制造产品流通渠道,鼓励建设各类再制造流通主体。建设一批集门店节能低碳改造、绿色产品销售、废弃物回收于一体的绿色商场。推动企业实施绿色采购,构建绿色供应链。引导和支持企业利用大众创业、万众创新平台,加大对绿色产品研发、设计和制造的投入。在政府投资的公益性建筑、大型公共建筑和保障性住房建设中全面执行绿色建筑标准,推广使用再生资源再制造的新型墙体材料。

三、基于生命周期的现状分析

(一)起步阶段

我国对再生资源产业的建设早在20世纪50年代就已经开始,并且初步建立起了一整套废旧物资的再生回收利用体系,这是我国最早的全国性的回收网点系统。该系统的运营以供销社为主,利用供销社的回收网点与废品回收公司相结合,由此构成了整个再生资源回收系统的主体。通过这个回收体系使得全国大部分可回收利用的废弃物都得到了合理有效的回收。并且在当时的历史条件下,新中国成立初期,国家各行各业百废待兴,经济基础十分薄弱,废旧物资的回收利用对国家建设而言有着巨大的意义,也对新中国的建设作出了巨大的贡献。但由于历史环境的条件限制,在思想理念和科学技术水平等方面都还处于相对较低的阶段,组织管理水平也存在一定的问题,导致在很多产品上,原本应该得到有效再生利用资源无法实现其价值,并且已再生利用的资源也存在利用效率较低的问题。这一时期的再生资源产业还基本上处于政府发挥主导作用的阶段,整个再生资源回收都由政府安排和调控,在物资价格、回收种类、数量等方面都由政府直接制定,而网络结合点分布、规模等也是由政府统一建设。在当时的全球环保潮流的影响之下,我国也逐渐开始意识到循环经济的重要性,探索通过发展循环经济来最大限度上把"三废"减少在生产过程中。虽然废品、垃圾回收等再生资源回收在很大程度上可以减少人类活动对环境资源的消耗,但对再生资源产业的运营还有很多需要探索的方面,在整个再生资源产业运行机制完善之前,该产业发展对经济增长的贡献仍将长期处于较低水平。

(二)发展阶段

再生资源产业的发展阶段随着我国的经济体制发展而发生着改变。20世纪后期,在我国从计划经济体制逐步向市场经济体制转轨的大环境下,由于收到市场经济的思想观念和组织管理等各方面的冲击,我国国有废品回收企业在转轨初期呈现出逐步萎缩的态势,回收网点和物资数量都由于无法快速适应环境变化而出现急剧下降。一些仅存的网点也转变为以回收废旧金属、废纸等高利润废品为生的单一网点。这也直接导致其他价值较低的废品不得不被放弃,使得再生资源产业受到了很大的冲击。但与此同时,由于计划经济向市场经济转变的过程中,解放了大批的劳动力,个体商贩的数量迅速增加,通过个人进行的再生资源回收比重开始逐步上升,填补了由于国有废品回收企业萎缩而空缺的部分,由此开始了个体商贩作为主要力量的发展阶段。随着市场化改革的进一步推进,政府开始进一步从再生资源产业中退出,市场机制开始作为产业发展的主导,回收种类、数量和交易价格也开始逐步由市场主导。在这样一个历史转折的阶段,整个资源回收产业形成了由国有(物资部门)、集体(供销社系统)和个体经营者并存的格局,各方在市场化的条件下相互竞争。此后,在工业化、城镇化和信息化的发展过程中,消费结构不断升级,随之而来的必然是资源消耗量迅速增加,相应的资源和产品废弃量也出现了大幅度的攀升;再生资源产业也顺应时代潮流成为一种新兴产业和朝阳产业,就再生资源产业本身而言,除了其在环境效应和资源节约方面的巨大作用外,产业本身在发展过程中的经济增长效应也开始逐渐引起了研究学者的重视。在这一阶段,人类开始将更多的时间和精力集中到清洁生产和资源节约上,也促使废弃物回收利用作为一个新兴的完整产业链,整个再生资源领域开始体现出产业化的经济价值。该阶段为再生资源产业的发展阶段。

(三)成熟阶段

进入21世纪以后,资源短缺问题开始引起全球关注,在严峻的资源问题困扰下,循环经济、生态经济等新兴理念逐渐开始被提出,这也使得再生资源产业吸引了来自社会各界的重视。政府开始有意识地增加在该领域的发展力度,由政府主导的国有和集体再生资源产业比重也开始稳步回升,尤其是通过供销社建立起来的网络开始重新发挥重要作用,迅速在全国范围内形成了大量区域性的集散地、加工区和交易市场,由此而孕育出一批大型的再生资源企业。同时,在市场化改革过程中兴起的大规模个体商贩队伍也作为重要组成部分参与到了再生资源产业的建设当中,在广东、浙江等沿海地区,开始逐渐形成了一定的产业集聚。此外,随着我国对外开放的力度不断加大,一些世界领先水平的再生资源企业也开始进入我国,凭借着其多年的企业积累,在技术设备、经营理念等方面给我国再生资源产业领域带来了很多值得借鉴的宝贵经验,并且通过这些跨国企业的进入也建立起我国再生资源产业的高端领域。在循环经济、清洁生产、减轻环境污染压力等方面,再生资源产业起到了显著作用,并且在提高资源利用率和缓解资源短缺等方面产生了重要效果。尤其是在市场化的主导下,整个再生资源产业开始能够有较好的物质利润,使得整个产业得以自行运转。在发展成熟阶段,对于资源可以达到完全的循环利用,在废弃物排放方面达到或接近"零排放"。经过相当长时间的努力,再生资源产业整体发展趋于稳定和成熟,实现经济发展与生态保护的良性循环。

第二节　我国再生资源产业发展存在的问题与面临的挑战

一、我国再生资源产业发展存在的问题

尽管近年来我国再生资源产业发展取得了一定的进展，但在实践过程中，与国外先进水平相比，仍有很大的差距，存在的问题主要包括以下方面。

（一）再生资源产业发展战略目标不明确

国外再生资源产业发展较为完善的国家，都有明确的产业发展战略目标，并建立了完善的产业发展机制与体系。如日本的再生资源产业发展战略以资源再利用为出发点；德国的侧重点以再生资源技术与设备的出口为主；美国则是建立在环境保护的基础之上。而在我国，国家对再生资源产业缺乏清晰的战略定位和发展目标，并且没有制定长远的产业发展规划，导致产业发展乱象丛生。以再生资源产业园区规划为例，整体看来，再生资源产业园区的规划不合理，监督缺位。目前，再生资源产业园区建设方兴未艾，包括国家级再生资源示范园区，以及其他上千家规模各异的地方性园区，但是需看到的是，许多产业园区的区域规划和功能布局并不合理，欠缺整体性的协调安排，由此造成恶性竞争的现象。

（二）再生资源产业发展不平衡

我国再生资源产业存在区域发展不平衡，整体来看，中东部地区再生资源产业发展水平高于西部地区，部分省市如浙江、江西、天津、广东等由于起步早、经济基础好，已呈现出产业集群，行业已经初具规模。从回收环节来看，再生资源产业存在城乡差距，大部分回收网点集中于城市中心，乡镇农村地区网点数量少、产业化水平低、缺乏规范性，"小散乱"问题严重。从回

收的品种来看,市场普遍存在"趋利现象",即"利大抢收,利小少收,无利不收",利润水平高的品种回收率较高,成本高、价值低的品种如废纺、废玻璃、废电池等回收率较低。

(三)再生资源行业发展不规范,竞争环境较差

再生资源回收行业市场准入门槛较低,回收渠道整体呈现分布广、流动性强、从业人员散、监管难度大的特点。人员素质普遍较低、产业链条短等问题突出,产业增值低、产品同质化等现象明显。再生资源尤其是回收环节以小企业或普遍经营规模小,小企业及作坊承担居多,存在粗放式经营、组织化程度较低,成规模的企业回收量占总回收量的不到20%。此外,大多数再生资源回收企业依赖于政策支持,企业抗风险的能力较差,市场、政策的变化严重影响再生资源回收利用企业的生存与发展。

再生资源回收行业大部分品种都缺乏产品技术标准、质量分类标准和检测标准,尤其是废纸、废塑料等品种,情况尤为突出。目前我国废塑料分类一直没有制定统一的国家标准,也缺乏统一的检测办法,不仅带来高昂的交易成本,也无法满足再生利用企业的用料需求。少数大型回收企业虽然制定了自己的质量标准,凭借稳定的货源和良好的品质获取有利的谈判地位,但仍然存在买卖双方标准不统一的矛盾。因而制定科学的分类标准和质检手段,不仅有利于交易过程的简化,也有利于增大回收利用企业的选择空间。①

(四)行业集中度不高,导致回收效率偏低、二次污染严重

我国再生资源回收利用率有待提高,较发达国家相比还存在一定差距,我国生活垃圾主要以焚烧或填埋方式为主,由于再生资源回收利用率低,造成了可回收资源的浪费,原生资源大量消耗,部分资源进口依赖性严重,加剧了垃圾处理量增多对土壤、水体的破坏压力。以2016年为例,我国废钢

---

① 参见商务部:《中国再生资源回收行业发展报告》,2011年。

利用率仅为10.7%,废纸利用率45%,而相较于美国、日本等发达国家,废钢利用率达到45%以上,废纸利用率则高达65%以上。我国再生资源回收率偏低,主要原因就是行业集中度不高。由于大部分回收企业规模较小、分布零散,再生资源要经过几次周转,才能到达分拣中心,而从分拣中心到生产企业,有时也要经过2—3次的再聚集,再生资源循环的速度和数量被大打折扣。以回收废铅酸蓄电池为例,发达国家一般只有数家或十多家大企业从事废弃铅酸蓄电池的回收利用,而我国分别有数百家回收企业。小企业受限于规模小、技术水平不高等因素,不但资源利用效率不高,还容易造成二次污染,需要国家采取措施促进行业健康发展。

(五)监管体系亟待完善,产业存在分割管理、政出多门的现象

再生资源产业涉及的管理部门较多,如商务部、发改委、财政部、环保部、科技部、供销合作社、工信部等。再生资源回收、分拣处理过程涉及多个利益主体的参与,多个部门承担着不同的角色,如废弃物回收由商务部门管理,垃圾由市政部门管理,加工利用和循环经济由发改委和工信部管理,而各部门之间目前缺乏协调机制。此外,随着城市化的发展,再生资源的循环利用往往需要由多个城市通过统筹规划、密切合作、合理布局废弃物回收、分拣处理基础设施。当前,由于缺乏部门、地区、城乡之间的统筹,导致我国再生资源回收、利用难以形成规模。

虽然当前我国部分地方政府制定了废弃物回收利用的规划以及扶持政策,但国家层面针对再生资源回收利用环节的统筹规划和系统支持还有待提高。目前,我国再生资源产业的综合管理部门还未确定,多个部门呈现一种分割管理的局面,各个部门所制定的政策之间缺乏协调和配套,由此未能形成高效、明确的行政管理系统,无法更好地促进再生资源产业持续有序的发展。由于缺乏针对性的有效监管,相关管理机构的职能交错,并且未能提前规划相应配套设施,尤其是排污处理设施不完备,导致再生资源产业发展过程中引致的环境污染问题频发。

(六)再生资源行业整体科技水平不高

再生资源行业目前是小企业经营且以手工作业为主,在整个回收、利用环节存在诸多技术瓶颈,缺乏科技研发能力支持,尤其缺乏处理规模大、经济效益好且具有带动效应的重大技术和装备。我国绝大多数城市均缺失合理布局、采用现代化技术和设备、精细拆解提供利用的再生资源回收利用企业。资源循环利用科技研发方面投入较少,科技成果转化率低,高端技术与装备主要依赖进口,使得大面积回收的可利用资源无法归拢分拣和规范整理,导致再生回收利用效率低下,且易带来二次污染。

尤为重要的是,再生资源产业技术能力不强,应用推广不足。相较于发达国家在再生资源回收利用产业上的领先优势,由于发展较晚并且资金投入有限,我国再生资源回收利用的总体装备技术水平只达到其20世纪90年代初的水平,再生资源回收利用的范围较小,相关产品的工艺水平不高,而且容易造成环境污染。在核心关键技术的研发方面,关键设备要依赖进口,具有核心技术的专业化企业仅为1%—2%。并且,缺乏支持技术推广方面的政策,尽管国家环保部将一些技术列为国家五年计划重点推广技术,但其效果不甚理想,且应用、推广成本较高。

(七)再生资源产业领域的立法有待完善

现阶段,国家虽然高度重视再生资源产业的发展,但是针对再生资源回收利用的产业政策还比较空缺,扶持力度需要进一步加强。目前虽然已经出台《再生资源回收管理办法》,但是存在执行难度大、法律效率低等问题,有关再生资源回收的专门性法律法规仍然需要丰富和完善,尤其是针对部分重点品种如废玻璃、废节能灯等的相关立法。

(八)技术标准体系不健全

资源回收利用的技术规范严重滞后,难以实现产业化、规模化发展,除目前已有的废钢和再生铅行业技术标准外,其他再生资源品种缺乏相关规范和标准,导致各个环节无章可循,无标可依,不利于行业规范化。以再生资源标准化体系为例,我国现阶段使用的再生资源标准主要有:1984年制定的回炉废钢、废铁、合金废钢的分类及技术条件标准 GB4223—84、GB4224—84、GB4225—84;国家技术监督局1992年发布的铜及铜合金废料、铝及铝合金废料分类和技术条件的国家标准 GB/T13586—92、GB/T13589—92,以及随后发布的锡及锡合金废料的标准和金、银、铂、钯等贵金属废料的分类及技术标准。除了这些再生资源的国家标准外,还有有关部门制定的一批专业标准,如国家进口商品检验局为适应进口废钢铁的需要,批准制定的《进口碳素废钢分类及技术条件的专业标准》等。但这些标准大都集中在废金属类,而非金属再生资源标准则一直缺乏。如废纸的分类规范商务部在2013年才提出,在长期缺乏规范的再生纸质量标准的情形下,我国再生纸产业在该阶段的产品质量一直无法得到保证。同时有关再生资源行业生产技术标准和技术规范也存在缺漏,未能形成完善的标准化体系,从而造成再生资源产业的技术标准无法适应国际化的要求。

(九)多领域的专业人才缺乏

目前从事回收、分拣、简单拆解等生产活动的人员较多,而开展再生资源相关技术装备及产品研发、国际贸易、电子商务、物流等科技研发及经营管理活动的人员较少。再生资源行业从回收至加工利用,整个产业链中存在着大量亟须创新解决的技术难题,需要冶金、材料、化工、矿业、环保等多个领域的专业人才。此外,精通技术、熟悉管理的人才的需求也非常大。

(十)企业、公众认识不到位,参与意识不强

国内很多人对再生资源的认识远远不足。受资源意识、环境意识以及资金、技术、设备及市场等方面的影响,各级政府对再生资源回收利用技术研发投入不足,再生资源回收利用及处理方式处于较低水平,社会上对资源再生产业发展,还存在一些模糊的认识。一些可以用作原材料的废物,如废塑料、旧轮胎等,均看作是"洋垃圾"被限制或者禁止进口。再生资源往往

被认为是"垃圾"和"破烂",回收人员受到某种程度的歧视。所有这些,均影响了再生资源产业的发展。此外,在国家统计体系中,要求统计在一定规模以上企业,但再生资源产业的很大一部分在规模以下,从而导致我国再生资源利用率的统计失真。[①]

二、我国再生资源产业发展面临的挑战

当前再生资源行业面临着复杂多变的宏观经济形势和内外部市场环境,对未来我国再生资源产业发展产生较大的影响。

(一)宏观经济形势的影响

近年来,全球经济摆脱金融危机的影响,整体上呈复苏态势,进入相对缓慢上升的发展期。虽然世界经济整体增长态势向好,但面临的不稳定、不确定的风险并未消除,尤其是单边主义、贸易保护主义日益严重带来政治、贸易、金融等方面的风险。从目前国内经济环境看,在"新常态"的背景下,供给侧结构性改革的成效有待一定时间,经济发展正处在换挡转轨的关键时期,金融市场重大系统风险防范化解的任务艰巨,形式复杂多变,给再生资源产业发展带来一定的风险和不确定性。因此,随着行业发展的支撑因素逐步削弱,而支持再生资源突破发展瓶颈的新动能仍未出现,再生资源产业将面临一定时间的调整期,市场将会出现一定的振荡和波动,不利于行业的稳定发展。

(二)国内再生资源行业成本不断上升

我国自改革开放以来经济增长保持高速的主要原因之一在于在资本相对稀缺的条件下、拥有着大量廉价劳动力优势。但近年来,我国劳动力、土

[①] 参见周宏春:《我国再生资源产业发展的思路与对策》,《发展研究》2008年第9期。

地等成本不断提高,促使企业寻求用资本和技术的手段来代替劳动,从而推动产业结构由劳动密集型向资本密集型和技术密集型的转型升级。再生资源产业属于劳动密集型产业,而且需要建设的废弃物回收分拣中心、产业园需要占用大量的土地资源,因此,再生资源产业面临着劳动力短缺、土地价格增加等问题,行业成本不断升高。此外,随着环保门槛的提高,环保监管趋严,企业负担的环保成本也大大上升,对未来再生资源行业的发展构成了严重挑战。

(三)再生资源行业转型升级的迫切性

随着经济转轨、供给侧改革,未来我国资源利用将由粗放型向集约型转变,再生资源产业面临着重大机遇。与此同时,随着生态文明战略的实施,再生资源作为"资源"的同时,更重要的是肩负起环境保护的社会责任,因此再生资源的环境属性要高于其资源属性。因此,对于政府来说,应更加重视再生资源在环境保护中的重要作用,而非经济效益。而对于再生资源企业来说,如果单纯看重资源属性,追求短暂的经济利益,尤其是部分企业违法违规经营,造成二次污染,行业企业将难以找到发展机遇;如果行业企业不重视技术创新、转型升级,粗放经营,随着城市环保标准的提升、环保监管趋于严格、土地使用不合规、环保不达标的再生资源企业难以继续经营,最终被政府取缔。因此,当前再生资源企业面临着较大的转型升级的挑战和压力。

(四)外资进入带来的影响

外资进入使得我国再生资源产业面临稀有资源流失的严峻形势。实践证明,再好的铁矿资源产出率也比不过废钢;1吨废线路板可提取400克黄金及多种稀有金属,是世界上最富的"金矿"。由于目前国家法律和政策对外资进入再生资源市场的要求处于空白状态,外国企业纷纷进入我国再生资源产业,抢夺资源,如日本多家企业已经对沿海地区的很多废家电拆解厂进行收购或入股。考虑到废旧电器含有丰富的贵重稀有金属,我国应高度警惕稀有资源的流失。

第三节 我国再生资源产业未来发展趋向

在我国不断加强环保和绿色产业发展的大背景下,再生资源产业作为环保战略性和绿色发展的重要内容,无疑是战略性新兴产业的重要组成部分,其比重约占节能环保产业的 60% 以上。但由于世界经济发展放缓,我国经济也开始步入"新常态",再生资源产业的未来发展也开始受到广泛的关注,目前我国再生资源产业的发展已经开始出现四大变化趋势。

一、趋向一:环保型工业园区

由于近年来政府在环保工作方面不断重视和加强,对再生资源的利用也开始作为一种战略性产业快速发展,在全国范围内不断兴建的大量环保型工业园区从一个侧面也展现了再生资源产业的发展情况,而且在快速发展的背景下,一批专业化的回收企业开始涌现,这些企业本身极具实力,在未来都还会有极大的发展空间。

对于城市环卫及资源回收而言,环保工业园区的建设为城市的垃圾处理和资源再生开辟了一条新的途径,在与城市环卫及再生资源回收系统结合配套的情况下,环保工业园区将成为集中处理城市垃圾、城市矿产品的专业化工业园区,诸如餐厨垃圾利用、废旧轮胎、塑料加工、废玻璃、废旧电器电子处理、报废汽车破碎等。并且在此前我国绝大部分的再生资源都聚集在城乡结合部,这也造成了从事再生资源回收的企业和个体相对比较集中,在这种情况下从业人员通过相互带动,组建起了庞大的回收网络,从而聚集了大量资源,这已经成为很多地区带动地方经济发展的主导产业。在这一客观情况的基础之上,通过发展环保型工业园区,将现有分散、无序发展的资源再生企业群落进行空间上的集聚,并且依托市场机制有目的性地将这些产业转移到国家矿产基地和资源加工利用园区,实现产业布局上的合理整合。

二、趋向二：两网合一

"两网合一"是指环卫系统与再生资源回收系统的融合。在传统的发展模式下，两个系统虽然偶有交集，但实质上还是处于各行其是的阶段，造成了两个系统的工作效率都普遍较低，没能充分发挥出相互配合、合力协作的优势。随着社会发展的不断进步，现阶段这种情况已经得到了很大程度的改善，并且今后还有加速融合的趋势。

从2006年起，商务部就开展了会同相关部门的协调整合工作，以回收站点、分拣中心和集散市场为核心，建设一个"三体一位"的回收体系试点。截至2012年，参与试点的城市就已经达到了90家。此外，2009—2012年之间，中央财政在此方面的累计投入更是达到了33.5亿元，支持了75个城市、51550个网点的新建和改扩建，还建设了341个分拣中心、63个集散市场；同时支持建设了122个区域性回收利用基地。这从整体上帮助试点城市建设起了合理的网点布局，并且使得各试点城市的管理规范和回收方式能够向更多元化的方向发展；在再生资源回收利用率上，试点城市的重点品种回收率纷纷超过60%，通过建设大量的区域性回收利用基地，对再生资源企业起到了有力的支撑作用。在这一阶段性成果的促进之下，区域性回收分拣基地、专业分拣中心将不断涌现，并与遍布全国的回收网络站点进行有效衔接，构建出一整套完善的再生资源回收体系，同时与城市矿产基地进行上下游链接，打通再生资源加工利用和城市矿产基地的联系。从空间布局来看，在区域上分拣中心增长较快的地区主要集中在华北、华东和华中，其中又以华北地区的增长速度最为突出，东北地区自有产权分拣中心最多，华中地区次之。在"两网"合并之前，我国的环卫体系在资源回收方面还相对粗糙，回收的垃圾往往干湿不分，而通过对环卫体系和再生资源回收体系进行深度融合，将会使以往的很多缺陷得以弥补，带来非常可观的经济及社会效益。

三、趋向三:全产业价值链整合

现在从世界范围内的再生资源产业来看,很多国家已经逐步开拓出一条得以证实的成功路径,实现了从原材料到产成品的全产业链模式。如意大利根据《欧洲经济共同体条约》(EEC条约)规定,构建出一套由政府为主题的塑料分类回收体系,通过政府组织管理废塑料的分类收集,再由塑料回收企业进行再生利用,将聚酯(Polyethylene terephthalate,以下简称"PET")透明塑料瓶回收再生利用。在实际运作过程中,意大利 Corepela 公司通过与相关再生资源回收公司签署协议,在 PET 塑料回收产业占据垄断地位,其月处理 PET 塑料量能够达到1.5万吨。但实际上 Corepela 公司在 PET 塑料回收过程中仅从事产业链上游的工作,下游则采用与其他公司合作的形式,这种模式不仅能够起到避免产业链过长而给公司带来的巨大经营风险,而且还可以利用下游企业的市场化竞争而取得一个相当实惠的价格。而谈到 PET 塑料瓶的再生利用,就不得不谈及该项工艺的起源,这项工艺正是在20世纪80年代由意大利开发出来,此后在短时间内广泛传播到欧美各国。作为现在世界上最大的塑料回收商,美国 Wellman 公司首先发现了废料回收领域潜在的市场,通过再生回收利用将聚酯塑料制品和生产废料等原本被认为是垃圾的再生资源重新加工成原材料,并由此建立起了第一条以废聚酯制造聚酯纺织纤维的再生产业回收链,并于1993年成功将其推向市场。日本东洋纺公司作为再生资源产业的下游,用再生聚酯原料生产 REPET 各种终端产品,如各种衣服、手套、窗帘等。此后随着产业格局不断扩大,越来越多元化的产品被不断推出,日本可乐丽公司通过热处理技术将 PET 聚酯塑料回收制成家用瓷砖和粗地毯等产品。1996年帝人公司通过从再生工厂购买回收聚酯碎片和粒子,再进一步精致加工成为聚酯纤维原料——聚酯粒子,真正实现了从原料到废弃物再通过回收利用变成原材料的整个再生资源回收循环。

通过对国际上先进经验的借鉴,我国资源再生企业能够明确一个重要的发展方向,企业通过经营产业链、产品链和价值链的方式,实现再生资源从源头到产品的全产业链布局,达到整个产业价值的最大化,而这当中产品价值链将成为未来再生资源回收企业的核心竞争力。

四、趋向四:再生资源产业网络化发展模式

近年来,由于我国再生资源回收产业的外部发展环境严峻、内部发展动力不足,"互联网+回收"的经营模式应运而生,通过互联网线上服务平台和线下回收服务体系两线建设,形成线上投废、线下物流的模式,逐步改变传统回收"小、散、差"的状况。我国"互联网+再生资源"回收企业大致分为四种类型。

1. 环保企业业务延伸。部分环保企业如启迪桑德构建了以互联网环卫运营为核心的产业链;回收联盟借助线上 App 和线下回收箱,宣传环保理念,指导居民垃圾分类和定点投放,以形成"互联网+分类回收"模式;依托"易再生网"搭建再生资源 O2O 平台,服务于产业链上的 3 类商家:专业回收商、粗加工商及深加工商;构建"交易平台管交易、支付平台管支付、金融机构管资金"的新格局。通过市场行情分析,建立价格指数以指导产品估值;通过对交易商户进行工商认证、实体考察认证等方式建立信用体系,并形成信用评价体系。整合信息流、物流和资金流,线上布局、线下建产业园区,形成再生资源产业发展新模式。

2. 再生资源企业与互联网回收企业建立战略联盟。再生资源企业与互联网企业开展合作,如格林美股份有限公司与爱回收网签署了战略合作框架协议。爱回收网负责回收手机、平板、笔记本等废旧电子产品,格林美承担废旧电子产品拆解、循环利用等后端业务,并推出"互联网+分类回收"回收哥 App 电商平台以打通"城市矿产"开发的"最后一公里"。格林美建成的电子废弃物回收体系已经覆盖广东、湖北、江西、湖南、河南、山西、天津等十个省市,形成覆盖社区、街道与机关的多层次回收网络。

3. 智能回收机向互联网回收的延伸。在"互联网+"行动出台之前,国

内一些网站开始了线上回收探索,有些企业则采用了类似的"互联网+思维"。例如北京盈创再生资源回收有限公司从2008年开始推出饮料瓶回收机,以满足塑料瓶再生需要;2012年,研发出首款物联网智能回收机——饮料瓶智能回收机,之后又拓展到废旧手机、废旧纸张等多类自助智能回收机。通过"再生资源智能回收体系"提供多种废品的回收服务,探索从源头到再生利用的固体废物全程可控的循环经济智能化发展。

4. 电商的业务拓展。互联网电商平台开展再生资源回收利用的业务,例如联想在线回收平台"乐疯收",腾讯宣布进军手机维修市场,赶集网宣布千万元天使投资回收网站,Feijiu网(原中国废旧物资网)、爱废品网等平台纷纷推出微信公众号和App应用。互联网电商平台的进入不仅增加了消费者的信任度,也会对行业发展起到一定的规范作用。

未来我国再生资源产业网络化发展模式将会持续优化,需要按照以下举措重点推进。

1. 探索"互联网+废品回收"发展路径及模式。鉴于互联网回收发展时间短,需评估已有实践,总结成功做法,剖析实际问题,区分政府和市场作用,有针对性地引导再生资源回收模式创新;特别要重视企业盈利模式创新,以免政策扶持后行业难以持续发展。

2. 利用信息化手段实现"双线融合"。鼓励利用互联网、大数据、物联网、信息管理公共平台等信息化手段,开展信息采集、数据分析、流向监测、优化逆向物流网点布局,实现线上回收、线下物流融合。提高回收信息化、自动化和智能化水平,改变传统"小散乱"的回收状况。

3. 创新商业模式。创新在线交易,推动现有骨干再生资源交易市场向线上线下结合转型升级,支持拓展在线定价、O2O、微店等线上线下结合的经营模式,开展在线竞价;发布价格交易指数,提高废品回收和稳定供给能力,增强主要再生资源品种定价权。

4. 加强能力建设。提升废品回收的智能化识别、定位、跟踪、监控和管理能力。回收企业应当承担社会责任,通过多种方式培训或者指导回收者的素质,提高从业人员的技能,使互联网回收创造更大的价值。

5. 完善政策措施。给予互联网废品回收平台免税等普惠政策,加大价格改革,形成原生资源和再生资源的合理比价关系,提高报废汽车回收拆解、电子垃圾回收利用及低价废品的回收水平。"互联网+废品回收"催生新业态,便民化、低成本是回收平台持续运营的关键。只有积极探索,给予必要扶持,创新商业模式,才能实现经济效益、社会效益和环境效益有机统一。

第四章 我国再生资源产业发展水平与进程的检测评价

本章基于层次分析法(Analytic Hierarchy Process,以下简称"AHP")等综合评价方法,构建了再生资源产业发展指数,为再生资源产业发展水平监测提供了科学系统的工具手段。提出再生资源产业接替的概念,注重在现有技术条件下从原生资源(产业)与再生资源(产业)对经济发展贡献中此消彼长的关系出发,在资源总量有限的前提下分析再生资源(产业)对原生资源(产业)的效益接替,并开展实证检验。研究认为:再生资源接替对经济增长质量的提升有促进或限制作用,这种促进或限制作用分别处于倒 U 形曲线转折点左右两侧。此外,立足再生资源产业发展的阶段性特征,探讨了抛弃收费在我国实施的难点及障碍,以及分阶段分区逐步实施的可能路径。

第一节 基于 AHP 方法的再生资源产业发展指数构建

一、指标体系构建原则

(一)评价指标体系应注重一致性和衔接性

再生资源产业发展作为循环经济的产业发展形态,是一个整体概念,是诸多因素的综合结果,其外延性很广,涉及经济、资源利用效率、再生资源回收、污染物排放、绿色消费等方面。这就要求在设计指标体系时,要考虑全面性,按照科学的原则,全面刻画和反映再生资源产业发展的作用。

(二)评价指标体系应注重客观性和可操作性

再生资源产业发展评价是一项受多种因素影响的复杂工程,在指标的选择和标准的确定方面,应符合有关的理论和方法,充分考虑到现阶段具有通用性、权威性特征的评价指标,选取的评价指标尽可能做到可操作性,体现它的使用价值。

(三)评价指标体系应注重导向性和激励性

再生资源产业评价结果的有效运用,对再生资源产业发展有着直接导向作用,因此评价体系的设计应注重导向性和激励性。

二、指标的选取与解释

(一)评价指标体系的设计

本指标体系设置分为社会经济发展水平、资源消耗减量化、再利用和资源化水平、污染减量及效果、绿色发展等五方面(见表4-1)。

表4-1 再生资源产业发展指数指标体系

二级指标	三级指标	四级指标	计量单位
经济发展	收入水平	人均可支配收入	元/人
	财政能力	人均财政收入	元/人
	产业发展	资源循环产业总产值	%
	结构调整	产业结构高度化	%
		有机、绿色和无公害农产品种植面积比率	%

续表

二级指标	三级指标	四级指标	计量单位
资源减量化	资源利用水平	资源产出率	元/吨
	能源利用水平	能源产出率	万元/吨标煤
	水资源利用	水资源产出率	元/吨
	土地利用水平	土地产出率	万元/平方千米
	清洁生产	规模以上企业清洁生产审核率	%
	节水情况	单位工业增加值用水量	吨/万元
		农业灌溉用水有效利用系数	%
	节肥节药	农药化肥使用量	吨
资源循环	农业废弃物利用水平	农作物秸秆综合利用率	%
		农资包装废弃物回收量	万吨
		农田节水综合利用技术普及率	%
		畜禽养殖场粪污资源化利用率	%
	工业废弃物利用水平	工业固体废物综合利用率	%
		规模以上工业企业重复用水率	%
	再生资源回收率	主要再生有色金属回收率	%
		废纸回收利用率	%
		废塑料、废橡胶回收率	%
	餐厨废弃物资源化水平	餐饮企业废弃物集中回收利用率	%
污染减量	污染物排放	COD 排放	吨
		氨氮排放	吨
		二氧化硫排放	吨
		氮氧化物排放	吨
		工业废水排放量	万吨
	地表水环境质量	辖区地表水Ⅲ类及以上水体比例	%
	生活垃圾处理	城乡生活垃圾无害化处理量	吨

续表

二级指标	三级指标	四级指标	计量单位
绿色消费	园林绿化	建成区人均公园绿地面积	平方米/人
	绿色建筑	公共机构人均综合能耗	吨标煤/人
		城镇新建绿色建筑面积	万平方米
	绿色消费	城区节水器具普及使用比例	%
		农村清洁能源利用率	%
		政府节能节水采购率	%
		政府环保产品采购率	%
	绿色出行	公共交通工具中绿色能源汽车比例	%

(二)评价指标解释及计算方法

——人均可支配收入指人均可用于最终消费支出和其他非义务性支出以及储蓄的总和。

——人均财政收入指政府部门在一定时期内所取得的货币收入(含转移支付)与常住人口的比值。

——资源循环产业是指为节约能源资源、发展循环经济、保护生态环境提供物质基础和技术保障的产业,资源循环产业总产值可参照《战略性新兴产业重点产品和服务指导目录(2013)》进行核算。

——产业结构高度化指对三次产业增加值比重按照1∶2∶3的权重对三次产业结构进行加权,其中三次产业结构指第一产业、第二产业、第三产业分别实现的增加值占市(县)地区生产总值的比重。

——有机、绿色和无公害农产品种植面积比率指农产品种植面积中,有机、绿色和无公害农产品种植面积占农产品总种植面积的比率。计算方法:有机、绿色和无公害农产品种植面积比率(%)=有机、绿色和无公害农产品种植面积÷农产品总种植面积×100%。

——资源产出率指地区生产总值与主要资源实物消费量的比值。计算方法:资源产出率(元/吨)=地区生产总值(元,不变价)÷一次资源消耗量

(吨)。

——能源产出率指地区 GDP 与能源消费量比值。计算方法:能源产出率(万元/吨标煤)= GDP÷能源消费量。

——水资源产出率指地区生产总值与市(县)总用水量之比。总用水量包括工业用水、生活用水、农业用水,不包括生态用水。工业用水指工业新鲜用水量;生活用水指城镇生活用水供水量,包括居民用水和公共服务用水;农业用水指毛灌溉用水量。计算方法:水资源产出率(元/吨)= 市(县)地区生产总值(万元,不变价)÷市(县)总用水量(万吨)。

——土地产出率指地区生产总值与主要占地面积的比值。计算方法:土地产出率(万元/平方千米)= 地区生产总值(万元,不变价)÷(建成区面积+农业用地面积)。

——规模以上企业清洁生产审核率指规模以上企业开展清洁生产审核的比重。计算方法:规模以上企业清洁生产审核率(%)= 开展清洁生产审核的规模以上企业数量÷本市规模以上企业数量×100%。

——单位工业增加值用水量指城市每万元工业增加值的新鲜用水量。计算方法:单位工业增加值用水量(吨/万元)= 市新鲜用水量(吨)÷市工业增加值(万元,不变价)。

——农业灌溉用水有效利用系数指田间实际净灌溉用水总量与毛灌溉用水总量的比值。净灌溉用水总量指在同一时段内进入田间的灌溉用水量,毛灌溉用水总量指在灌溉季节从水源引入的灌溉水量。计算方法:农业灌溉用水有效利用系数=农业净灌溉用水总量(亿立方米)÷农业毛灌溉用水总量(亿立方米)×100%。

——农药化肥使用量指单位面积耕地实际用于农业生产的农药、化肥的施用量。化肥施用量要求按折纯量计算。折纯量是指将氮肥、磷肥、钾肥分别按含氮、含五氧化二磷、含氧化钾的百分之百成分进行折算后的数量。复合肥按其所含主要成分折算。

——农作物秸秆综合利用率指综合利用的秸秆重量占秸秆总重量的比重。秸秆综合利用包括秸秆气化、饲料化、秸秆还田、编织和作为燃料,但不包括野外(田间)焚烧、废弃等。计算方法:农作物秸秆综合利用率(%)=秸秆综合利用重量÷秸秆可收集总重量×100%。

——农资包装废弃物回收量指回收利用的农资废弃包装物数量。计算方法:农资废弃包装物回收总重量。

——农田节水综合利用技术普及率指使用节水综合利用技术(综合利用各类节水技术)的农田面积占总农田面积的比例。计算方法:农田节水综合利用技术普及率(%)=使用节水综合利用技术的农田面积÷总农田面积×100%。

——畜禽养殖场粪污资源化利用率指集约化、规模化畜禽养殖场,通过还田、沼气、堆肥、培养料等方式利用的畜禽粪污量与畜禽粪污产生总量的比率。计算方法:畜禽养殖场粪污资源化利用率(%)=畜禽粪污利用量÷畜禽粪污产生总量×100%。

——工业固体废物综合利用率指各工业企业综合利用的工业固体废物量(包括对前期贮存工业固体废物进行综合利用的量,不包括处置量)占工业固体废物产生量的百分比。计算方法:工业固体废物综合利用率(%)=工业固体废物综合利用量÷(工业固体废物产生量+综合利用往年贮存量)×100%。

——规模以上工业企业重复用水率指规模以上工业企业重复用水量占企业用水总量的比重。规模以上工业企业是年主营业务收入达到2000万元及以上的工业企业。重复用水量是指在确定的用水单元或系统内,所有未经处理和处理后又重复使用的水量总量,包括循环水、串联水、回用水,重复用水量不包括北方地区城镇热力网内循环的热水、火力发电设备内进行汽水循环的除盐水。计算方法:规模以上工业企业重复用水率(%)=规模以上工业企业重复用水量÷(规模以上工业企业重复用水量+用新水量)×100%。

——主要再生有色金属回收率指主要废旧有色金属回收量占产生量的比率。计算方法:主要再生有色金属回收量=废铜回收量+废铝回收量+其他有色金属回收量,主要再生有色金属回收率(%)=主要再生有色金属回收量÷主要再生有色金属产生量×100%。

——废纸回收利用率指废纸回收量占本地纸张产生量的比值。计算方法:本地区废纸回收利用率(%)=本地区废纸回收量÷本地纸张产生量×100%。

——废塑料、废橡胶回收率指废塑料、废橡胶回收量占塑料、橡胶产生量的比率。计算方法:废塑料、废橡胶回收率(%)=废塑料、废橡胶回收量÷塑料、橡胶产生量×100%。

——餐饮企业废弃物集中回收利用率指获得相关部门许可或备案的单位回收利用的餐厨废弃物量占餐厨废弃物产生总量的比率。餐厨废弃物是指食堂、餐饮企业等产生的废弃物,不包括居民家庭产生的厨余垃圾。计算方法:餐饮企业废弃物集中回收利用率(%)=获得相关部门许可或备案的单位回收利用的餐厨废弃物量÷餐厨废弃物产生总量×100%。餐厨废弃物产生总量=生活垃圾产生量×10%。

——COD、氨氮、二氧化硫、氮氧化物排放指化学需氧量(COD)、氨氮、二氧化硫、氮氧化物等主要污染物排放总量情况。

——工业废水排放量指经过企业厂区所有排放口排到企业外部的工业废水量。包括生产废水、外排的直接冷却水、超标排放的矿井地下水和与工业废水混排的厂区生活污水,不包括外排的间接冷却水(清污不分流的间接冷却水应计算在内)。

——辖区地表水Ⅲ类及以上水体比例根据《地表水环境质量标准》(GB3838—2002),确定城市规划区地表水水体环境质量,城市规划区内地表水Ⅲ类及以上水体比率。计算方法:辖区内地表水Ⅲ类及以上水体比例=辖区内地表水Ⅲ类及以上水体量÷辖区内地表水总量×100%。

——城乡生活垃圾无害化处理量指无害化处理的城乡生活垃圾数量。无害化处理是指处理后使生活垃圾不再污染环境,目前主要有卫生填埋、焚烧、堆肥等无害化处理方法。

——建成区人均公园绿地面积指建成区内城市常住人口平均每人拥有的公园绿地面积。计算方法:人均公园绿地面积(平方米/人)=建成区公园绿地面积(平方米)÷建成区常住人口数(人)×100%。

——公共机构人均综合能耗指公共机构节能改造的成效,主要包括公共机构办公建筑空调、采暖、通风、照明、热水等用能系统节能改造后的人均综合能耗。计算方法:公共机构开展节能改造后人均综合能耗＝节能改造后的总能耗÷总人口×100%。

——城镇新建绿色建筑面积指城市新建建筑中执行国家《绿色建筑标准》(GB/T50378—2006)的建筑面积。计算方法:城镇新建建筑中执行国家绿色建筑标准的建筑数量。

——城区节水器具普及使用比例指城区生活节水器具使用量与城区生活用水器具总量的比值。节水型器具是指符合国家《节水型生活用水器具》(CJ/T164—2014)要求的产品。计算方法:城区节水器具普及使用比例(%)＝城区生活节水器具使用量÷城区生活用水器具总量×100%。

——农村清洁能源利用率指本地区农村使用太阳能、地热、风能、生物质能等清洁能源的居民户数占居民总户数之比。计算方法:农村清洁能源利用率(%)＝农村使用清洁能源的居民户数÷农村居民总户数×100%。

——政府节能节水采购率指市政府节能节水采购额占市政府采购此类产品总额的比例。节能环保产品指国家许可的认证中心遵照《中国节能环保产品认证规则》认证后的产品;再利用产品是指使用回收的再生原料加工制成的产品。计算方法:政府节能节水采购率(%)＝政府节能节水采购额÷政府采购总额×100%。

——政府环保产品采购率指市政府环保产品采购额占市政府采购此类产品总额的比例。计算方法:政府环保产品采购率(%)＝政府环保产品采购额÷政府采购总额×100%。

——公共交通工具中绿色能源汽车比例指公共交通工具中绿色能源汽车数量占公共交通工具总量的比例。计算方法:公共交通工具中绿色能源汽车比例(%)＝公共交通工具中绿色能源汽车数量÷公共交通工具总量×100%。

三、评价指标权重确定

传统的确定权重方法多为经验进行定性分析,从主观上进行判断。由于受人们主观和生理上的影响,直接同时分析判断多个指标的权重不仅非常困难,而且不够准确。为了能科学确定出各个指标的权重,本研究采用美国学者 T.L.Sasty 提出的 AHP 法确定各指标的权重,其基本步骤如下。

(一)构造判断矩阵

表 4-2 判断矩阵

指 标	C_1	……	C_n
C_1	b_{11}	……	b_{1n}
……		……	……
C_n	b_{n1}	……	b_{nn}

选取专家利用 1—9 比率标度法对各评价指标的相对重要性进行判断,取判断值的平均值后构造一个判断矩阵 B(其形式如表 4-2 所示)。

其中各元素 b_{ij} 表示横行指标 C_i 对各列指标 C_j 的相对重要程度的两两比较值,用 1、2、……9 或其倒数表示。

(二)计算各指标权重

数学原理证明:对判断矩阵 B 求最大正特征根,且通过求解 $BW = \lambda W$ 可获得排序值,归一化后得到各指标的权重。

(三)对判断矩阵进行一致性检验

使用层次分析法计算评价指标的权重,重要的一条是保持思维逻辑的一致性,即专家在判断指标的重要性时,各判断之间应协调一致,不能出现矛盾的结果。数学上已经发展出了相应的方法对专家的判断结果进行检验

(具体方法请参见有关文献)。如果判断矩阵通不过一致性检验,应将有关结果反馈给专家,对判断矩阵进行修正,直到通过一致性检验为止。

采用上述步骤,各级指标权重如下所示(为了便于考评,每项指标的权重取 0 或 5 的倍数),权重的分配可见表 4-3。

表 4-3 再生资源产业发展指标权重

二级指标	权重	三级指标	四级指标	权重	计量单位
经济发展	0.1	收入水平	人均可支配收入	0.1	元/人
		财政能力	人均财政收入	0.1	元/人
		产业发展	资源循环产业总产值	0.3	%
		结构调整	产业结构高度化	0.3	%
			有机、绿色和无公害农产品种植面积比率	0.2	%
资源减量化	0.4	资源利用水平	资源产出率	0.3	元/吨
		能源利用水平	能源产出率	0.15	万元/吨标煤
		水资源利用	水资源产出率	0.15	元/吨
		土地利用水平	土地产出率	0.15	万元/平方千米
		清洁生产	规模以上企业清洁生产审核率	0.05	%
		节水情况	单位工业增加值用水量	0.1	吨/万元
			农业灌溉用水有效利用系数	0.05	%
		节肥节药	农药化肥使用量	0.05	吨
资源循环	0.3	农业废弃物利用水平	农作物秸秆综合利用率	0.15	%
			农资包装废弃物回收量	0.05	万吨
			农田节水综合利用技术普及率	0.05	%
			畜禽养殖场粪污资源化利用率	0.05	%
		工业废弃物利用水平	工业固体废物综合利用率	0.15	%
			规模以上工业企业重复用水率	0.05	%
		再生资源回收率	主要再生有色金属回收率	0.125	%
			废纸回收利用率	0.125	%
			废塑料、废橡胶回收率	0.125	%
		餐厨废弃物资源化水平	餐饮企业废弃物集中回收利用率	0.125	%

续表

二级指标	权重	三级指标	四级指标	权重	计量单位
污染减量	0.1	污染物排放	COD排放	0.2	吨
			氨氮排放	0.2	吨
			二氧化硫排放	0.1	吨
			氮氧化物排放	0.1	吨
			工业废水排放量	0.2	万吨
		地表水环境质量	辖区地表水Ⅲ类及以上水体比例	0.1	%
		生活污水处理与排放	城镇生活污水达标处理率	0.1	%
绿色消费	0.1	园林绿化	建成区人均公园绿地面积	0.1	平方米/人
		绿色建筑	公共机构人均综合能耗	0.2	吨标煤/人
			城镇新建绿色建筑面积	0.1	万平方米
		绿色消费	城区节水器具普及使用比例	0.1	%
			农村清洁能源利用率	0.1	%
			政府节能节水采购率	0.1	%
			政府环保产品采购率	0.1	%
		绿色出行	公共交通工具中绿色能源汽车比例	0.2	%

四、发展指数编制方法

发展指数计算过程是从单项指标入手,按照层次关系,设定各单项指标及各二级指标(类)的权重,采用加权算术平均公式,逐层汇总确定上一级总(类)指数。

(一)单项指标指数的计算

在考虑到评价指标体系中的指标有些是正指标(即指标数值越大越好),有些指标是逆指标(即指标数值越小越好),计算过程中对逆指标用倒数的形式计算。

正指标：$k_{ij} = \dfrac{X_{ij}^t}{X_{ij}^0}$ 逆指标：$k_{ij} = \dfrac{X_{ij}^0}{X_{ij}^t}$

(二)二级指数的计算

将各单项指标指数进行综合,计算二级(类)指数。

$$k_j = \dfrac{\sum_{i=1}^{n} w_{ij} k_{ij}}{\sum_{i=1}^{n} w_{ij}}$$

其中,w_{ij}为各指标的权重。

再生资源产业发展总指数的计算。将各类指数按照权重进行综合,计算再生资源产业发展指数。

$$k = \dfrac{\sum_{j=1}^{n} w_j k_j}{\sum_{j=1}^{n} w_j}$$

第二节 基于产业替代的再生资源产业发展水平检测

一、再生资源产业的替代性

传统的接续替代产业是针对资源枯竭型地区或城市经济发展而提出的。资源枯竭型地区或城市以产业转换成本最小化为原则,通过培育新兴产业,使其逐渐替代资源型产业成为主导产业,以产业转型带动经济转型,最终实现资源枯竭型地区或城市的可持续发展。

再生资源产业在我国属新兴产业和朝阳产业,发展再生资源产业,综合利用再生资源部分替代人类生存与发展所必需的矿产资源等原生资源,是当前缓解经济增长与资源瓶颈约束的必然选择。目前,学术界还未见关于再生资源产业接替相关研究成果,本研究提出的再生资源产业接替区别于传统的接续替代产业的概念和内涵,对其阐释从以下两个方面考虑:(1)再生资源是原生资源的部分替代资源。随着社会经济发展和生产生活物质需求的不断加大,可供人类利用的原生资源趋于枯竭,再生资源作为原生资源的部分替代资源,在生态文明建设背景下,其对原生资源的部分替代具有一定的资源节约效应、环境改善效应和经济增长效应,这对原生资源而言是一种替代型资源。表4-4显示了2011—2016年我国3种主要再生资源品种的综合利用情况以及对相应原生资源的替代情况。(2)再生资源产业是原生资源产业的接续型产业。从对资源开采、加工利用、产品消费到最终产生废弃物全过程来看,废弃物资源的综合利用和循环利用改变了传统的线性增长模式;从整个产业链条的形成来看,再生资源产业已成为新的经济增长点融入到整个产业链条,相对于传统的原生资源产业而言是一种接续型产业。

表4-4 主要再生资源利用量及接替相应原生资源量 （单位:万吨）

主要再生资源		2011	2012	2013	2014	2015	2016
废钢铁	总利用量	9100	8400	8570	8830	8330	9010
	接替原矿石	38766	35784	36508	37616	35486	38383
废纸	总利用量	1350	1600	1366.2	2000	1800	1878
	接替木材	405	480	410	600	540	564
废塑料	总利用量	4347	4472	4377	4419	4832	4963
	接替二级原料	3042	3129	3063	3092	3381	3473

综上,本研究所指的再生资源产业接替是指在现有技术条件下,从原生资源(产业)与再生资源(产业)对经济发展贡献中此消彼长的关系出发,在资源总量有限的前提下经济发展过程中再生资源(产业)对原生资源(产

业)的效益接替。①

二、区域经济增长质量测算及其动态变化特征

(一)随机边界面板生产模型

根据罗伯特·卢卡斯经典的内生经济增长模型②,包含人力资本贡献的生产函数可表示为:

$$Y = AK^{\partial}(uhL)^{1-\partial}h^{\varphi} \tag{4.1}$$

其中,Y 为总产出,K 为物质资本存量,u 为劳动者的工作时间比例(一般可以近似看作常数),h 是以教育水平衡量的劳动力平均水平,L 为劳动力数量,uhL 被定义为人力资本存量,h^{φ} 反映人力资本的溢出效应;A 是常数项,表示初始技术水平。该生产函数具有资本 K 和人力资本 uhL 收益不变的特征,但当人力资本具有正的溢出效应时,该函数呈规模收益递增特征。

本研究拟采用式(4.1)基本框架分析经济增长,但在整合等式中相关变量的基础上,使用更一般化的形式,认为影响经济增长的生产要素禀赋包括物质资本存量 K、劳动力 L 和人力资本 H,其余因素均作为常数处理;基于面板数据模型(Panel Data)③,区域 i 在第 t 期的经济增长水平可表示为:

$$Y_{it} = f(K_{it}, L_{it}, H_{it}) \exp(v_{it} - u_{it}), u_{it} \geq 0 \tag{4.2}$$

v_{it} 为随机性因素,且 $v_{it} \sim iidN(0, \sigma^2_v)$,$cov(v_{it}, u_{it}) = 0$。$u_{it}$ 为实际产

---

① 参见高艳红等:《再生资源产业替代如何影响经济增长质量?——中国省域经济视角的实证检验》,《经济科学》2015 年第 1 期。

② Lucas R.E., "On The Mechanics Of Economic Development", *Journal of Monetary Economics*, 1989(Vol.22, No.1), pp.3-42.

③ Battese G.E., Coelli T.J., "A model for technical inefficiency effects in a stochastic frontier production function for panel data", *Empirical Economics*, 1995(Vol.20, No.2), pp. 325-332.

出到生产边界的距离即技术无效率的部分,其通常分布包括半正态分布、对数分布、截尾正态分布或 Gamma 分布等。这里,设定 u_{it} 服从半正态分布 $N^+(u,\sigma_u^2)$。

参照前人研究,对中国经济增长质量研究中构造的经济增长质量指数,我们定义①:

$$EQI_{it} = \exp(-u_{it}) = \frac{\exp[f(K_{it},L_{it},H_{it}) - u_{it}]}{\exp[f(K_{it},L_{it},H_{it})]} \in (0,1)$$

为区域 i 的经济增长质量指数,表示区域的实际经济增长规模(技术无效时)与最优增长规模(技术完全有效时)的偏离程度。当 $u_{it}=0$ 时,$EQI_{it}=1$ 表示区域落在有效率的生产边界上,区域 i 的经济增长达到最大效率;当 $u_{it}>0$ 时,$EQI_{it}<1$ 表示区域落在有效率的生产边界之外,区域 i 的经济增长存在非效率。式(4.2)为随机边界经济增长函数的基本形式②,假定生产函数为道格拉斯生产函数(以下简称"C-D 生产函数"),那么构建本研究测度经济增长质量的随机边界生产函数模型为:

$$\ln Y_{it} = \beta_0 + \beta_1 \ln K_{it} + \beta_2 \ln L_{it} + \beta_3 \ln H_{it} + v_{it} - u_{it} \tag{4.3}$$

通常研究者采用二阶段估计方法,此方法忽略了外生解释变量的参数估计与边界估计的关联性。因此本研究采用最大似然法估计,对参数 $\sigma^2 = \sigma_v^2 + \sigma_u^2$ 和随机误差项无效比重 $\gamma = \sigma_u^2/(\sigma_v^2 + \sigma_u^2)$(取代 σ_v^2 和 σ_u^2)进行估计,γ 介于 0 到 1 之间。通过考察模型中的 γ 来判断模型设置是否合理,当 $\gamma=0$ 时,表明实际产出偏离前沿产出,完全是由不可控因素即白噪声引起的,用 OLS 就可实现对生产函数的估计,γ 越接近于 1,表明实际产出对前沿产出的偏离主要是由于技术无效所引起的,应采用随机前沿模型(以下简称"SFA 模型")。

---

① 参见何强:《要素禀赋、内在约束与中国经济增长质量》,《统计研究》2014 年第 1 期。
② Wang,H.J.,"A Stochastic Frontier Analysis of Financing Constraints on Investment: The Case of Financial Liberalization in Taiwan", *Journal of Business and Economic Statistics*, 2003(Vol.21,No.3),pp.406-419.

(二)数据来源与指标说明

本研究选取2005—2016年中国21个省、自治区、直辖市的面板数据为样本①,指标选取如下。

1.投入指标:(1)劳动力(L)。使用从业人员总数代替劳动力投入。当年就业人数按照(当年年末就业人数+上一年年末就业)/2计算得到②。(2)资本存量(K)。本研究对资本存量的估算方法,采用固定资本形成总额作为当年投资指标③。固定资产投资价格指数根据《中国国内生产总值核算资料(1992—1995)》《中国国内生产总值核算历史资料(1952—2004)》提供的1952—2004年全国和分省的固定资本形成价格指数,计算出平减价格指数,对于缺省指数的年份,借用各省的固定资产投资价格指数进行接替,利用这一指数平减各年投资。在估算最近两年的资本存量时,折旧率选择统一取10.96%。而基年资本存量的确定本研究采用单豪杰估算的1952年的资本存量,根据其公布的方法,将资本存量扩展到2016年,最终得到2005—2016年各省份的资本存量。为了消除价格因素影响,本研究运用GDP平减指数将资本存量换算为以2005年为基期计算的相应数值。(3)人力资本(H)。本研究采用教育积累作为人力资本积累的接替变量,教育程度用平均受教育年限来反映。劳动力平均受教育年限用劳动力受教育程度结构指标加权计算(6岁及6岁以上人口),赋值:文盲0年,小学6年,初中9年,高中12年,大专以上16年。

2.产出指标:实际GDP产出。本研究选取各省、自治区、直辖市的实际GDP作为产出指标。为了剔除价格因素影响,将原始数据按可比价统一折

---

① 为和后面章节数据统计范围保持一致,本部分选取除山西、辽宁、河南、海南、云南、西藏、青海、宁夏、新疆和广西以外的21个省、自治区、直辖市的数据作为基本统计样本。

② 参见李小平、朱钟棣:《国际贸易的技术溢出门槛效应——基于中国各地区面板数据的分析》,《统计研究》2004年第10期。

③ 参见单豪杰:《中国资本存量K的再估算:1952—2006》,《数量经济技术经济研究》2008年第10期。

算成实际 GDP（2005 年 = 100）。

(三) 区域经济增长质量测算

根据前述方法，以 2005—2016 年 21 个省级单位为样本，利用澳大利亚新英格兰大学 Tim Colli 所编写的 SFA 专用程序 Frontier 4.1 计量分析软件对样本数据进行处理，得到 2005—2016 年中国大部分省、自治区、直辖市的经济增长质量。参数估计值结果见表 4-5，各省、自治区、直辖市的经济增长质量值见表 4-6。

表 4-5 随机前沿生产函数估计结果

待估计的参数及统计量	系数	标准差	T 统计量
β_0	5.44113	0.68304	7.96607
β_1	0.00895	0.01875	0.47742
β_2	0.41175	0.06497	6.33801
β_3	0.37904	0.08326	4.55236
γ	0.99946	0.00021	4834.80660
对数似然函数		292.06786	
单边误差 LR 检验量		685.57372	
样本数	252	期数	12
横断面数		21	

表 4-6 基于随机边界生产函数测度的我国大部分省区市 2005—2016 年 EQI 指数

	2005	2006	2007	2008	2009	2010	2011	2012	2013	2014	2015	2016
北京	0.0814	0.0883	0.0954	0.1029	0.1107	0.1189	0.1273	0.1360	0.1450	0.1543	0.1639	0.1737
天津	0.0769	0.0836	0.0905	0.0978	0.1054	0.1133	0.1215	0.1300	0.1388	0.1479	0.1573	0.1670
河北	0.0440	0.0486	0.0536	0.0589	0.0645	0.0704	0.0767	0.0833	0.0902	0.0975	0.1051	0.1130
上海	0.1109	0.1190	0.1275	0.1362	0.1452	0.1545	0.1641	0.1739	0.1840	0.1943	0.2048	0.2155
江苏	0.0783	0.0850	0.0920	0.0993	0.1070	0.1150	0.1233	0.1318	0.1407	0.1499	0.1593	0.1690
浙江	0.0679	0.0740	0.0805	0.0873	0.0944	0.1018	0.1096	0.1177	0.1261	0.1347	0.1437	0.1530

续表

	2005	2006	2007	2008	2009	2010	2011	2012	2013	2014	2015	2016
福建	0.0502	0.0553	0.0607	0.0664	0.0725	0.0789	0.0856	0.0926	0.1000	0.1077	0.1157	0.1240
山东	0.0608	0.0665	0.0726	0.0790	0.0857	0.0928	0.1001	0.1078	0.1158	0.1242	0.1328	0.1417
广东	0.0784	0.0851	0.0921	0.0994	0.1071	0.1151	0.1233	0.1319	0.1408	0.1500	0.1594	0.1691
内蒙古	0.0534	0.0587	0.0643	0.0703	0.0765	0.0831	0.0901	0.0973	0.1049	0.1128	0.1210	0.1295
吉林	0.0403	0.0447	0.0494	0.0544	0.0597	0.0654	0.0714	0.0777	0.0844	0.0914	0.0987	0.1063
黑龙江	0.0416	0.0461	0.0509	0.0560	0.0615	0.0672	0.0733	0.0798	0.0865	0.0936	0.1010	0.1087
安徽	0.0233	0.0263	0.0296	0.0331	0.0370	0.0411	0.0455	0.0503	0.0554	0.0608	0.0665	0.0726
江西	0.0248	0.0279	0.0313	0.0350	0.0390	0.0433	0.0479	0.0528	0.0580	0.0636	0.0695	0.0757
湖北	0.0311	0.0348	0.0387	0.0430	0.0476	0.0525	0.0577	0.0633	0.0691	0.0753	0.0819	0.0887
湖南	0.0284	0.0318	0.0356	0.0396	0.0439	0.0486	0.0535	0.0588	0.0644	0.0704	0.0766	0.0832
重庆	0.0313	0.0350	0.0389	0.0432	0.0478	0.0527	0.0580	0.0635	0.0694	0.0757	0.0822	0.0891
四川	0.0289	0.0324	0.0362	0.0403	0.0446	0.0493	0.0544	0.0597	0.0654	0.0713	0.0777	0.0843
贵州	0.0142	0.0163	0.0186	0.0212	0.0240	0.0270	0.0303	0.0339	0.0379	0.0421	0.0466	0.0514
陕西	0.0275	0.0309	0.0346	0.0385	0.0428	0.0473	0.0522	0.0574	0.0630	0.0688	0.0750	0.0815
甘肃	0.0165	0.0188	0.0213	0.0241	0.0272	0.0306	0.0342	0.0381	0.0423	0.0469	0.0517	0.0569
全国平均	0.0481	0.0528	0.0578	0.0631	0.0688	0.0747	0.0810	0.0875	0.0944	0.1016	0.1091	0.1169
东部平均	0.0721	0.0784	0.0850	0.0919	0.0992	0.1067	0.1146	0.1228	0.1313	0.1401	0.1491	0.1584
中部平均	0.0347	0.0386	0.0428	0.0473	0.0522	0.0573	0.0628	0.0686	0.0747	0.0811	0.0879	0.0950
西部平均	0.0237	0.0267	0.0299	0.0335	0.0373	0.0414	0.0458	0.0505	0.0556	0.0610	0.0666	0.0726

注：东部地区为北京、天津、河北、上海、江苏、浙江、福建、山东、广东；中部地区包括内蒙古、吉林、黑龙江、安徽、江西、湖北、湖南；西部地区包括四川、重庆、贵州、陕西、甘肃。

实证研究结果表明：(1) $\gamma = \sigma_u^2/(\sigma_v^2 + \sigma_u^2) = 0.99946$ 表示在总的经济增长质量中，由人为可控制的经济增长无效率所占的比率为99.946%；而随机无效率所占的比率为0.054%，代表2005—2016年我国经济增长质量无效率主要来源于人为无效率。γ 显著且LR统计检验在1%的水平下显著，说明式(4.3)中的误差项有着十分明显的复合结构。因此，对于样本数据使用 SFA 技术是完全必要的。(2)从表 4-6 可以看出,我国省际间经济增长质量差距明显,2005—2016 年间经济增长质量水平最高为上海的 0.2155。总体来看,我国平均经济增长质量呈现出一种稳步上升的趋势,从 2005 年的 0.0481 上升到 2016 年的 0.1169,平均经济增长质量还有很大的提升空间。(3)从三大区域的平均经济增长质量值来看,西部地区最低,东部最高,且东部地区高于全国平均水平,图 4-1 反映了这一变化趋势,这与其他学者的研究结果相一致①。图 4-2 为经济增长质量变异系数,目的是考察我国区域经济增长质量的收敛性,从变化趋势可以看出,我国经济增长质量各省份的差异表现为逐渐缩小的趋势;从区域间对比看,东部地区变异系数最低,说明东部地区较其他区域内部差异最小,其次为中部,西部最大,这与近年来我国经济发展实际基本一致。

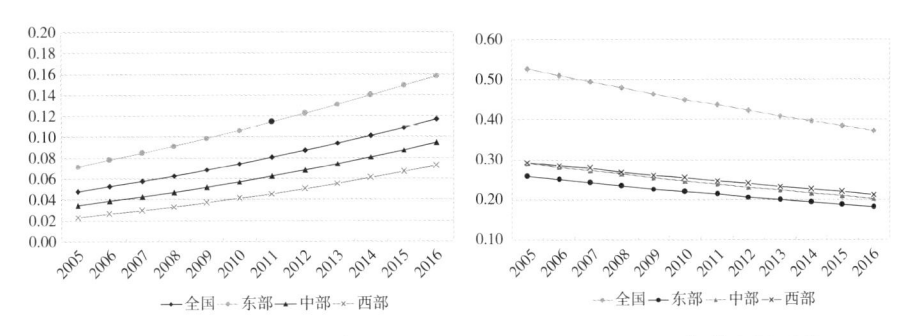

图 4-1　EQI 指数变动情况　　图 4-2　EQI 指数变异系数

注:变异系数=标准差/平均增长质量,用以衡量各地区之间经济增长质量的差异程度。

三、再生资源产业接替对经济增长质量影响的实证研究

(一)经验观察与研究假设

资源依赖与经济增长关系研究已然取得一定成果,相关文献多集中于

---

① 参见周春应、章仁俊:《基于 SFA 模型的我国区域经济技术效率的实证研究》,《科技进步与对策》2008 年第 25 期。

从资源依赖与经济增长数量意义来考虑。然而,作为一个对经济发展具有非常关键性作用的因素,资源开发活动对经济增长质量的影响却很少被研究所关注。而作为朝阳产业的再生资源产业对原生资源的接替效率与经济增长质量的关系更是极少被关注。

那么这种线性关系或非线性关系在研究再生资源产业接替与我国区域层面的经济增长质量中是否同样存在呢？为对再生资源产业接替与经济增长质量 EQI 指数的关系进行一些初步判断,我们可以利用经验数据进行统计观察。为此,我们选取2005—2016年我国各省、自治区、直辖市废弃资源和废旧材料回收加工行业工业产值占工业总产值的比重为横轴,各省、自治区、直辖市经济增长质量 EQI 为纵轴,绘制出二者的散点拟合图(图4-3)。据此,我们可以推测,二者的关系在一定程度上呈现出倒U形的曲线关系。

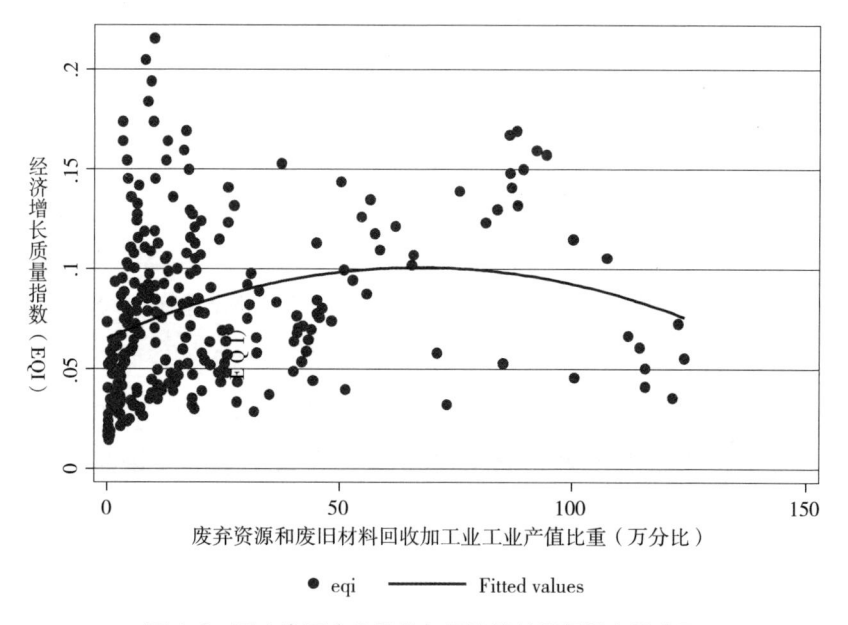

图4-3 再生资源产业接替与经济增长质量散点拟合图

基于上述分析和统计观察,我们提出如下供经验检验的假说。

假说:再生资源产业接替与经济增长质量之间存在倒U形曲线关系。

在曲线的拐点前后,再生资源产业接替与经济增长质量分别呈现出正相关和负相关。

接下来主要针对上述假说,利用 EQI 指数对经济增长质量进行度量,就再生资源产业接替对经济增长质量的非线性影响及其影响因素开展实证考察。

(二)模型、数据与方法

1.模型设定与变量说明

本研究主要采用动态面板数据模型开展实证研究。根据前文提出的假说,引入再生资源产业接替的二次方项,构建如下的动态面板数据回归模型:

$$EQI_{it} = \alpha_0 + \alpha_1 RT_{it} + \alpha_2 RT_{it}^2 + \alpha_3 X_{it} + \varepsilon_{it} \tag{4.4}$$

其中,被解释变量 EQI 表示经济增长质量;RT 代表再生资源产业接替,RT^2 是其平方项;X 为将要引入模型的其他控制变量所组成的向量集;i 和 t 分别表示各区域单位和年份;α_1—α_3 为待估参数;ε 为随机扰动项。

在模型(4.4)中,若再生资源产业接替 RT 及其平方项的系数 α_1 和 α_2 均显著不为零,则根据 α_1 和 α_2 符号可以对经济增长质量与再生资源产业接替之间的关系进行如下判断:(1)若 $\alpha_1>0$,$\alpha_2<0$,则 EQI 与 RT 之间呈现前文假说提出的倒 U 形曲线关系,即当再生资源产业接替度小于曲线转折点值时,再生资源产业发展处于对经济增长质量的促进阶段;但当区域经济过分依赖再生资源产业部门,以致再生资源产业接替度超过转折点时,经济发展就会遭受再生资源的诅咒效应。原因是该阶段经济增长主要依赖原生资源,大量再生资源未得到合理利用(主要是未进入正规的回收处理渠道得到再生利用,大部分再生资源被非法拆解处理),而与原生资源开发利用相比,再生资源循环利用将节省更多的使用成本,此时,若加强对再生资源的使用,将会在节约原生资源的同时,大幅提升经济增长质量;但随着原生资源的逐渐衰竭,区域经济会过分依赖再生资源产业部门而逐步从原生资源产业脱离,以致再生资源产业接替度超过转折点时,同资源的诅咒效应一样,经济发展同样受到再生资源的"诅咒"效应。(2)若 $\alpha_1<0$,$\alpha_2>0$,则

EQI 与 RT 之间呈现 U 形曲线关系,即再生资源产业接替度小于转折点值时会阻碍经济发展,超过转折点值后反而有利于经济发展。

查找相关文献发现,专门针对再生资源产业接替指标的度量方法较少涉及。研究认为:对再生资源产业接替指标的度量可从原生资源(产业)与再生资源(产业)对经济发展贡献中此消彼长的关系出发,采用再生资源产业效益接替变量来衡量再生资源(产业)对原生资源(产业)的产业接替。将再生资源产业接替视为一国或地区经济发展对再生资源的需求程度或依赖程度,主要体现在再生资源产业对该国或地区经济产业结构、就业结构、增长速度以及技术水平等方面的重要影响。再生资源产业接替指标的选取应反映出再生资源产业在地区经济发展中所具有的地位高低和贡献大小。本研究采用相对值指标的构建方法,再生资源产业接替指标其指标分子应反映再生资源产业发展的规模水平,指标分母则应为对应区域工业经济发展的总体水平。基于此,为对再生资源产业进行总体考虑以及限于数据可得性,本研究选取的再生资源产业接替指标为再生资源产业工业产值占地区工业总产值比重。由于各省份间再生资源产业接替的实际情况差异较大,为保持数据的真实性和平缓性,本研究对再生资源产业工业产值占地区工业总产值比重取万分比的方式进行处理。

事实上,影响经济增长的因素有很多,而本研究检验的是各因素对经济增长质量的影响,因此,选择适当的控制变量是研究中的重要工作。本研究对控制变量的选取依据经济学相关理论并参考相关文献,同时结合数据的可得性,选取影响 EQI 指数的 6 个重要因素作为控制变量引入模型,应作为重要的控制变量予以考虑。(1)滞后一期的 EQI 指数(EQI_{t-1})。为消弱经济发展惯性对分析结果产生干扰,我们考虑了滞后一期的 EQI 指数(EQI_{t-1}),将其作为一个基本控制变量引入模型,以期控制各截面单位的初始经济状态差异,同时也可以对新古典经济增长理论中的条件收敛假说进行检验。(2)人均人力资本水平(RH)。本研究采用教育积累作为人力资本积累的接替变量,教育程度用平均受教育年限来反映。为同前文表述一致,人均人力资本水平的度量我们采用人均受教育年限作为接替变量。

(3)技术创新水平(TI)。内生经济增长理论认为,研究与开发(R&D)及其所带来的技术创新对生产效率的提高和促进经济增长具有关键性作用。在以往研究中,对于技术创新水平的衡量有多种指标可以采用,如各地区申请专利授权数量、从事科技活动人数占总从业人员比重、科技研发经费投入占社会资金总投入比重等。为切实反映各个地区的技术创新实际水平,本研究选取更为直接反映技术创新能力的指标——申请专利授权数量作为度量技术创新水平(TI)的代理变量,预期其系数符号为正[1]。除此之外,还选取了对外开放程度(OP)、政府干预程度(GI)和地区虚拟变量三个变量予以控制。(4)对外开放程度(OP)。有学者在其研究中就已经考虑了一国参与国际分工对经济增长的影响[2],此后大量研究中将对外开放程度作为主要的解释变量引入到对经济增长模型,如:根据年均汇率换算成人民币价格的各城市当年实际利用外商直接投资占GDP的比重来度量[3];将对外开放程度作为政策制度变量来考察其对经济增长的影响,采用的度量方式为出口总额占GDP比重[4]。考虑到再生资源产业在我国属新兴产业,经济发展步伐加快与原生资源储量不足的矛盾促使我国在很大程度上需要进口再生原料(材料)满足生产需求,因此,本研究参照邵帅的做法利用各省市当年实际利用外商直接投资占GDP比重来度量对外开放程度指标,预期其系数符号为负。(5)政府干预程度(GI)。政策制度与经济增长的关系一直受学术界关注。政策质量往往会对地区经济发展质量产生显著影响,地方政府通过调整产业结构、规划产业发展、制定优惠政策、展开相应的基础设施建设投资等,为该产业发展提供了极大的支持。新制度经济学派甚至

---

[1] 参见李天籽:《自然资源丰裕度对中国地区经济增长的影响及其传导机制研究》,《经济科学》2007年第6期。

[2] Sachs J.D., Warner A.M., "Natural Resource Abundance and Economic Growth", *NBER Working Papers*, 1995, pp.496-502.

[3] 参见邵帅等:《资源产业依赖如何影响经济发展效率?——有条件资源诅咒假说的检验及解释》,《管理世界》2013年第2期。

[4] 参见李健等:《中国再生资源产业集群变动趋势及影响因素研究》,《中国人口资源与环境》2012年第5期。

认为只有实施有效的制度,才可能实现持续的经济增长。关于政策制度对经济增长的影响,大多数研究采用政府干预程度作为控制变量引入经济增长模型。鉴于此,本研究也将政府干预程度作为重要的控制变量引入实证检验模型,具体参照大多数的做法,采用公共财政支出扣除教育和科学事业支出后的财政支出占 GDP 的比重来度量。(6)地区虚拟变量($M1,M2$)。为考察区域间是否有显著差距,引入东部和中西部地区虚拟变量 $M1$ 和 $M2$(当省份属于东部地区时 $M1=1,M2=0$;当省份属于中西部地区时 $M1=0,M2=1$)。

基于此,本研究构建的经济增长质量回归模型如下:

$$EQI_{it} = \gamma_0 + \gamma_1 EQI_{i,t-1} + \gamma_2 RT_{it} + \gamma_3 RT_{it}^2 + \gamma_4 RH_{it} + \gamma_5 TI_{it} + \gamma_6 OP_{it} + \gamma_7 GI_{it} + \gamma_8 M1_{it} + \gamma_9 M2_{it} + \eta_{it} \tag{4.5}$$

其中,γ_0—γ_9 为待估参数,η 为随机扰动项。

表 4-7　经济增长质量回归模型各变量定性描述

变量类别	符号	含义	度量方式及说明	预期符号
被解释变量	EQI	经济增长质量指数	Frontier4.1 软件计算	
重点考察变量	RT	再生资源产业接替	再生资源产业工业产值占工业总产值比重	正
	RT^2	再生资源产业接替的平方项	——	负
其他控制变量	EQI_{t-1}	经济增长质量指数	滞后一期	正
	RH	人均人力资本水平	人均受教育年限	正
	TI	技术创新水平	申请专利授权数量	正
	OP	对外开放程度	当年实际利用外商直接投资占 GDP 比重	负
	GI	政府干预程度	公共财政支出扣除教育和科学事业支出后的财政支出占 GDP 比重	负
	$M1$ $M2$	地区虚拟变量	当省份属于东部地区时 $M1=1,M2=0$;当省份属于中西部地区时 $M1=0,M2=1$	——

2.数据说明

再生资源产业相关数据获取。大多数研究认为再生资源产业属于制造业分类之下,在我国《国民经济分类标准》(GB/T4754—2002)中与"废弃资源和废旧材料回收加工业(C43)"相对应(最近两年调整为:废弃资源综合利用业)。因此,研究采用该行业的数据作为再生资源产业的基础数据进行研究,数据均来源于2006—2017年中国21个省市统计年鉴,年鉴未统计该产业或者年鉴中统计的年份不连续的省份没有纳入研究范围[①],对于个别缺失数据取对应变量前后两年的均值进行了补充。由此采用的面板数据集由2005—2016年12年间21个截面单位所组成,每个变量有252个样本观察值。另外,本研究使用的其他数据主要来源于历年中国统计年鉴、各省市统计年鉴及中国科技统计年鉴。

3.参数估计方法

通常在作面板数据模型的估计时,采用的估计方法主要是固定效应模型的面板数据估计和随机效应模型的面板数据估计两种。本研究将滞后被解释变量作为解释变量引入模型,从理论上讲存在因被解释变量滞后项与随机扰动项相关而产生的内生性问题,因此,采用上述两种参数估计方法所得到的估计结果很可能是有偏且不一致的。为此,本研究采用SYS—GMM方法对模型进行估计,并将解释变量的一阶滞后项作为其工具变量。由于工具变量有效性与否决定了SYS—GMM估计结果是否一致,因此有必要对工具变量的过度识别进行检验。国内外学者使用工具变量进行过度识别检验时,一般使用Sargan检验或是Hansen检验,本研究将使用Hansen检验这一工具对过度识别问题进行检验。同时,使用Arellano-Bond检验(AB检验)判断工具变量的选择是否合理。此外,在权重矩阵的选择上,选取两步(two-step)SYS—GMM估计,相对于一步估计而言是渐进有效的。综上,本

[①] 由于社会发展认知和发展水平的差异,山西、辽宁、河南、海南、云南、西藏、青海、宁夏、新疆和广西10省市自治区相关年鉴并未将"废弃资源和废旧材料回收加工业"的基础数据进行统计,而大部分地区也是在2005年以后才将该行业列入本省份的统计年鉴。

研究利用两步 SYS—GMM 对模型进行参数估计,并对工具变量选取的有效性进行 Hansen 检验,数据处理在 STATA.14 软件中 xtabond2 命令下完成。

(三)假说检验与讨论

1. 分析结果及讨论

表 4-8 中模型 6 计量检验显示了 GMM 估计自回归(AR)和过度识别的约束检验结果,结果显示,AR(2)和 Hansen 检验值的伴随概率值基本均大于 0.1,表明所有工具变量均有效,扰动项也不存在二阶自相关,说明模型采用 SYS—GMM 方法进行参数估计是有效的。同时也可以看出,再生资源产业接替的一次方项 RT 和二次方项 RT^2 的系数分别在 1% 以上水平上高度显著为正和显著为负,这表明二者之间应该存在着显著的倒 U 形曲线关系,这也与图 4-3 的统计观察结果相符。在验证了 SYS—GMM 参数估计方法的有效性以及初步判断倒 U 形曲线关系存在后,下面同样利用 SYS—GMM 方法通过分步依次添加控制变量的方法对经济增长质量模型进行实证分析,再次验证假说中再生资源产业接替与经济增长质量之间倒 U 形曲线关系的存在性和真实性,同时考察各个控制变量对曲线特征的影响。

表 4-8　经济增长质量回归模型分布估计结果

解释变量	模型 1	模型 2	模型 3	模型 4	模型 5	模型 6
$L.EQI$	1.042555*** (1.29E-03)	1.040629*** (9.52E-04)	1.045778*** (1.55E-03)	1.045866*** (1.59E-03)	1.045588*** (1.82E-03)	1.045657*** (2.02E-03)
RT	1.15E-04*** (3.08E-06)	1.09E-04*** (4.73E-06)	1.11E-04*** (1.01E-05)	1.13E-04*** (6.64E-06)	1.00E-04*** (8.83E-06)	7.99E-05*** (1.46E-05)
RT^2	-1.06E-06*** (2.43E-08)	-1.03E-06*** (5.71E-08)	-9.99E-07*** (1.17E-07)	-1.20E-06*** (7.33E-08)	-1.03E-06*** (1.12E-07)	-7.73E-07*** (1.83E-07)
RH		1.39E-04*** (1.37E-05)	6.75E-05*** (9.95E-06)	9.86E-05*** (1.63E-05)	1.12E-04*** (1.72E-05)	8.93E-05*** (2.11E-05)
TI			-5.44E-09*** (5.72E-10)	-4.3E-09*** (1.12E-09)	-3.94E-09*** (1.28E-09)	-3.67E-09*** (1.22E-09)
OP				-1.05E-05 (2.78E-05)	-2.04E-05 (3.02E-05)	-5.40E-05* (3.09E-05)

续表

解释变量	模型1	模型2	模型3	模型4	模型5	模型6
GI					-9.09E-06 (1.03E-05)	-9.27E-06 (1.28E-05)
M1						4.02E-04* (2.14E-04)
M2						1.72E-04 (1.66E-04)
常数项	1.69E-03*** (9.51E-05)	7.06E-04*** (1.59E-04)	1.16E-03*** (2.26E-04)	9.46E-04*** (2.01E-04)	1.10E-03*** (3.66E-04)	1.36E-03*** (4.77E-04)
转折点(%)	0.541	0.530	0.557	0.471	0.486	0.517
AR(1)	0.009	0.008	0.008	0.007	0.006	0.093
AR(2)	0.4290	0.6910	0.5660	0.3650	0.4300	0.7000
Hansen检验值(P)	18.8 0.978	18.27 0.982	16.39 0.993	15.37 0.996	17.06 0.990	10.33 1.000
样本容量	231	231	231	231	231	231

注:系数下方括号内数值为其标准误;* $p<0.10$,** $p<0.05$,*** $p<0.01$。

由表4-8报告的6组相关检验结果可以看出,各模型的残差均在1%的水平上不存在二阶自相关,且Hansen统计量均不显著,从而表明各模型所采用的工具变量均是合理有效的。此外,除OP、GI、虚拟变量M1和M2外,所有模型的变量系数均在1%水平上通过了显著性检验①,并且在逐步添加控制变量的过程中,各系数符号均保持不变,表明估计结果非常稳健,对EQI均具有重要影响。

模型1是仅包含经济增长质量一阶滞后项1个控制变量的估计结果,再生资源产业接替一次项和二次项的系数显著为正,转折点在再生资源产业接替率约为0.541%时出现。模型2和模型3依次引入了被普遍视为经济增长质量基本影响因素的人均人力资本水平和技术创新水平两个控制变量,其结果表明,再生资源产业接替一次项和二次项的系数符号和显著水平

---

① 模型6中,OP、M1的变量系数均在10%水平上通过了显著性检验。

均保持不变。与现有文献的结论一致,人力资本水平投入对经济增长质量确实发挥了重要的推动作用;而技术创新投入并没有带来经济质量提升,且其系数在1%的水平上显著为负,这一结果与多数研究矛盾,但与部分学者的研究结论一致,如:技术创新抑制全要素生产增长率①,技术创新降低经济增长集约化水平②,主要原因可能在于我国技术创新投入对经济增加的贡献低于机会成本,新产品的市场风险、科技体制的不灵活等因素使科技成果的转化率较低。从转折点值的变化情况来看,模型 1—2 的转折点值呈下降趋势(转折点前移),模型 2—3 的转折点值呈上升趋势(转折点后移)说明人力资本的引入可以在一定程度上降低了再生资源产业接替与 EQI 指数之间倒 U 形曲线的转折点,技术创新的引入提升了再生资源产业接替与 EQI 指数之间倒 U 形曲线的转折点。

模型 4 引入对外开放程度因素,用实际利用外商投资占 GDP 比重来衡量。结果显示,再生资源产业接替一次项和二次项系数符号及显著性程度保持不变。但从对外开放程度 OP 的系数符号来看,该影响因素对我国省区经济增长质量提高的作用并不乐观,没有表现出所谓的技术扩散或正向技术外溢效应。这与部分学者的研究结论一致③。长期以来,我国以劳动力和原材料优势吸引外资流入,处于价值链的最低端,且技术吸收消化能力有限,因此,很难获取外商投资的技术外溢效应。此外,国外企业投资国内,自然会凭借其优势抢占国内市场,排挤国内企业,不可避免对内资企业造成一定的冲击,从而不利于内资部门的生产发展和技术提升。从转折点出现时机来看,对外开放程度因素的引入拉低了再生资源产业接替与 EQI 指数之间倒 U 形曲线的转折点(从 0.557% 降低为 0.471%),加快了再生资源产

---

① 参见李小平、朱钟棣:《国际贸易、R&D 溢出和生产率增长》,《经济研究》2006 年第 2 期。

② 参见唐未兵等:《技术创新、技术引进与经济增长方式转变》,《经济研究》2014 年第 7 期。

③ 参见邵帅等:《资源产业依赖如何影响经济发展效率?——有条件资源诅咒假说的检验及解释》,《管理世界》2013 年第 2 期;张海洋:《R&D 两面性、外资活动与中国工业生产率增长》,《经济研究》2005 年第 5 期。

业接替对 EQI 产生负面影响的风险。

模型5中我们将政府干预程度(GI)作为控制变量引入模型,再生资源产业接替的一次项和二次项系数符号仍然未发生改变。政府干预程度的系数并不显著,说明政府干预并未限制经济增长质量的提高,但政府干预的引入使得曲线的转折点向右移动(从0.471%提高为0.486%)。模型6中我们考虑将东部地区和中西部地区虚拟变量$M1$和$M2$引入模型,结果发现,再生资源产业接替的一次项和二次项系数符号仍然未发生改变,符合倒U形曲线的特征,$M1$系数在10%水平上通过了显著性检验,但$M2$变量对经济增长质量的影响并不显著,表明东部地区与中、西部地区的区域差异对再生资源产业接替与经济增长质量之间关系存在影响,而中、西部之间的区域差异并不明显。

纵观模型1—6的估计结果,再生资源产业接替的一次项和二次项系数分别一直保持显著为正和显著非负,与第二部分经验观察结果相一致,表明再生资源产业接替与经济增长质量之间存在倒U形曲线关系的稳定性。从曲线转折点的变动幅度来看,对于不同控制变量其敏感性也有所差异,其中人力资本水平和技术创新投入促使转折点推后,对外开放程度和政府干预程度促使转折点前移。另外,由表4-8可知,采用SYS—GMM方法所得到的EQI滞后一期变量的系数均为显著的正值。与预期分析及相关经济理论一致,宏观经济变量往往具有一定的惯性,人力资本水平、技术创新水平等变量不仅在自身调整上存在滞后性,其对经济发展的影响也表现出滞后效应,这使得经济增长质量的变化表现出一定程度的路径依赖特征,从而说明经济增长质量的变化是一个连续积累的渐进调整的过程。

2. 按转折点分类讨论

再生资源产业接替与经济增长质量的倒U形曲线关系表明,再生资源的循环利用对地区经济增长质量的"促进"和"阻碍"作用,取决于由再生资源产业工业产值占地区工业总产值的比重反映的再生资源产业接替率的大小。根据前文的分析,我们取表4-8中模型1分析结果中的转折点值0.541%为界点,将样本省市区分为两类:(1)再生资源产业工业产值比重小于0.541%的"支持型"地区,再生资源产业接替对经济增长质量表现出积极作用,此类城市处于理想的可持续发展状态;(2)再生资源产业工业产值比重大于0.541%的"限制型"地区,再生资源产业接替对经济增长质量表现出抑制作用,此类城市处于不可持续发展状态。表4-9报告了各年份上述两类城市具体情况。可以看出,仅考虑再生资源产业的经济增长效应而言,2005—2016年我国大多数省份处于可持续的"支持型"发展状态,天津、浙江、广东、安徽、湖南和重庆6省市处于"限制型"地区,说明当前我国大部分地区再生资源产业发展有利于经济增长质量的提升。

表4-9 按转折点分组的地区类型

年份	"支持型"地区	"限制型"地区
2005	北京、天津、河北、上海、江苏、浙江、福建、山东、广东、内蒙古、吉林、黑龙江、安徽、江西、湖北、湖南、四川、重庆、贵州、陕西、甘肃	
2006	北京、天津、河北、上海、江苏、浙江、福建、山东、广东、内蒙古、吉林、黑龙江、安徽、江西、湖北、四川、重庆、贵州、陕西、甘肃	湖南
2007	北京、天津、河北、上海、江苏、浙江、福建、山东、广东、内蒙古、吉林、黑龙江、安徽、江西、湖北、四川、重庆、贵州、陕西、甘肃	湖南
2008	北京、天津、河北、上海、江苏、福建、山东、广东、内蒙古、吉林、黑龙江、安徽、江西、湖北、湖南、四川、重庆、贵州、陕西、甘肃	浙江
2009	北京、河北、上海、江苏、浙江、福建、山东、内蒙古、吉林、黑龙江、安徽、江西、湖北、湖南、四川、重庆、贵州、陕西、甘肃	天津、广东
2010	北京、天津、河北、上海、江苏、福建、山东、内蒙古、吉林、黑龙江、江西、湖北、湖南、四川、重庆、贵州、陕西、甘肃	浙江、广东、安徽、重庆
2011	北京、河北、上海、江苏、福建、山东、内蒙古、吉林、黑龙江、江西、湖北、湖南、四川、贵州、陕西、甘肃	天津、浙江、广东、安徽、重庆
2012	北京、河北、上海、江苏、福建、山东、内蒙古、吉林、黑龙江、江西、湖北、湖南、四川、重庆、贵州、陕西、甘肃	天津、浙江、广东、安徽
2013	北京、河北、上海、江苏、福建、山东、内蒙古、吉林、黑龙江、江西、湖北、湖南、四川、重庆、贵州、陕西、甘肃	天津、浙江、广东、安徽

续表

年份	"支持型"地区	"限制型"地区
2014	北京、河北、上海、江苏、福建、山东、内蒙古、吉林、黑龙江、江西、湖北、湖南、四川、重庆、贵州、陕西、甘肃	天津、浙江、广东、安徽
2015	北京、河北、上海、江苏、浙江、福建、山东、内蒙古、吉林、黑龙江、江西、湖北、湖南、四川、重庆、贵州、陕西、甘肃	天津、广东、安徽
2016	北京、河北、上海、江苏、浙江、福建、山东、内蒙古、吉林、黑龙江、江西、湖北、湖南、四川、重庆、贵州、陕西、甘肃	天津、广东、安徽

四、结论与启示

通过将再生资源产业的经济增长效应作为主要关注对象,研究其对原生资源的接替如何影响我国经济增长质量的提升,在对既有文献进行回顾分析和对经验事实进行统计观察的基础上,提出了再生资源产业接替与经济增长质量之间呈现倒 U 形曲线关系的假说,并利用 2005—2016 年我国 21 个省、自治区、直辖市的面板数据样本,以 EQI 指数对经济增长的质量予以度量,通过系统 GMM 估计方法实证考察了再生资源产业接替对经济增长质量的倒 U 形曲线影响关系,得到的主要结论如下。

1. 再生资源产业接替对于经济增长质量呈现出显著的倒 U 形曲线关系。当再生资源接替率小于倒 U 形曲线转折点值时,再生资源对原生资源的产业接替对经济增长质量的提升具有显著的促进作用;当地区过度依赖于再生资源产业而超过一定的转折点时,发展再生资源产业就会阻碍经济增长质量的提高。

2. 再生资源产业接替与经济增长质量之间所呈现出的倒 U 形曲线关系的转折点值对于不同的影响因素或控制变量的引入有一定的敏感性。也就是说,从曲线转折点值的变动情况来看,人力资本水平和对外开放程度促使转折点左移(变小),而技术创新投入和政府干预程度促使转折点右移(变大)。

3. 取转折点值 0.541% 为界点,将样本省份分为"支持型"地区和"限制型"地区两类。样本期内,我国大多数省份位于倒 U 形曲线转折点之前,处于可持续的"支持型"发展状态,而天津、浙江、广东、安徽、湖南、重庆处于"限制型"地区,表明当前我国大部分地区再生资源产业发展有利于经济增长质量提升。

基于实证结论,得出启示如下:再生资源接替对经济增长质量的提升有促进或限制作用(这种促进或限制作用分别处于倒 U 形曲线转折点左右两侧)。值得我们关注的是:当前我国大部分地区的再生资源接替比率并未超过 0.541% 的临界点,表明仅就经济增长效应而言,再生资源产业发展进程比较合理。那么,在实际操作中是否应该将中国未来的再生资源产业接替比重保持现状或控制到转折点出现之前呢?将再生资源产业的经济增长效应作为主要关注对象,研究其对原生资源的接替如何影响经济增长质量,实证结果表明,再生资源产业发展对经济增长质量的提升有一定影响,但发展再生资源产业,除了经济增长效应之外还要考虑其社会效应或环境效应。在当前全球资源紧缺和气候环境变化严重的背景下,发展再生资源产业使得资源得到综合利用和循环利用的同时,对促进节能减排、缓解环境污染、破解"先污染再整治"的怪圈有重要意义。①

第三节 "抛弃收费"有多远——以废弃电子市场为例

在现代社会中,公民、法人都有节约资源、保护生态环境的义务和责任。生产者和消费者抛弃废弃物的同时应当支付一定的处置费用,这在理论分析中简称为"抛弃收费"。"抛弃收费"作为促进垃圾减量、资源回收和环境

---

① 参见高艳红等:《再生资源产业替代如何影响经济增长质量?——中国省域经济视角的实证检验》,《经济科学》2015 年第 1 期。

保护的经济措施,能够影响居民的废弃物产生和抛投行为改变,已逐渐成为发达国家处理废弃物的重要方式,并积累了一定的成功经验。伴随着我国城市化水平的不断提高和废弃物分类处理的持续推进,今后将会采取"抛弃收费"作为废弃物处理的政策取向和实施举措。因此,有必要针对理论与实践开展相关研究。

一、距离"抛弃收费"有多远——基于废弃电器电子产品回收市场

(一)"抛弃收费"在我国实施的难点分析

1.我国废弃电器电子回收处理市场现状

第一,理论报废量与正规处理量。根据统计数据,按照使用寿命计算,我国家用电器每年的理论报废量已超过一亿台,每年获得正规拆解处理的数量稳步上升,但与废弃电器理论报废量还存在一定差距,说明仍存在大量废弃电器电子没有通过正规回收处理渠道得到回收再利用。表4-10显示了近年我国5种电器电子产品(电视机、电冰箱、洗衣机、房间空调器、微型计算机)理论报废量和正规回收处理量以及各年度获得正规回收处理的数量占理论报废量的比率。

表4-10 2012—2017年我国5种废弃电器电子产品理论报废量与正规处理量对比

(单位:万台)

	2012	2013	2014	2015	2016	2017
理论报废量	7585	10980	11378	12439	11213	12523
正规处理量	2582	3987	7045	7625	7935	7935
绿色回收率	34.04%	36.31%	61.92%	61.30%	70.77%	63.36%

数据来源:2015年、2017年《中国废弃电器电子产品回收处理及综合利用行业白皮书》。

第二,回收处理体系。当前,我国废弃电器电子回收处理体系混乱,大部分废弃产品没有进入正轨回收渠道得到回收处理和再利用。其中,

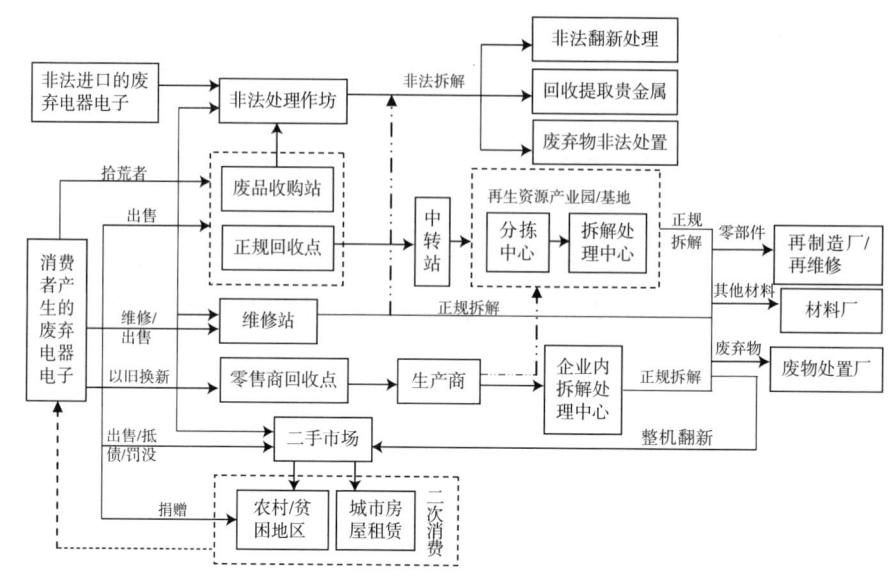

图 4-4　我国当前的废弃电器电子回收处理体系图

20%—30%的比例(通常为废旧小家电或电子产品)直接被消费者随生活垃圾丢弃;60%—70%的比例被走街串巷的小商贩以高价收走,转卖给维修商进行翻修处理后,流入农村低收入用户和城市短期房屋租赁等二手市场;当二手市场消费者手中的电器电子产品无法继续使用时,维修点拆卸零部件再用于维修,对不可再利用的零部件采用粗放的方式提取贵金属,其余价值不高的部分则直接随生活垃圾倾倒掉。① 具体而言,当前我国废弃电器电子回收处理体系如图 4-4 所示。

第三,政策法规基本情况。从国家政策实施上看,为了规范废弃电器电子回收处理企业的行为,做到资源循环利用,保护环境,保障人体健康,我国有关主管部门也加大了政策和立法的力度。表 4-11 列举了我国发布、实施的与废弃电器电子回收利用有关的政策法规。

---

① 参见高艳红等:《废弃电器电子产品处理补贴政策——优化、退出与税收规制》,《系统管理学报》2016 年第 7 期。

表 4-11 我国废弃电器电子回收利用有关的政策法规

序号	名称	发布单位	实施日期
1	《关于加强废弃电子电器设备环境管理的公告》	国家环境保护总局（环发〔2003〕143号）	2003年8月26日
2	《中华人民共和国固体废物污染环境防治法》	中华人民共和国主席令（第31号）	2005年4月1日
3	《废弃家用电器与电子产品污染防治技术政策》	国家环境保护总局、科技部、信息产业部、商务部（环发〔2006〕115号）	2006年4月27日
4	《电子信息产品污染控制管理办法》	国家信息产业部（现为国家工业与信息化部）牵头起草，信息产业部、国家发展和改革委员会、商务部、海关总署、工商行政管理总局、国家环境保护总局（现为环境保护部）联合发布（第39号）	2007年3月1日
5	《再生资源回收管理办法》	商务部并经发展改革委、公安部、建设部、工商总局、环保总局同意（商务部令〔2007〕8号）	2007年5月1日
6	《电子废物污染环境防治管理办法》	国家环境保护总局（第40号）	2008年2月1日
7	《废弃电器电子产品回收处理管理条例》	中华人民共和国国务院令（第551号）	2009年2月25日
8	《促进扩大内需鼓励汽车、家电"以旧换新"实施方案》	发展改革委、财政部、商务部、工业和信息化部、环境保护部（国办发〔2009〕44号）	2009年6月1日颁布
9	《家电以旧换新实施办法》	财政部、商务部、国家发展改革委、工业和信息化部、环境保护部、工商总局和质检总局（财建〔2009〕298号）	2009年6月28日
10	《废弃电器电子产品处理污染控制技术规范》	环境保护部（公告2010年第1号）	2010年1月4日
11	《家电以旧换新拆解补贴办法》	财政部、环境保护部（财建〔2010〕53号）	2010年4月27日
12	《废弃电器电子产品处理目录(第一批)》和《制订和调整废弃电器电子产品处理目录的若干规定》	国家发展改革委、环境保护部、工业和信息化部（公告2010年第24号）	2010年9月8日

续表

序号	名称	发布单位	实施日期
13	《废弃电器电子产品处理发展规划编制指南》	环境保护部(公告2010年第82号)	2010年11月15日
14	《废弃电器电子产品处理企业补贴审核指南》	环境保护部(公告2010年第83号)	2010年11月16日
15	《废弃电器电子产品处理资格许可管理办法》	环境保护部令(第13号)	2011年1月1日
16	《废弃电器电子产品处理目录(第一批)》	国家发展改革委、环境保护部、工业和信息化部([2010]第24号)	2011年1月1日
17	《制订和调整废弃电器电子产品处理目录的若干规定》	国家发展改革委、环境保护部、工业和信息化部([2010]第24号)	2011年1月1日
18	《国务院办公厅关于建立完整的先进的废旧商品回收体系的意见》	国务院(国办发[2011]49号)	2011年11月4日
19	《放射性废物安全管理条例》	国务院(国令第612号)	2012年3月1日
20	《废旧电器电子产品处理基金征收使用管理办法》	财政部、环境保护部、国家发展改革委、工业和信息化部、海关总署和国家税务总局(财综[2012]34号)	2012年7月1日
21	《废弃电器电子产品处理基金征收管理规定》	国家税务总局([2012]41号)	2012年7月1日
22	《关于组织开展废弃电器电子产品拆解处理情况审核工作的通知》	环境保护部(环发[2012]110号)	2012年9月3日
23	《国务院关于印发循环经济发展战略及近期行动计划的通知》	国务院(国发[2013]5号)	2013年2月6日
24	《旧电器电子产品流通管理办法》	商务部(商务部令[2013]1号)	2013年5月1日
25	《关于完善废弃电器电子产品处理基金等政策的通知》	财政部、环境保护部、发展改革委、工业和信息化部(财综[2013]110号)	2013年12月2日
26	《电动汽车动力蓄电池回收利用技术政策(2015年版)》	国家发展改革委、工业和信息化部、环境保护部、商务部、质检总局	2016年1月5日

续表

序号	名称	发布单位	实施日期
27	《国务院办公厅关于营造良好市场环境促进有色金属工业调结构促转型增效益的指导意见》	国务院（国办发〔2016〕42号）	2016年6月16日
28	《电器电子产品有害物质限制使用管理办法》	工业和信息化部、发展改革委、科技部、财政部、环境保护部、商务部、海关总署、质检总局(第32号令)	2016年7月1日
29	《危险化学品安全综合治理方案》	国务院（国办发〔2016〕88号）	2016年12月6日

第四，付费机制基本情况。继家电以旧换新政策以后，我国于2012年7月正式实施的《废旧电器电子产品处理基金征收使用管理办法》，规定电器电子产品生产者、进口电器电子产品的收货人或者其代理人履行基金缴纳义务，对具备资质的拆解企业，处理彩电、冰箱、空调、洗衣机、电脑5类家电，可获得35元/台—85元/台不等的补贴，用于废旧电器电子回收处理费用的补偿。[①] 相对国外发达国家而言，我国在这方面尚处于起步和探索阶段，该办法的实施初步确立了生产者责任延伸制在我国废弃电器电子回收处理付费机制方面的做法，但是也只规定了拆解环节的废物处理补偿，目前还缺少对于废旧家电回收渠道方面的具体规制。而对从事废旧家电回收拆解企业而言，如果不能具有合法合规回收渠道，这些企业将难以持续稳定地经营和发挥其资源再利用的社会价值。

2."抛弃收费"在我国实施的难点分析

由于我国目前在回收体系、政策立法、付费机制等方面还存在诸多不足，因此西方发达国家由消费者负责回收处理费用支出的机制，在现阶段的我国是难以实现的。

第一，法规制度建设尚处于探索阶段。西方发达国家有较为完善的法

---

① 参见高艳红等:《废弃电器电子产品处理补贴政策——优化、退出与税收规制》，《系统管理学报》2016年第7期。

律法规,明确规定消费者在处理废弃家电产品时的责任和义务。2001年,日本实施的《家用电器再生资源法》规定消费者承担废旧家电回收处理费用,按照"消费者废弃时付费制度"来收取相应的收集搬运费和回收再利用费。1998年,瑞士政府颁布了回收利用法令,规定消费者有责任交出废旧家电,所有零售商都有责任免费回收废旧家电。德国相关法律规定生产商承担废旧家电的回收处理费用,但允许生产商将该费用转移给消费者。①而我国对废旧家电回收问题的关注才刚刚起步,相关的法律法规建设尚处于探索阶段,有很多问题有待解决。

第二,正规的市场回收体系尚未形成。我国虽然早在计划经济时期便已经开始建设资源再生利用和废旧物资回收体系,并且在改革开放以后,推动资源回收利用产业不断扩大,形成了一批具有行业示范性和典型性的大型企业。但是,在目前的情况下,要实现废弃电器电子的"抛弃收费"机制,关键仍在于市场回收体系的建设。一是当前涉及再生资源回收行业的有商务、公安、工商、城管、环卫、街道、居委会等诸多管理部门,管理体系混乱,缺乏健全的产业政策体系。二是正规的回收企业布点过多,布局不合理,使得行业产能严重过剩。② 三是国家没有出台总体规划,对利润较高的个体回收模式的监管缺失,极大制约了废旧产品回收处理体系的发展和完善。目前我国再生资源再利用尚处于"游击队"与"正规军"并行的阶段,大量非法拆解企业和小作坊通过构建自己的回收网络渠道形成了规模产业,从而使很大比例的废旧产品回收处理渠道被非正规经营的商贩所占据,正规回收处理企业却难以获得这些资源。另外,正规企业生产线建设规模过大导致其运转成本远远高于非正规回收小贩,"吃不饱"问题成为其在与非正规回收处理企业的竞争中处于弱势地位的根本原因。因此,消费者淘汰的废旧物资通常会以高价被非法拆解企业和小作坊买走,"抛弃收费"难以实施。

---

① 参见王昶等:《日德城市矿产开发利用的实践及启示》,《城市问题》2018年第4期。
② 参见周宏春:《废旧电器电子产品管理及其对策建议》,《再生资源与循环经济》2015年第4期。

第三,正规企业市场拓展面临困境。即使国家出台了一些相关扶持政策,部分再生资源回收利用企业可以实现盈利,但是从整个行业的发展来看,企业所能创造的利润并不稳定,加之许多企业还处于起步阶段,行业的发展仍需较长时间的探索和积累,面临着一系列的商业风险。同时,目前我国正规回收企业缴纳的税负仍较重。根据相关税收规定,再生资源回收利用企业出售再生产品所得的税率为5%,然而在"营业税改增值税"的税收改革后,其税率提高为17%,导致这些企业的纳税负担极大增加;并且,虽然国家对其中部分企业实行税收减免,但是却又限制增值税发票的开具范围,从而导致这些再生资源回收利用企业不能免除进项税,税收负担实际并未减轻。

第四,公众的环保意识淡薄。由于经济发展阶段的差异,我国消费者的消费观念转变慢,大多消费者希望废弃电器电子回收后能得到更多的经济补偿。因此,在利益驱动下,消费者更愿意将废弃电器电子卖给小商小贩等非法拆解处理回收商,造成了对环境的极大污染。在近期一次600人次的消费者回收行为问卷调查中,26%的人听说过废旧家电回收消费者付费制度,而74%的消费者没有听说过;有28.5%的消费者赞成实行废旧家电回收消费者付费制度,而71.5%的消费者不赞成实行。同时,我国消费者环保意识淡薄,对废旧家电回收处理不当带来的危害认识不足,也未养成将废旧家电送往指定回收点的良好习惯,大多是将废弃电器电子产品随意丢弃或当作废品出售。这些现实国情对于我国构建由消费者承担废弃物回收处理费用的机制造成一定的障碍。

(二)我国实施"抛弃收费"需满足的条件

1. 基本前提

实施"抛弃收费"的一个基本前提是回收市场基本没有非法回收拆解企业存在或少量存在。即废弃电器电子回收市场的回收渠道大部分为具有一定资质的正规回收处理企业,基本不存在以变相高价回收、非法拆解的个体回收企业和游街小商贩。然而在当前,非法回收拆解商贩占据了我国废弃电器电子回收市场 90% 左右的回收拆解份额,要真正扭转这一局面,才有可能实现向消费者的"抛弃收费"机制。

2. 市场条件

由我国废弃电器电子回收市场现状可知,目前我国废弃电器电子回收市场是由市场自发形成的回收网络体系,缺乏有效管理和产业政策规划,行业秩序混乱。根据发达国家回收处理费用机制建设的经验,要实现废弃电器电子的消费者付费制度,必须建立在相对完善的回收市场网络体系之上,以优化、规范的行业布局和回收站点设置为基础。

3. 消费者主观条件

实施"抛弃收费",归根结底是使用电器电子产品的最终消费者主观决策行为。只有提高消费者的环保意识,使其意识到非法处理废弃电器电子带来的巨大环境代价和健康危害,形成缴纳废弃电器电子回收处理费用的观念,才可最终实现"抛弃收费"。

4. 政策条件

国家法律法规和政策措施对于规范和监督废弃电器电子市场回收处理各参与者行为具有强制性和约束性。在当前,我国相关部门应加快研究并出台相关法律法规,界定主管部门、生产企业、零售企业、回收处理企业、消费者、行业协会等相关参与主体的责任和义务,建设规范化的废弃电器电子回收处理体系,为我国实施"抛弃收费"提供政策保障。

二、实现路径:分阶段分区逐步收费

应不断规范完善现行废弃电器电子回收处理体系,分阶段、分区域逐步考虑消费者"抛弃收费"制度,逐渐实施从有偿回收过渡到无偿回收,最终实现废弃电器电子回收的消费者付费。

(一)有偿回收阶段(现阶段)——规范回收处理体系

1. 终端消费者。目前,我国大部分电子产品消费者对回收处理的认识仍停留在有偿回收阶段。绝大部分消费者还未认识到这些电子产品废弃物对环境可能造成的危害,任意丢弃(手机等小电子产品)或高价卖给非法回收处理商贩现象严重,选择正规渠道回收处理意识不强。现阶段,为保证正规废弃电器电子回收处理企业得到充足的电子废弃物,逐渐产生规模效益,应加强对消费者的环保教育和宣传,鼓励消费者将废弃电器电子出售给正规回收处理网点。同时,避免过早淘汰未到使用年限的电器电子产品。

2. 回收处理商。上门回收是我国目前回收废弃电器电子产品的主要渠道,但是回收者主要为街头回收小贩等个体收购者,一般将收购的废弃电器以高价转卖给非法处理作坊,造成环境污染。在与非法回收处理商贩竞争过程中,应鼓励或激励正规回收商提高回收价格和服务质量,采取高价上门回收的形式回收废弃电器电子产品以增加货源。

3. 政府部门。政府出台相关政策,加大对废弃电器电子产品回收处理补贴力度;扩大废弃电器电子产品以旧换新产品门类,除已实行补贴的5种废弃电器电子产品外,对于手机、照相机、电风扇等其他小型废弃电器电子产品实施以旧换新补贴政策。对相关企业给予废电器电子处理技术研发补贴,提高废电器电子行业技术研发能力。此外,为达到环保目标,政府鼓励生产企业从电器电子产品源头材料开始,将后续环节的拆解信息反馈到产品设计环节,用低碳和易拆解材料进行产品环保设计,提高回收利用价值。

现阶段,规范的废弃电器电子回收处理体系构建如图4-5所示。

(二)无偿回收阶段——优化回收体系

在上一阶段,消费者将废弃电器电子以一定价格出售给回收企业,回收处理企业除了要承担向消费者回收付费和运输费等成本外,还面对着大额的拆解成本,这些成本主要依靠政府财政补贴和相关基金冲销。随着规范化的回收体系的建立实施,大量的非法回收拆解商一部分在竞争中被驱逐市场,一部分以正规回收处理企业的身份进入正规回收市场。正规回收处理企业长期"吃不跑"而依赖政府补贴基金得以生存的状况逐渐得到改善,此时,政府财政补贴可适度缩减或选择性退出。另一方面,随着生存环境压

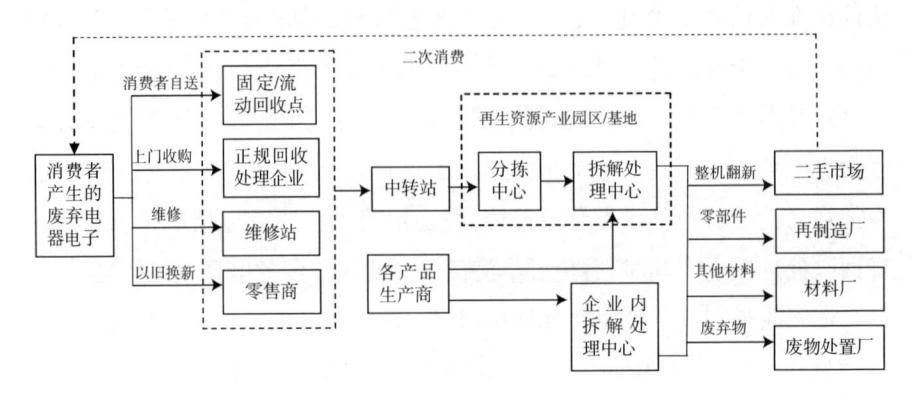

图 4-5 规范的废弃电器电子回收处理体系图

力逐渐加大,以及公众环境保护意识的逐渐加强和经济条件的逐步改善,进行无偿回收逐渐被消费者接受。

该阶段废弃电器电子回收及付费体系见图 4-6。

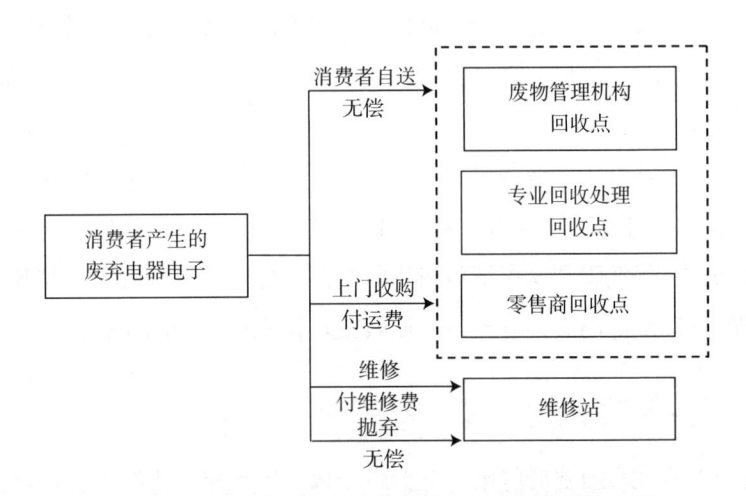

图 4-6 无偿回收阶段废弃电器电子回收及付费体系图

消费者将产生的废弃电器电子无偿送至废物管理机构设立的回收点、专业回收处理回收点或零售商回收点,回收网点无须对其负担相关费用;回收处理商上门收购,则消费者须向其支付相关运费。若对电器电子进行维修并做二次使用,则需向维修站支付相关的维修费用,若就近抛弃则无须付费。

(三)消费者付费阶段——分区付费

随着废弃电器电子回收处理体系不断规范和优化引致的国家补贴政策在回收市场的逐渐退出,以及全社会劳动力成本的逐渐上涨,消费者承担废弃电器电子回收处理费用的重要性逐步凸显。发达国家或地区废弃电器电子产品的回收处理费用机制方面的成功经验为我国废弃电器电子回收处理费用机制的构建提供了参考借鉴。但由于我国地域辽阔,各区域社会经济发展不平衡,消费者的消费观念和环境保护意识差异性大等因素的存在,相当长时期内不适合在全国范围内采取单一付费标准的付费制度,而应根据我国具体国情,分区域实施付费制度。

1. 选择适度的整体收费水平和比例

要选择适度的整体收费水平和收费比例,减少收费机制的实施对电器电子生产行业、回收行业和社会环境的冲击。若采用前端收费,消费者在购买电器电子产品时缴纳回收处理费用过高,会影响整个电器电子生产行业的效益,对社会经济造成一定的冲击。若采用末端收费,消费者在电器电子产品报废时缴纳给正规回收处理网点的回收处理费用过高,消费者的不正当处理手段会对回收市场和社会环境造成很大的影响。因此,建议采用适中的收费比例,达到规范废弃电器电子回收市场体系和保护环境的目标。

2. 将我国按行政区域划分为若干"抛弃收费"等级区域

根据社会经济发展水平和环境承载要求,将我国按行政区域划分为若干"抛弃收费"等级区域,不同的收费等级区域设置不同的收费标准和收费比例。经济发达区域和环境承载力较弱地区,污染相对严重,公众环境保护意识较强,设计较高的收费比例,可以适当控制消费者更新换代电器电子产品速度过快造成的资源浪费和环境破坏。经济欠发达地区在税收、土地占用和劳动力成本等方面具有优势,而经济发达地区消费者"抛弃收费"比例较高,将导致更多的回收处理企业倾向于从经济发达地区回收废弃资源,而在欠发达地区建设废物处理厂进行拆解处理,缓解发达地区城市环境承载压力的同时,扶持欠发达地区相关产业,促进就业和协调区域发展,缩小区域间差异化水平。

综上所述,在我国目前废弃电器电子回收市场状态下,由生产者承担回收处理费用和依靠政府财政基金补贴回收处理高额成本的做法均有一定的不合理之处。其一,我国家电生产和销售企业的利润已很低,平均利润仅为2%—3%,且由生产者承担的回收处理费用无疑会以价格的形式转嫁给最终消费者。其二,政府财政拨款补贴回收处理企业短期来看有助于企业的成长和发展,但长期来看无疑会成为政府的财政包袱,最终还是要回归市场。在这种情况下,本研究试图避开政府补贴行为和法律强制行为,研究在当前劳动力成本不断上升的背景下,回收处理市场中仅存在正规废弃电器电子回收商时,由消费者承担回收处理费用的临界点能否出现。研究结论表明,遵从市场价格规律,由消费者承担废弃电器电子产品的回收处理费用是必然的。然而,当前我国相关法律法规不完善、区域经济发展不平衡、回收市场体系紊乱、管理机制缺位、消费者环保意识薄弱,在这种情况下并不适合建立由消费者"抛弃收费"的回收机制,应分阶段分区域逐步考虑消费者付费制度,逐渐实现从有偿回收过渡到无偿回收,最终实现消费者付费。

第五章　调整转型趋势下我国再生资源产业发展顶层设计构想

再生资源产业顶层设计是一个具有全局性、整体性、基础性和根本性的元规划和元设计,是对资源利用领域中的主体结构和主要模式进行重置的过程,涉及权力配置、角色分配、利益整合、秩序控制和观念厘定等方方面面。通过这种具有目标性和序位性的系统设计,将资源再生利用及其产业化发展提升到制度、体制和机制建设层面,进而使再生资源产业与社会整体经济发展趋势相适应。

第一节　我国再生资源产业顶层设计现状

进入 21 世纪以来,资源、环境对全球经济社会发展的影响更加显著,世界各国都提高了对资源的重视程度,并将资源循环利用和高效利用作为节约资源、减少排放的重要切入点。我国已将再生资源产业作为战略新兴产业,创造了良好的宏观发展环境,促进其加快发展,发挥有效回收、精深加工和高值化利用的作用,提高资源利用效率,创造新的经济价值。中国再生资源产业虽然具备一定的发展优势与机会,但存在诸多的问题与威胁。

一、再生资源产业发展的目标导向模糊

长期以来,再生资源产业在我国产业结构体系中的地位和作用没有得

到应有的重视,没有将再生资源产业放在实现经济与社会可持续发展的战略性产业的重要位置上,在各时期产业发展规划的制定中没有对该产业进行长远规划,从而使产业发展缺乏长远的战略目标和定位。对我国再生资源产业发展进行顶层设计,首先需明确该产业发展的目标导向问题,其核心在于确定再生资源产业发展评价标准。我国再生资源产业的科学定量评价既涉及产业发展顶层设计的概念和理论,也涉及如何实现产业发展的问题,是再生资源产业顶层设计发展理论由哲学理念进入到操作层次的至关重要的环节,是当前该领域研究的热点和难点之一,也是现阶段我国在实际操作层面进一步推动再生资源产业发展、促进我国经济转型和结构升级所迫切需要解决的重大课题。

二、再生资源产业发展的组织架构缺失

我国目前对再生资源产业发展的重要意义认识不足,至今没有建立起独立的产业制度框架与产业组织体系,从而造成产业发展混乱和滞后。相比国外,如德国的循环经济始于垃圾经济,日本也有独立的静脉产业,并都有着完备的废物回收与综合利用的法律与政策体系,而我国再生资源产业的法律、政策与管理机制大多涵盖在循环经济的相关体系中,这与再生资源产业的地位、规模极不相称,也很不利于规范、指导产业的发展,导致产业发展问题层出。

三、再生资源产业发展的技术市场运行效率低下

我国再生资源产业涉及再生资源回收企业和个体回收者、旧货流通企业(物流运输企业)、以再生资源为原料的加工利用企业、各类拆解企业、再生资源加工利用机械制造企业、再生资源市场交易组织以及相关科研及信息服务等机构。各种类型再生资源企业的正常生产和运作都是以一定的技术设施和管理设施为支撑,政府层面下关于再生资源产业技术设施的投资

政策和民间资本的投资取向对该产业发展趋向以及产业结构调整产生重要影响,进而对再生资源产业各分支产业之间的利益进行重新分配。由于多元化的再生资源产业技术设施投资渠道和市场竞争机制的缺失,导致我国再生资源产业技术设施的市场运行效率低下,难以为优化再生资源产业结构、促进我国再生资源产业健康发展提供有力支撑。

四、再生资源产业发展的社会环境支持亟须解决

当前我国再生资源产业主体以个体户、小型企业为主,企业规模小、技术设备落后,由此造成的二次污染严重。虽然部分地区建立了不同类型的再生资源加工利用产业园区、循环经济生态工业园和产业示范基地,使区域内空间布局分散的企业逐步向园区和基地集中,产业的集中度得到提高,但全国范围内产业基础仍然薄弱,基础设施条件不能有效支持产业的规模化、规范化发展。社会范围内的金融、税收等对再生资源产业的扶持不足,再生资源回收利用的教育和宣传程度不够,全社会尤其是相关决策者对我国再生资源状况、资源再生利用对国民经济实现经济发展战略的重要意义及国家对资源再生利用工作方针政策的认识不到位,全民中尚未形成资源回收与环境保护理念。

五、再生资源产业发展的制度建设有待完善

我国再生资源产业尚未设置明确的市场准入条件,再生资源回收市场很大部分被个体商户拥占,正规企业难以获得货源,产业发展市场秩序混乱,造成了巨大的资源浪费与环境负荷。再生资源产业缺乏市场价格竞争机制,政府政策保障机制不健全,制度建设落后,导致再生资源市场拓展、产业链条拉伸、产业结构优化转型的步伐停滞。由于再生资源产业的政策保障机制和保障体系(包括明晰的产业管理与监督部门,完善的法律与政策体系、产业管理制度等)的不完善,导致产业主体行为缺乏规

范、指导,市场秩序混乱。

第二节 我国再生资源产业顶层设计基础框架

一、再生资源产业顶层设计思维逻辑

再生资源产业顶层设计需要符合一定的逻辑,在一般意义上可以理解为设计活动所遵循的规律、依据的原理和工作的原则。符合逻辑,是有效完成设计任务并顺利实现设计目标的前提条件和根本保证。本研究依照"目标模式—管理系统—运行系统—综合集成"四个层级的思维逻辑,动态设计我国再生资源产业顶层框架。

表5-1简要说明了四个层级的要素顶层设计所遵循的逻辑。第一层级"目标模式"的设计,要符合国情和再生资源产业发展愿景,顺应国家与世界发展潮流;第二层级"管理系统"的设计,根据经济社会发展规律和再生资源产业发展规律以及实行战略管理的认识与原理;第三层级"运行系统"的设计,系统性、可操作性、科学性和原则性要求更高,需要不断认识和遵循再生资源产业业务领域各个环节自身的发展规律及其相互关系;第四层级"综合集成"的设计,可以利用信息处理、模型构建和数据分析等手段与工具论证必要性、合理性和可行性。[1]

表5-1 再生资源产业顶层设计的层级要素与逻辑

主体	层级要素	要素含义	逻辑依据
国家领导集体	第1层级:目标模式	产业发展的未来模式或愿景	符合国情和再生资源产业发展愿景,顺应国家与世界发展潮流

---

[1] 参见王建民、狄增如:《"顶层设计"的内涵、逻辑与方法》,《改革》2013年第8期。

续表

主体	层级要素	要素含义	逻辑依据
国家相关部门和行业管理者	第2层级：管理系统	实现目标模式的战略管理结构以及由管理结构所决定的运行机制	根据经济社会发展规律和再生资源产业发展规律以及实行战略管理的认识与原理
主管部门和机构管理者	第3层级：运行系统	规划和实施的各类重要的大规模建设与发展工程；基于实现既定工程目标而部署和执行的具体工作任务	系统性、可操作性、科学性和原则性要求更高，需要不断认识和遵循再生资源产业业务领域各个环节自身发展规律及其相互关系
项目承担者和管理者	第4层级：综合集成	从系统角度进行再思考，对顶层目标任务进行系统评价，提出正确的解决线路和方案，调整和完善基础框架	利用信息处理、模型构建和数据分析等手段与工具论证必要性、合理性和可行性

二、再生资源产业顶层设计框架

基于对再生资源产业顶层设计现状和进展的分析，结合长期的社会学和管理学领域的探索和实践，根据项目前期的基础研究和文献资料，本研究采用"战略—系统模型"和"综合集成模型"相结合的顶层设计方法对我国再生资源产业的顶层框架进行系统设计和动态设计。"战略—系统模型"属于定性研究方法，而"综合集成模型"兼顾定性和定量但侧重定量化研究方法。如表5-1所示，四个层级的层级要素所划分的主体不同，其体现的系统运行模式也存在差异，因而在顶层设计中需要综合使用多种分析方法。具体来看，再生资源产业顶层设计的层级中第一层级和第二层级的内容设计应侧重定性；而第三层级的内容设计兼顾定性与定量；在第四层级的内容设计上，应以定量为主，从而形成逻辑严密的框架体系。

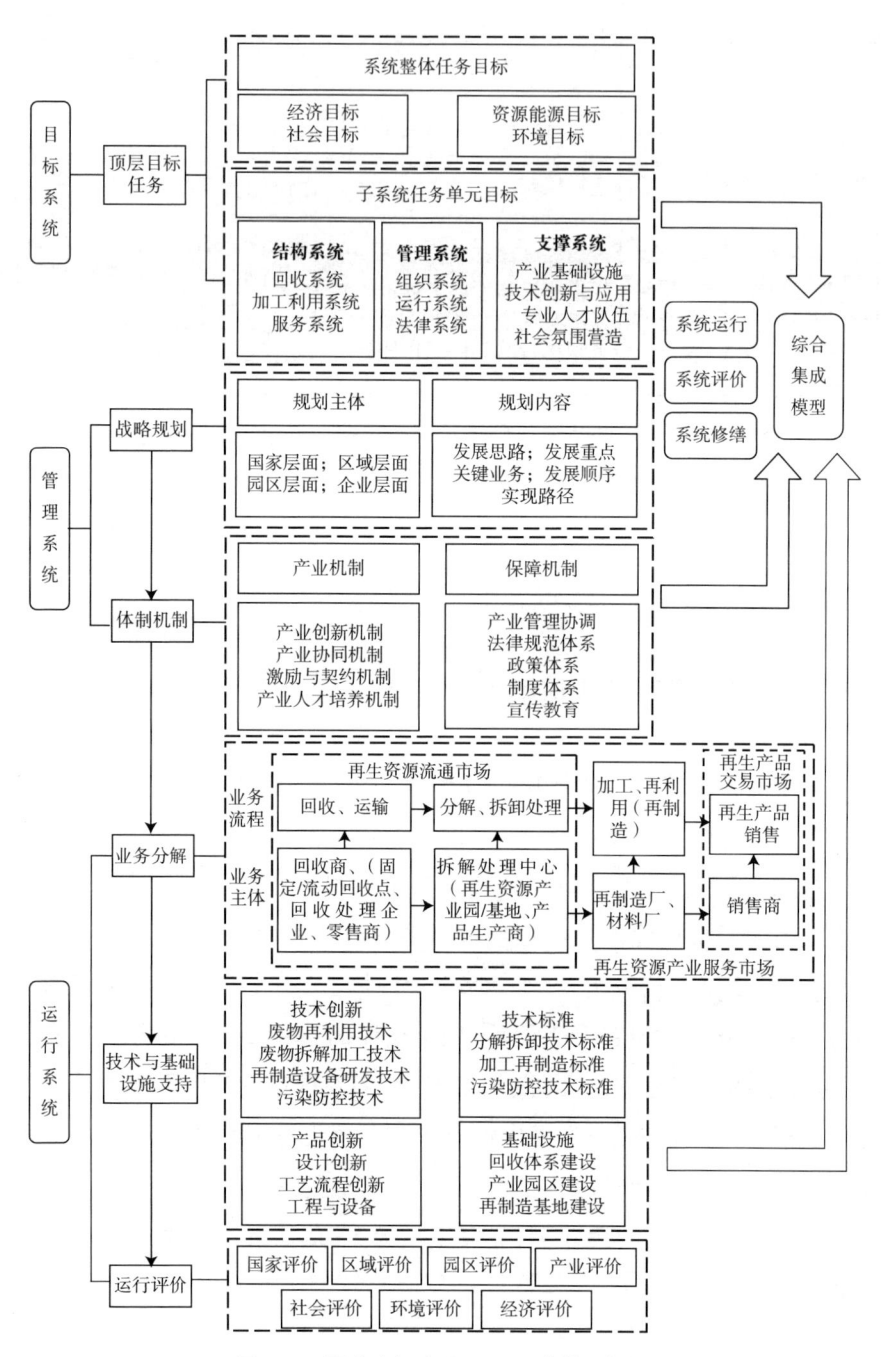

图 5-1 再生资源产业顶层设计基础框架

第五章　调整转型趋势下我国再生资源产业发展顶层设计构想

(一)再生资源产业顶层设计基础框架——"战略—系统模型"

所谓"战略—系统方法",是指综合运用战略思维与系统思想,分析问题、认识问题和解决问题的一般工作方法。战略思维有四个维度:使命感、全局性、竞争性和规划性;系统思想的四个维度是整体性、关联性、结构性和动态性。①

(二)再生资源产业顶层设计动态模型——综合集成模型

"综合集成方法"应用步骤为:第一,提出假设。即通过运用科学理论、经验知识和专家判断力相结合的方式,初步提出经验性假设(判断或猜想)。第二,构建模型。因为经验性假设属于定性认识,用严谨的科学方式是难以证明的,但这并不排除以经验性数据和资料以及多个参数的模型检测其确实性。第三,模型检验。模型必须建立在对经验的吸收和实际理解系统的基础之上,经过反复的定量计算、对比、修正,才得以形成结论。第四,得出结论。得出在现阶段对客观事物的认识所能企及的最优结论,实现认知层次由定性上升到定量。

再生资源产业的发展广泛涉及各个领域,如资源环境、社会经济、机制体制、城市建设、业务网络、技术进步等,是一个系统性问题。以再生资源产业顶层设计基础框架(顶层目标任务—管理系统—运行系统)为基础,在系统理论的视角下,整体上对顶层设计采用综合集成的方法进行再思考,对顶层目标任务进行系统评价,进而提出正确的解决线路和方案,重新调整和完善基础框架,并最终完成再生资源产业顶层设计目标。

---

① 参见王建民、狄增如:《"顶层设计"的内涵、逻辑与方法》,《改革》2013年第8期。

第三节 我国再生资源产业顶层设计框架体系分析

一、再生资源产业链框架研究与设计

（一）再生资源产业链系统研究与设计

再生资源产业链主要包括废旧物资回收、生产加工、再利用三个环节（图 5-2）。一是回收环节。资源回收既是再生资源产业链的第一个环节，也是废弃物从社会生产、消费各个领域的分散状态变得相对集中的第一步。在整个过程中都是通过市场交易的方式实现，即由回收者从废弃物产生源回收，再转卖给专业回收者或者直接出售给集散交易市场中的商户，从中赚取购销差价。其中，废弃物的产生主要来源于居民、生产企业、商业企业和行政事业单位等。二是资源化生产加工环节。生产加工是再生资源产业链上下游的桥梁和纽带。初步分类之后的废旧物资进入集散交易市场，在管理较规范、规模较大、技术设施较好的交易市场，会进一步对一部分经过分类、拆解、破碎、打包等初加工后的废旧物资做资源型加工，例如精炼废金属、不同塑料细分造粒等之后，将其供应不同生产企业生产相关产品。除此之外，也有相当一部分进入专门从事资源化加工的企业，通过加工为再生原料之后，又作为生产原料销售到利用企业。三是再利用环节。再生资源产业链的第三个环节是再生原料被加工成各种再生产品，并借助市场的流通性再次进入到消费者手中，这一环节主要由原有的各加工行业的企业和新建的专门利用再生资源进行生产的企业来完成。

1. 资源回收——再生资源产业链前端环节

根据再生资源回收的类型，一般分为生产制造性再生资源回收和生活消费性再生资源回收。

生产制造性再生资源的回收方式有两种：一是通过专业的回收公司来

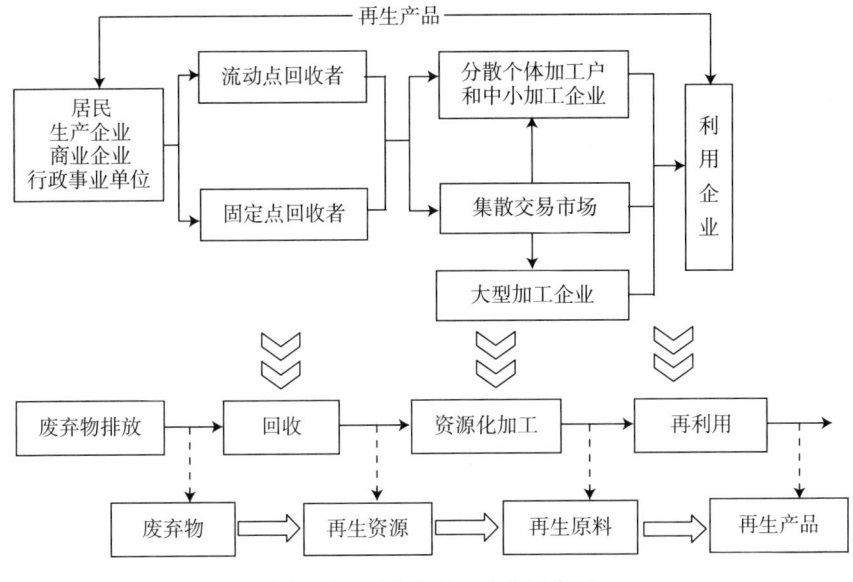

图 5-2 再生资源产业链示意图

收购、拆解和转卖；二是进入分拣交易中心进行交易，并流向利用基地或利废企业。这两种方式共同构建了生产制造性再生资源的回收网络，而其中重点是对废旧金属的回收。鉴于生产性废旧金属回收与社会的公共设施安全是密切相关的，为此回收主体最好是选择有一定规模、经营规范的废旧金属回收企业，同时在企业内部对生产制造性废旧金属收购的管理模式进行初步探索，保障金属回收企业的技术水平和初加工能力的稳步提高，并促进其向最终产品深加工方向延伸，逐步实现回收行业的产业化。

生活消费性再生资源回收主要包括两部分：一是在居民区建立基层收购点，如回收亭（点）、流动回收车；二是在居民区设置初级分拣、集中转运中心。与此同时，引导和规范走街串巷的回收方式，在社区、镇街等区域设立再生资源回收站点，实现统一规划、统一标识、统一着装、统一价格、统一衡器、统一车辆、统一管理、经营规范。

近年来，我国在大力推进垃圾分类回收工作，垃圾强制分类对推动生活消费性资源回收起到重要作用。

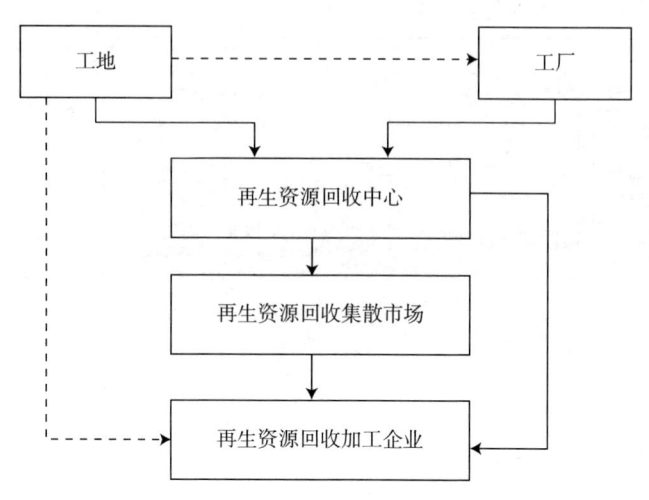

图 5-3　生产制造性再生资源回收流程图

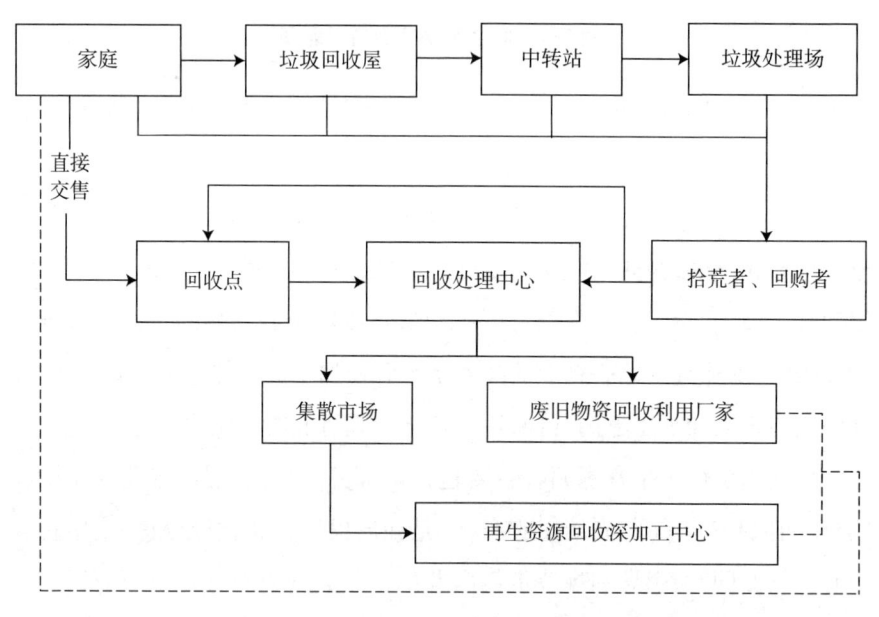

图 5-4　生活消费性再生资源回收流程图

(1) 垃圾强制分类

根据国务院办公厅发布关于转发国家发改委、住建部《生活垃圾分类制度实施方案》(以下简称《方案》)的通知,必须将有害垃圾作为强制分类的类别之一,同时参照生活垃圾分类及其评价标准,再选择确定易腐垃圾、可回收物等强制分类的类别。有害垃圾按照便利、快捷、安全原则,设立专门场所或容器,对不同品种的有害垃圾进行分类投放、收集、暂存,并在醒目位置设置有害垃圾标志。对列入《国家危险废物名录》(环境保护部令第39号)的品种,应按要求设置临时贮存场所。根据有害垃圾的品种和产生数量,合理确定或约定收运频率。危险废物运输、处置应符合国家有关规定。鼓励骨干环保企业全过程统筹实施垃圾分类、收集、运输和处置;尚无终端处置设施的城市,应尽快建设完善。易腐垃圾设置专门容器单独投放,除农贸市场、农产品批发市场可设置敞开式容器外,其他场所原则上应采用密闭容器存放。餐厨垃圾可由专人清理,避免混入废餐具、塑料、饮料瓶罐、废纸等不利于后续处理的杂质,并做到"日产日清"。可回收物设置容器或临时存储空间,实现单独分类、定点投放,必要时可设专人分拣打包。可回收物产生主体可自行运送,也可联系再生资源回收利用企业上门收集,进行资源化处理。

(2)源头减量

政府积极推进清洁生产技术和绿色认证制度,建立涵盖生产、流通、消费等领域的各类废弃物源头减量工作机制,鼓励采用先进工艺设备,减少或避免垃圾排放。政府机关、事业单位、国有企业应当实行绿色办公,推广无纸化办公。政府采购应当优先采购可循环利用、再生利用商品。推行净菜上市、洁净农副产品进城,限制和减少塑料袋使用。生产者和销售者应当严格执行国家和地方对限制商品过度包装的标准和要求,减少一次性包装材料的使用。对列入强制回收目录的产品和包装物,生产者和销售者应当予以标注并明确回收方式和回收地点。

(3)分类投放

政府部门结合实际制定居民生活垃圾分类指南、投放实施方案和细则,引导居民自觉、科学地开展生活垃圾分类。实行生活垃圾分类管理责任人制度。引导居民自觉开展生活垃圾分类。一是单独投放有害垃圾。居民社区应通过设立宣传栏、垃圾分类督导员等方式,引导居民单独投放有害垃圾。针对家庭源有害垃圾数量少、投放频次低等特点,可在社区设立固定回收点或设置专门容器分类收集、独立储存有害垃圾,由居民自行定时投放。二是分类投放其他生活垃圾。根据实际情况,采取灵活多样、简便易行的分类方法。引导居民将"湿垃圾"与"干垃圾"分类收集、分类投放。合理布局规划再生资源回收站点网络,按照便于交售的原则,因地制宜地设置再生资源回收站点。鼓励物业服务小区、商场、超市、便利店等经营者或者管理者就地设立便民回收点。鼓励采用押金、以旧换新、设置自动回收机、网购送货回收包装物等方式回收再生资源,实现回收途径多元化。

(4) 分类回收

第一,建立与分类品种相配套的收运体系。完善垃圾分类相关标志,配备标志清晰的分类收集容器。改造城区内的垃圾房、转运站、压缩站等,适应和满足生活垃圾分类要求。更新老旧垃圾运输车辆,配备满足垃圾分类清运需求、密封性好、标志明显、节能环保的专用收运车辆。鼓励采用"车载桶装"等收运方式,避免垃圾分类投放后重新混合收运。建立生活垃圾转运机制,统一规范和设置生活垃圾收集站(点)标识,规范生活垃圾转运作业的站点、路线和时间。制定生活垃圾分类运输车辆的技术规范。运输车辆应当标示明显的相应运输类别的生活垃圾标志,并保持全密闭,具有防臭味扩散、防遗撒、防渗沥液滴漏功能。建立健全生活垃圾运输车辆和设备检测检查机制。运输车辆和设备应当安装生活垃圾运输进场电子卡。

第二,建立与再生资源利用相协调的回收体系。健全再生资源回收利用网络,合理布局布点,提高建设标准,清理取缔违法占道、私搭乱建、不符合环境卫生要求的违规站点。推进垃圾收运系统与再生资源回收利用系统的衔接,建设兼具垃圾分类与再生资源回收功能的交投点和中转站。鼓励在公共机构、社区、企业等场所设置专门的分类回收设施。建立再生资源回收利用信息化平台,提供回收种类、交易价格、回收方式等信息。

2. 生产加工——再生资源产业链中端环节

(1) 物流建设

第一,推动传统销售企业、电商、物流公司等利用销售配送网络,建立逆向物流回收体系。支持再生资源企业利用互联网、物联网技术,建立线上线下融合的回收网络。鼓励再生资源企业与各类产废企业合作,建立适合产业特点的回收模式。因地制宜推广回收机、回收超市等回收方式。加强生活垃圾分类回收体系和再生资源回收的衔接。

第二,探索逆向物流建设的新方式。鼓励有条件的企业与上游生产商、销售商合作,通过"以旧换新"等方式,利用现有物流体系,试点开展废弃电器电子产品等再生资源品种逆向物流体系建设。推动仓储配送与包装绿色化发展,规范物流配送包装。加大废弃物回收物流处理设施投资力度,建设回收物流中心,提高再生资源回收的收集、仓储、分拣、包装、加工水平,借助社会化、专业化物流企业的力量,建立安全、高效、环保的物流系统。

(2) 分拣整理

分拣整理是再生资源产业发展的关键环节和"牛鼻子",鼓励应用分拣加工新技术。分拣加工企业上游连接拾荒人员,下游连接利用企业,是整个产业链中的关键一环。认识其节约资源保护环境的公益属性,加强可利用资源回收的政府统筹。牵住分类回收"两网融合"的"牛鼻子",重点抓好分拣整理环节的建设。培育市场主体,支持分拣整理龙头企业的规范集约经营。坚持创新驱动,强化分拣整理先进技术研发和产业化。推进互联网+再生资源回收融合,注重线上线下衔接。鼓励研发再生资源回收、分拣、加工设备,提供再生资源分拣加工整体解决方案。鼓励引进现代化、自动化、智能化技术设备,提高分拣加工的科学化、精细化水平,促进与产废环节的充分对接,实现与利用环节的有效衔接。

(3) 再生资源加工行业

再生资源加工利用是指将经过回收和预处理的各类可再生资源进行再制造、加工和生产,可分为两大类:一是再制造,即将废旧产品、零部件拆解后,通过再维修、再升级、再加工、再组装生产或经过高科技处理成为再生产品。再制造的范围包括汽车、机电设备、家电、办公设备、化学品甚至家用纺织品等多种产品。二是再循环,将经回收处理后的废旧铜、铝、废纸制品和塑料等可再生资源通过拉丝、造粒、熔炼、制浆等工艺过程,将其加工之后变为再生资源中间产品,从而提供原料给利用再生资源的制造业。再生资源加工行业依据不同的行业类别大体可以分为废钢铁、废有色金属、废塑料、废纸、废旧轮胎、废弃电器电子产品、报废机动车、废旧纺织品、建筑垃圾等。

①废钢铁。加强废钢铁加工行业规范管理,健全废钢铁产品标准体系,推动完善废钢利用产业政策和税收政策,促进钢铁企业多用废钢。鼓励废钢铁供给企业与钢铁利用企业深度合作,促进废钢铁"回收—加工—利用"产业链有效衔接,形成可推广的产业创新模式。

②废有色金属。推进以龙头企业、试点示范企业为主体的废有色金属回收利用体系建设,利用信息化提升废有色金属交易智能化水平。引导企业进入园区,推进清洁生产,实现集中生产、废水集中处理,防止二次污染。

③废塑料。支持不同品质废塑料的多元化、高值化利用。以当前资源量大、再生利用率高的品种为重点,鼓励开展废塑料重点品种再生利用示范,推广规模化的废塑料"破碎—分选—改性—造粒"先进高效生产线,培育一批龙头企业。积极推动低品质、易污染环境的废塑料资源化利用,鼓励对生活垃圾塑料进行无污染的能源化利用,逐步减少废塑料填埋。

④废纸。推进废纸分拣加工中心规范建设,在重点区域建立大型废纸仓储物流交易中心,有效降低废纸区域间流动成本。提升废纸分拣加工自动化水平和标准化程度,推广废纸自动分选技术和装备,提高废纸回收利用率和高值化利用水平。推动废纸利用过程中的废弃物资源化利用和无害化处置,降低废纸加工利用过程中的环境影响。

⑤废旧轮胎。开发轮胎翻新再制造先进技术,推行轮胎翻新先进技术保障体系建设,实施产品质量监控管理,确保翻新轮胎的产品质量。研发和推广高效、低耗废轮胎橡胶粉、新型环保再生橡胶及热裂解生产技术与装备,实现废轮胎的环保达标利用。

⑥废弃电器电子产品。加强废弃电器电子产品资源化利用,大力开发资源化利用技术装备,研究制定废弃电器电子产品资源化利用评价指标体系,建立废弃电器电子产品资源化利用"领跑者"制度。开展电器电子产品生产者责任延伸试点,探索形成适合不同品种特点的生产者责任延伸模式。

⑦报废机动车。推动报废汽车拆解资源化利用装备制造,积极推进发动机及主要零部件再制造,实施再制造产品认定,发布再制造产品技术目录,制定汽车零部件循环使用标准规范,实现报废机动车零部件高值化利用。开展新能源汽车动力电池回收利用试点,建立完善废旧动力电池资源化利用标准体系,推进废旧动力电池梯级利用。

⑧废旧纺织品。推动建设废旧纺织品回收利用体系,规范废旧纺织品回收、分拣、分级利用机制。开发废旧瓶片物理法、化学法兼备的高效连续生产关键技术,突破废旧纺织品预处理与分离技术、纤维高值化再利用及制品生产技术。支持利用废旧纺织品、废旧瓶片生产再生纱线、再生长丝、再生短纤、建筑材料、市政材料、汽车内饰材料、建材产品等,提高废旧纺织品在土工建筑、建材、汽车、家居装潢等领域的再利用水平。

⑨建筑垃圾。制定建筑垃圾资源化利用行业规范条件。完善建筑垃圾回收网络,制定建筑垃圾分类标准,加强分类回收和分选。探索建立建筑垃圾资源化利用的技术模式和商业模式。继续推进利用建筑垃圾生产粗细骨料和再生填料,规模化运用于路基填充、路面底基层等建设。提高建筑垃圾资源化利用的技术装备水平,将建筑垃圾生产的建材产品纳入新型墙材推广目录。把建筑垃圾资源化利用的要求列入绿色建筑、生态建筑评价体系。

3. 再利用——再生资源产业链末端环节

(1) 建立再生产品和再生原料推广使用制度

第一,开展再制造企业的生产质量体系认证,推进再制造产品认定,支持第三方认证机构开展再生产品、再制造产品等绿色产品认证,并作为政府采购、政府投资、社会推广的优先选择范围。

第二,实施原料替代战略,引导生产企业加大再生原料的使用比例。分类发布再生产品和再生原料标准和目录,建立再生产品(再制造产品)政府优先采购制度。率先推动电器电子产品生产企业提高再生原料使用比例。推广建筑垃圾再生产品,在政府投资的公共建筑或道路中,支持使用一定比例的建筑垃圾再生产品。推进大宗固体废物替代建材原料,限制同类天然建材原料开采。

第三,建设再生产品再制造产品推广平台和示范应用基地,选择电器电子生产企业、汽车生产企业、纺织企业等在生产环节推广使用再生材料。选择商贸物流、金融保险、维修销售等产品营销渠道和煤炭、石油等采掘企业开展再制造产品推广应用,支持中央企业应用再制造产品,并与再制造企业合作。选择建筑施工企业开展建筑垃圾再生产品推广应用。

(2) 建立再制造的负面清单管理制度

清理制约再制造产品流通的规定,鼓励再制造产品销售和使用。依托"互联网+",建立再生资源产业服务平台和信用评估系统,促进规范化再生资源利用企业发布环境保护和企业社会责任报告;以再生资源品种、产业规模、技术规范、产品标准等为重点,建立以促进资源化为目标的再生资源标准体系。

(3) 规范再制造服务体系

针对不同产品特点,建立以售后维修体系为核心的旧件回收体系,规范发展专业化再制造旧件回收企业。支持废弃电器电子产品回收企业探索将硒鼓、墨盒等可再制造旧件交售给再制造企业的具体方式。建立再制造产品质量保障体系,将再制造产品纳入汽车维修备件体系。鼓励专业化再制造服务公司与钢铁、冶金、化工、机械等制造企业合作,开展设备寿命评估与检测、清洗与强化延寿等再制造专业技术服务。推进"军促民"再制造技术转化,提升产业的技术水平与规模。

(4) 扩大再制造产品流通与绿色消费

鼓励再制造产品消费,大力推动资源综合利用、再制造、再生产品使用。扩大再制造产品消费市场,完善再制造产品统一标识、认证制度,畅通再制造产品流通渠道,鼓励建设各类再制造流通主体。建设一批集门店节能低碳改造、绿色产品销售、废弃物回收于一体的绿色商场。推动企业实施绿色采购,构建绿色供应链。引导和支持企业利用大众创业、万众创新平台,加大对绿色产品研发、设计和制造的投入。在政府投资的公益性建筑、大型公共建筑和保障性住房建设中全面执行绿色建筑标准,推广使用再生资源再制造的新型墙体材料。

(二)再生资源产业链体系

具体可分为城市矿产资源产业链、农业废弃物利用产业链、再生资源产业基地(园区)、生态产业园。

第一,城市矿产资源产业链。包括家电行业循环产业分链、汽车行业循环产业分链、装备制造行业循环产业分链。三个产业分链的核心不相同,依次为废旧家电回收利用、旧汽车回收利用、废钢材和废有色金属回收利用。家电行业循环产业分链以家电生产为纽带,将家电行业与加工业连接起来,该循环产业链的模式为:形成家电行业—家电生产加工—家电产品—废旧家电回收利用—家电产品(包括零配件)。汽车行业循环产业分链以汽车生产为纽带,将汽车行业与加工业连接起来,该循环产业链的模式为:形成汽车行业—汽车生产加工—汽车产品—旧汽车回收利用—汽车产品(包括零配件产品)。装备制造行业循环产业分链以装备制造产品生产为纽带,将装备制造行业与加工业连接起来,同时与钢铁加工企业进行耦合链接,该循环产业链的模式为:形成装备制造行业—装备制造生产加工—装备制造产品—废钢材(废钢—电炉炼钢)、废有色金属回收利用—装备制造产品。

第二,农业废弃物利用产业链。农业废弃物利用产业链,重点围绕农作物秸秆、桑蚕养殖废弃物、畜禽排泄物、农产品加工废弃物、废弃农膜等农业资源的资源化利用和无害化处理,推广生态、高效的农业生产模式。农业废弃物利用的典型产业链有两种:种、养、加工循环经济产业分链和生态农业循环经济产业分链。前者以动植物生产加工废弃物综合利用为核心,以动植物产品加工为纽带,连接种植业与加工业、养殖业与加工业;后者以废弃物的生态化综合利用为核心,以生态农业开发为纽带,将生态农业与旅游业连接起来,该循环产业链模式为:形成生态农业—农家乐—生态旅游—生态农业开发—旅游废弃物—生态农业循环产业链。

第三,再生资源产业基地(园区)。在不断扩大再生资源行业规模和不断提升产业的背景之下,园区化现已成为再生资源行业集约化发展的主要形态。当下而言,一批回收体系较完善、产业集群基础较好的再生资源产业园区(基地)在国内业已出现,主要包括以下五类:一是原料集聚型再生资源产业基地。由于历史的原因,这类园区数年前便采取了走街串巷的废旧物资收购模式,当原料收购规模达到相应程度之后,便开始再生资源的加工利用,回收利用一体化的再生资源园区由此逐步形成。二是产业拉动型再生资源产业基地。由于原料的大量需求是地方产业发展的必要条件,这类园区对再生资源的聚集和加工利用大都是不断形成,同时也促进了再生资源产业基地和园区与地方工业的互动。三是政策监管型再生资源产业基地。再生资源产业基地(园区)在政府政策的引导和对特殊品种的管理政策之下,形成了以政策监管为主导的管理模式。此外,在对进口再生资源实行"圈区管理"政策情况下,以进口再生资源"圈区管理"试点园区为起点,在国内向综合性再生资源加工园区方向发展的产业园区(基地)也逐步浮现出来。四是技术推动型再生资源产业基地。这类园区从再生资源加工利用单个项目开始,在掌握核心关键技术的基础之下,将关键技术作为核心推动力,从而带来较好的经济效益。随着产业链条不断延伸和回收体系建设不断扩大,以关键技术为核心推动力、以多元化回收网络为基础保障的再生资源产业园区(基地)也因此逐步形成。五是专业化再生资源产业园区。有1—2个再生资源品种的加工利用产业链条的专业化再生资源加工利用园区(基地)是这类园区形成的核心。

第四,生态产业园。生态产业园是指以从事静脉产业生产的企业为主体建设的静脉产业园。当前来看,我国的生态工业园区可划分为三种类型:静脉产业类生态工业示范园区、综合类生态工业示范园区、行业类生态工业示范园区。静脉产业是以保障环境安全为前提,环境优先是其与传统的再生资源产业的根本区别,其主要目标有两个:一个是经济利益,另一个是环境保护"双赢"。静脉产业不仅包含再生资源产业,还包括废弃物、排放物的最终无害化、减量化处置和环境的生态修复等内容。

(三)再生资源产业生产经营组织体系

1.再生资源生产交易平台

(1)再生资源分拣交易中心

再生资源分拣交易中心是再生资源现代物流、集散交易、信息资讯、流通分拣加工等综合服务的专业场所,是各类再生资源进行分拣、加工、交易、资源分流的固定场所,是再生资源回收体系建设的重要组成部分。一般而言,再生资源分拣交易中心分为综合性和专业性两类。具体来讲,综合性分拣交易中心是再生资源进行简单加工处理及交易的固定场所,对再生资源按照分类标准、品质状况进行处理,以便集中进入综合利用基地或销售给利用企业,实现分散污染的集中处理以及再生资源的高效利用;专业性分拣交易中心是指对某些特殊的处理对象主要包括废钢铁、废有色金属、废弃电器电子产品、报废机电设备产品、废造纸原料、废塑料、废玻璃等,按产业化和环保要求对回收对象进行处理的专业加工及交易场所,其中处理方式主要包括分类挑选、清洗、破碎、切割、拆解、打包等。

(2)再生资源交易市场

再生资源交易市场是再生资源的集散地和交易中心。在促进和规范再生资源回收利用管理体系建设上,建立再生资源交易市场是其中重要一环。再生资源交易市场的建立应当在城市总体规划的要求下,与城市的服务功能与环保要求衔接。一般而言,再生资源交易市场根据行业特点应建在远离居民区和商务区的地方,并对运输和经营提供便利,因此数量、位置、布局等多个因素在实际建设中是需要统筹规划和协调的,这样也可以避免重复建设,防止财力浪费。另外,再生资源交易市场可分为两种形态:一是线上交易市场,二是线下交易市场。前者主要是指交易行为在再生资源交易网站上,如中国再生资源交易网、中国回收交易网、苏州再生资源交易网等;后者主要是指各实体再生资源回收站点,如再生资源回收公司等。

2. 再生资源服务市场

再生资源产业服务系统,具体分为产业的信息服务系统、社会中介组织的服务系统以及行业组织的服务系统等,主要包括提供再生资源市场需求和供给信息、物流信息、技术信息的组织和机构。此外,为了实时掌握再生资源行业运行状况,并分析存在的问题,同时有助于在科学决策层面上对再生资源行业管理提供可靠依据,实现再生资源行业整体水平的进一步提高,还需要建立再生资源回收利用生产经营评价指标和统计体系,在国家统计体系中纳入再生资源行业统计类别。

(1) 物流服务

再生资源回收物流服务是指再生资源所经过的物理节点以及形态的转变,其中包括三个环节:回收、加工与再利用。首先,对于有回收价值的废弃物,由公众交投给回收企业;其次,回收企业通过对待加工的再生资源进行分类整理,将其出售给加工企业;然后,加工企业将其生产为再生原料供应给再利用企业;最后,再生原料作为生产原料由再利用企业生产再生产品,随后供广大消费者在消费市场中使用。其示意图如图5-5所示。

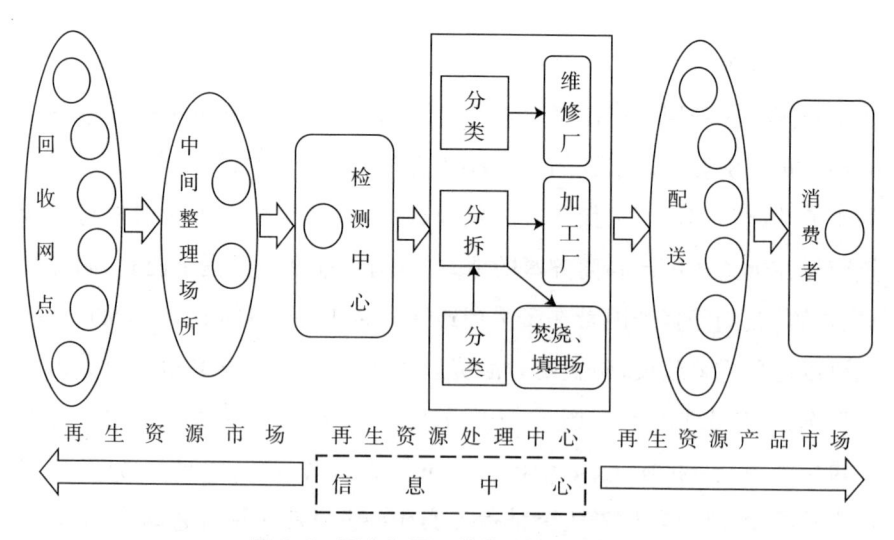

图5-5 再生资源回收物流服务系统图

一般来说,再生资源回收体系的物流技术主要如表5-2所示。

表5-2　再生资源回收物流技术流程

技术名称	流程
原厂复用技术	原厂内产生再生资源→原厂回收→原厂分类→原厂复原使用
通过回收复用技术	通用化、标准化的同类再生资源→统一回收——按品种、规格、型号达到复用标准后再进行通用化处理
外厂代用复用技术	本厂过时的、生产转户及规格不符合标准的再生资源→外厂统一回收按降低规格、型号、等级分类或按代用品分类→外厂验收→外厂复用
加工改制复用技术	需改制的再生资源→统一回收→按规格、尺寸、品种分类→拼接验收复用
综合利用技术	工业生产的边角料余料、废旧纸、木质包装容器→统一回收→综合利用技术→验收→复用
回炉复用技术	需回炉加工的再生资源→统一回收→由各专业生产厂家进行再生产性的工艺加工→重新制造原有物品→验收→复用

(2)咨询、信息服务

前期的规划和可行性研究以及运行中需要相关的制度配套,在集散市场、加工基地、再制造园区建设过程中都是不可或缺的。但与此同时,再生资源企业进行回收、加工、利用活动也离不开平台和媒介,一方面是出于对技术、设备、原料和销售渠道等信息的客观需求,另一方面是用以助益于宣传企业的产品及优势。可通过利用物联网技术、信息通讯技术、在线监测技术、GPRS技术、GIS技术和视频技术打造集物流管理、废物流监控、生产现场监控、污染排放在线监测于一体的物流系统、信息与控制系统、综合服务系统和综合管理系统。利用物联网技术和条形码识别技术,建立回收网络信息化平台,与政府信息化服务平台实现无缝式对接,提高回收效率。

建设再生资源信息服务与交易系统电子商务平台,由网上信息服务与交易平台、客户终端管理系统两个体系组成。信息服务与交易平台可为用户提供实时的国内外再生资源交易及市场行情动态信息、各类电子商务服务(包括现货交易服务、B-TO-B、B-TO-C交易等)、各类增值服务等。客户终端管理系统可为客户提供进销存账记录、地磅、银联卡充值收付款、生成各类报表、终端数据采集、人力资源及客户管理等多种服务功能。

(3)教育、宣传服务

再生资源回收网络建设中,需要整合规范社会零散的回收人员、加工作坊等。由于从事再生资源回收利用的人员综合素质不高,缺乏对建设再生资源回收网络的深刻认识,也不了解回收网络建设的意义和要求,在此建设过程中,教育和培训相关从业人员、提升建设主体的意识和水平是极为必要的。此外,目前资源的循环利用受到了我国政府的高度重视,对此出台了很多有关资源循环利用、再生利用、综合利用等方面的宣传引导政策;很多规章制度和政策措施也相继出台,用以规范相关产业活动,使之更加符合现代化、产业化、市场化的要求。只有了解和认识有关政策及规范,才能够引导相关产业朝向更加健康有序的方向发展。

二、再生资源产业调控与保障框架研究与设计

(一)产业管理与监督部门(政府管理与监督部门、行业管理与监督部门)

1.建立健全的管理机构,明确各管理机构责任,加强沟通协调

首先,建立健全的再生资源产业管理机构,主要包括国家发改委、商务部、国家环保部、国家市场监督管理总局等部委以及海关、税务、城管、环卫、公安、消防等职能部门。其次,明确各管理机构的责任,加强沟通协调,形成"商业部门管回收,工业部门管利用,环保部门管治理"的基本格局,加强各部门的协同管理。

2.充分发挥政府部门的引导、规范、监督、服务作用

政府部门不仅是产业发展的引导者,也是产业发展的监督管理者。其主要功能有以下方面:一是引导再生资源产业由分散向集中发展,尤其是对废物的回收、拆解、无害化处理。二是引导建立废物回收、拆解利用和无害化处理处置体系,在此过程中主要以经济手段作为激励或推动的方式。三是利用法律手段对政府部门的管理行为和再生资源企业的生产行为进行规

范,在实际中对产业发展造成损害的原因,不仅仅只是企业违法生产、不按规范办事。四是加强执法与监督管理,在法定的职权范围内,相关的政府部门必须建立具体的监管制度和措施。五是建立和完善服务体系,提供发展再生资源产业的良好服务。

3. 发挥协会的行业管理、监督功能

在我国再生资源产业发展中,让行业协会真正起到在政府与行业之间沟通协调、促进行业自律发展的作用,主要从以下两方面着手:一方面,理顺政府与协会的关系。政府应减少控制行业和直接管制企业的行为,并建立完善行业协会社会保障制度,促进协会参与和承担制定行业发展规划、制定行业标准、发布行业数据、质量认证、行业服务等职能。另一方面,行业协会要不断加强自身能力建设。首先,建立职业化的工作队伍,组建专家智库,并逐步形成一个分工协作、优势互补、规范有序的服务网络体系;其次,将自身能力的建设摆在突出位置,主动开展行业调查和把握行业动态,不断提供国际国内市场信息给企业;最后,开展法律法规、政策、技术、管理等方面的信息咨询服务。

(二)法律规制体系(再生资源法、再生资源管理条例、政府部门市场规划和激励政策)

根据我国实际情况,并借鉴国外再生资源产业相关立法情况,制定相应的再生资源法律制度体系,以此来促进我国再生资源产业的健康迅速发展。

1. 法律层面

首先,可以借鉴德国、日本的立法模式,建立三层次的法律体系。第一层是综合法层面,基于现有的《中华人民共和国循环经济促进法》制定一部独立、完整的再生资源方面的法律,如"中华人民共和国再生资源法",该法应涵盖以下内容:一是明确再生资源与再生资源产业的定义,对再生资源回收类别及再生资源回收目录予以确定。二是明确各类别再生资源的优先处理顺序,即减量—回用—回收—能量利用—安全处置。三是明确各级政府、企业和公众各自应承担的责任。四是制定再生资源产业发展的战略规划,制定目的在于有计划、综合性地推进再生资源产业的各项措施。五是明确发展再生资源产业的国家措施,包括废物排放者责任、生产者延伸责任制定,鼓励使用再生资源产品,鼓励再生资源产业创新的奖励措施以及违反规定的惩罚措施等。第二层是专项法,主要用于解决再生资源产业发展涉及的管理、规划、治安、环保等问题。如再生资源产业污染防治法、绿色采购法等。第三层是针对不同类别的再生资源制定行政规章,如废钢铁循环利用条例、废有色金属循环利用条例、废纸循环利用条例、废塑料循环利用条例、废轮胎循环利用条例、废弃电器电子产品循环利用条例、汽车循环利用条例、建筑材料循环利用条例、废电池回收利用管理办法等。各专项法的制定目的是通过立法规定各类别再生资源在回收和资源化处置中政府、企业及消费者的责任和义务。

综上,我国再生资源产业法律制度体系构建如下。

表5-3 我国再生资源法律制度体系

	综合法	专项法	行政规章
法律	中华人民共和国循环经济促进法 中华人民共和国再生资源法	再生资源产业污染防治法 绿色采购法	废钢铁循环利用条例 废有色金属循环利用条例 废塑料循环利用条例 废轮胎循环利用条例 废弃电器电子产品循环利用条例 建筑材料循环利用条例
制度	市场准入制度 环保准入制度 市场调控制度 市场规范制度 政府优先采购制度	明确各参与者主体责任制度 再生资源产品规范制度 奖励与惩罚制度	

2. 制度层面

在相关法律建立的基础上,通过不断制定和完善再生资源产业相关制

第五章　调整转型趋势下我国再生资源产业发展顶层设计构想

度来进一步规范和促进再生资源产业的发展。再生资源产业相关制度的构建,主要包括市场准入制度、环保准入制度、市场规范制度、明确各参与主体义务制度、再生资源产品规范制度、法律责任制度。

3. 政策层面

一方面,加强资金保障。面向社会广泛招商引资,广泛宣传产业发展优势和发展规划,面向国内和国际积极开展招商引资活动。与高新园区紧密合作、资源共享,实现利益共赢。园区与开发区可以采用共同出资的联合方式,以土地或资金入股,共同开发,并按持有股份进行经济利益分配。完善风险投资机制,建立完善健全的风险投资机制,不仅有利于再生资源产业的快速发展,而且投资资金充足会促进再生资源综合利用技术的开发使用。各园区要充分利用资本融资市场,建立多元化的再生资源产业发展投资体系,探索建立再生资源产业创业基金,为科技人员在创业时提供充足的资金进行研发、实践,为再生资源产业未来发展奠定良好的基础。

另一方面,加强人才与技术保障。强化人才培育机制,一是高等院校应发挥原有的学科背景和研究基础优势,以再生资源产业现代化发展为定位,深化对再生资源产业的了解和认识,将再生资源产业链进行细分,以某一方向、产品、技术或产业环节为突破口,明确人才培养方向,创新培养模式,使专业人才能够为企业所用,并且从理念、技术、装备、管理、制度等各方面推动再生资源产业的加速发展。二是再生资源企业应注重品牌建设和理念宣传,以符合国家经济社会发展需要的战略性新兴产业来定位企业发展目标,结合时代创新元素,在电子化、国际化、园区化、技术化等方面进行突破,与时俱进,梳理现代企业管理理念和经营模式。以创业基金、实习项目、校企共建、定向培养等多样化方式,与高校人才培养形成对接,形成产业吸引人才、人才促进产业的良性发展机制。此外,要发挥各类服务平台和行业中介的桥梁纽带作用,及时发现人才、技术、项目、成果对接转化过程中的难题,有针对性地组织高校企业座谈对接会、实地考察等活动,促进实习就业、联合培养、联合攻关等项目的建立,缓解校企之间信息不对称、人才不对接、技术不对等的沟通障碍,形成产学研共赢发展的平台和机制,共同促进再生资源产业人才队伍的壮大和产业的现代化发展。同时在再生资源产业发展的重点领域,各级政府需要重视引进高层次的管理人才和技术人才,建立高水平再生资源专业人才队伍。

三、再生资源产业激励机制框架研究与设计

再生资源产业激励机制的构建,首先要了解参与主体的利益诉求,通过一定的利益激励和制度约束实现调动利益主体参与积极性的目的。

（一）再生资源利益相关者构成分析

我国再生资源处理流程主要有产生、回收、资源化、再利用和处置等环节,因而,基于再生资源的处理流程来综合分析再生资源利用的各个利益相关者。各利益相关者主体及其关系描述如图5-6所示。

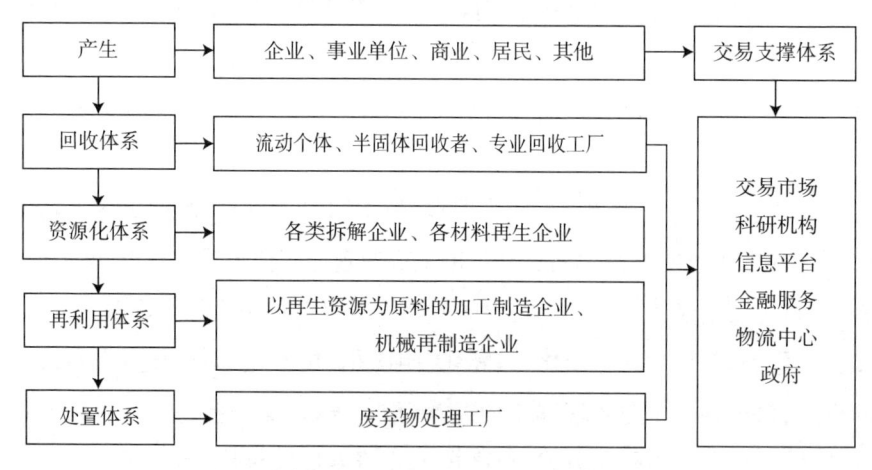

图5-6 我国再生资源各利益相关主体及其关系

我国再生资源的利益相关者在现阶段的管理模式下涉及许多较为复杂的问题,其本质可以归结到政策支持层面、利益分配层面及科学技术支持层面。这三大层面上的问题是目前制约我国再生资源产业发展的关键性瓶颈问题。从利益分配层面来看,行业准入门槛低,造成市场上存在大量的良莠

不齐的相关竞争企业,整个行业利润低。相关企业稳定性差,抗风险能力低,难以通过银行的贷款审查,又缺乏相应的政府财政及税收支持,很多企业生存困难,抑制了整个行业的发展。再生资源行业较特殊,具有一定的社会性、外部性及公益性,而行业中的企业在纯利益驱使之下发展,易造成二次污染或资源浪费等不良后果。如何协调这些行业中各企业的利益也将成为整个再生资源管理的核心问题。

(二)再生资源产业发展激励机制的建构

从我国再生资源产业各个相关主体存在的问题出发,具体从目标层、模式层、职能层三大层次来建立我国再生资源产业发展的激励机制。同时,激励机制的建构应发挥产业管理部门职能激励、再生资源企业利益激励与协调、技术推广与专业协会组织责任激励三个激励模式的协同作用,并充分考虑经济利益驱动、社会需求拉动、科技进步推动以及产业管理部门引导的影响。具体分析如下:

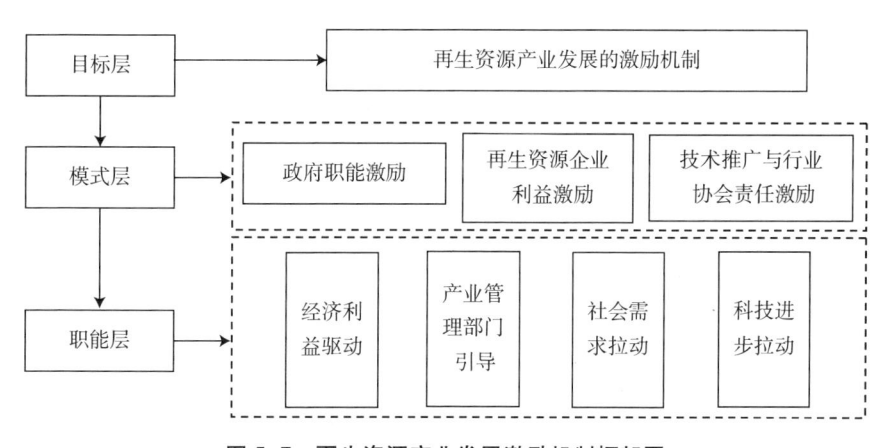

图 5-7 再生资源产业发展激励机制框架图

1. 经济利益驱动

再生资源产业发展具有明显的社会、经济和生态效益,主要表现在促进经济发展、增加国民收入、吸纳社会就业、改善城市环境等方面,成为各主体积极参与再生资源产业发展的主要原因。通过补贴税收、财政资助、金融政策等经济手段,协调与激励各参与主体的经济利益,进一步提高再生资源产业发展的经济效益,为再生资源产业的发展提供经济利益驱动。政府部门要统筹区域产业发展结构与社会经济发展水平,出台相关法律法规及相关政策的支持,并加强宣传教育,增加相关参与主体的资源意识,同时强化技术研究与开发,加大再生资源产业发展的技术支持力度,改变传统再生资源的生产方式,延伸产业链条。

在经济利益驱动下,实施调节激励机制主要有以下路径:一是通过再生资源产业利用效率的提高以实现价值增值。拓宽再生资源的运用途径,拓展市场需求。同时,为了确保再生资源产业市场的供需平衡,需要以完善的价格调节机制加以保障。二是构建资源节约、环境保护和产业协调发展的产业发展模式与市场运作机制。在一定程度上提高再生资源产业发展的经济可行性与市场驱动力,有效推进多主体参与、多手段调控的再生资源产业发展的利益均衡机制。

2. 产业管理部门引导

产业管理部门有责任与义务完善、构建再生资源产业发展的政策环境与体制机制。在税收减免、法律构建、基础设施建设和文化氛围营造等多方面着力,为再生资源产业的发展创造良好的协同创新环境。建立健全"政府引导、市场运作、再生资源龙头企业带动、公众参与、科研机构支撑、行业协会助力"的激励机制,为再生资源产业的发展创造新的持续推动力。

3. 社会需求拉动

随着社会经济的发展,公众的环保意识与资源节约意识不断提高,再生资源产品的公众可接受度不断扩大。由于原生资源的不断枯竭,各企业、广大居民对再生资源的需求会进一步扩大。因而,巨大的社会需求将进一步促进再生资源产业技术进步与产品质量提升,从而形成消费需求与产业健康发展的良性循环。

4. 科技进步拉动

技术研发和创新体系的构建与完善、先进适用技术的集成示范和推广与产业的规模化发展具有直接关系。通过推进再生资源产业回收、加工、再利用及再制造环节的科技进步,进一步发挥产业经济功能,才能进一步增强产业主体参与的积极性。

(三)再生资源产业激励约束机制的政策手段

通过综合配套各种政策手段来共同形成促进我国再生资源产业发展的激励和约束机制。

1.税收政策

(1)调整现有税种。第一,改革现行资源税。一是扩大征税范围。除对石油、天然气、矿物资源等征税以外,可扩大资源税征收范围,对自然界可以利用,并且可以量化的各类资源按不同税率征收,以限制企业和个人肆意浪费资源。二是调整计税依据,实行累计征税制。将资源按照稀缺性和使用量划分等级标准,对不同等级赋以不同的税负,对滥用资源和使用稀缺资源的企业赋以重税,通过较高的资源税率限制企业对原生资源的大量使用,迫使其改变生产设备、循环利用资源或者使用再生资源替代原生资源。三是对资源回收利用以及生产与使用再生资源的企业实行税收优惠,通过优惠政策的实施鼓励再生资源的生产与使用。第二,调整增值税。一方面是对再生资源企业所购置的生产设备和工矿企业所购置的用于节能环保、循环利用资源的设备应由征收生产型增值税转为征收消费型增值税。另一方面是完善增值税抵扣链条,降低再生资源产业的税负。首先,把再生资源企业所购入的生产原料(主要是各类废弃物)纳入增值税抵扣链条中,允许抵扣,以降低企业税收负担的方式推动资源的再利用。其次,为了凸显再生资源的税收优势,可以合理拉开利用再生资源与利用原生资源的税赋差,提高进项税抵扣的办法。最后是调整消费税结构。通过扩大消费税的征收范围,实行对原生材料产品与再生材料产品征收不同的消费税的方式促进消费者改变消费习惯,购买"绿色"产品,促进再生资源产业的发展。

(2)加大税收优惠政策。为了调动具有集约化优势的大型企业积极利用再生资源,需要扩大优惠政策的适用面,该类政策除了适用于单纯的再生资源企业外,还应适用于再生资源和原生资源混合使用的企业。借鉴发达国家比较成熟的税收优惠政策,例如,对用于资源再生利用技术的科研经费减免相关税收,对资源再生利用设备的生产与使用企业减免相应税费,对购置的再生资源生产设备的生产与使用可以提高增值税抵扣比率,对循环利用投资给予税收抵免扣除等。

2. 财政政策

(1)财政补贴。主要指政府以补助、贴息等财政支出形式鼓励资源再生利用。一是直接补贴,即政府对再生资源企业给予资金补贴;二是间接性财政补贴,如通过税收减免的方式。相关部委通过贷款贴息和财政补助的方式,对区域性再生资源产业龙头企业、城市再生资源回收利用体系建设、大型再生资源回收利用基地建设等进行财政补助。

(2)设立专项基金。设立再生资源产业发展专项基金,支持再生资源产业重点项目及重大工程的建设。同时,在再生资源产业发展专项基金的支持方式上进行创新,扩大财政资金的杠杆效应。鼓励设立再生资源创业投资基金,研究设立再生资源产业投资基金。

(3)优惠贷款。由于再生资源产业属于环保效益好但经济效益差的产业类型,同时容易受到国际金融危机及原生资源价格的波动影响,向银行申请贷款存在一定的难度。针对该情况,政府应鼓励银行业金融机构对再生资源产业重点项目和示范工程给予包括信用贷款在内的多元化信贷支持,创新信贷产品,拓宽抵押担保范围,完善担保方式。支持再生资源产业示范试点企业发行企业(公司)债券、短期融资券等直接融资工具,支持符合条件的再生资源企业申请境内外上市和再融资。

四、再生资源产业协同管理框架研究与设计

(一)再生资源产业协同管理机制

通过对我国再生资源产业管理特性及系统演化分析,再生资源产业协调管理的目标的实现,需在如下方面做到协同,如图5-8所示。

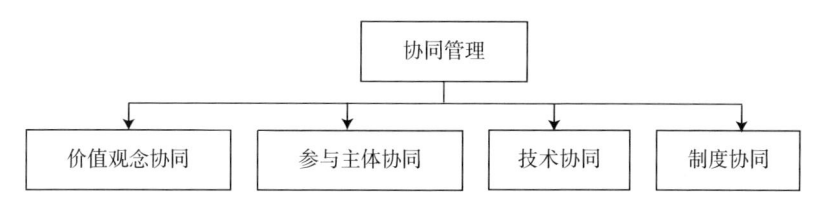

```
         ┌──────────┐
         │ 协同管理 │
         └────┬─────┘
   ┌──────┬───┴───┬──────┐
┌──┴───┐┌─┴────┐┌─┴───┐┌─┴────┐
│价值观念││参与主体││技术 ││制度  │
│协同  ││协同  ││协同 ││协同  │
└──────┘└──────┘└─────┘└──────┘
```

图 5-8 再生资源产业协同管理框架图

1. 价值观念协同

一方面,技术含量的提高,能够使得投入不变的前提下,收获更多的利润,获得社会整体对再生资源的价值认同,从总量上提高再生资源的价值。另一方面,合理协调利益分配,处理好利益相关者之间的分配关系,处理好研发与拓展带来的成本及可能获得收益间的关系,处理好瓶颈环节带来的制约作用,处理好公平性及公益性的关系,平衡各方效益,从增量上实现协同递增的最大效益。

2. 参与主体协同

我国再生资源产业各环节的企业多为中小企业,分散且单一,加之各企业之间的关系多呈现相互竞争的局面,不可避免地表现出力量薄弱且抗风险能力差的劣势。对此可以采取两方面的措施,一是打通再生资源产生环节和回收利用环节,将更多主体吸纳进体系中来,解决再生资源分类难和再生材料销售难的问题。二是协调好参与主体间的关系,可利用经济因素作为关键调控参数,构建良好的利益分配机制,从而调动各参与者,尤其是薄弱环节参与者的积极性,实现各主体间充分竞争、消除垄断、信息共享、互助合作的目的。

3. 技术协同

要想实现我国再生领域的跨越发展,必须将集中力量开展核心技术攻关、加大技术研发投入和加强以产学联合作为抓手。值得注意的是,鉴于多年来我国再生资源研发领域分散作战的现状,导致难以取得技术上的飞跃,可以将加强相关知识、技术的共享作为再生资源产业快速发展的突破口。建议加大研发投入,引入高端技术,进行系统集成创新,开发出既符合我国实际情况,又具有科学性、效率性和环保性的加工设备与技术。依靠科技进步,扩大再生资源的开发范围,提高转化利用率,消除资源浪费和二次污染。此外,力争实现技术变革,提高企业的经济竞争力,达到资源再生利用从无利可图到大有可为的转变。建议由政府与行业协会组织牵头,搭建统一的技术交流平台,为参与者提供知识技术的交换场所和有益经验的分享空间,同时反馈行业中亟待解决的技术问题,群策群力,集中研究。

4. 制度协同

为了促进再生资源产业的协同发展,应当颁布一批主体明确、层次明晰、权责明朗的基础性法律。同时制定相应的配套补充制度对再生资源体系进行规范,如分类回收制度、现场管理制度、再生资源市场培育制度、再生利用管理制度以及末端处理管理制度等。

(二)再生资源协同管理模型构建

通过以上分析,可建立如下再生资源产业协同管理模型。

此模型将再生资源的生命周期作为分析点,分别从再生资源的产生体系、收集体系、资源化体系和处理体系来分析再生资源管理中各个系统的协同管理问题。再生资源的产生体系指的是天然资源经过人类的生产与消费活动转变为城市垃圾、电子废弃物和工业废物的过程。再生资源的收集体系中,需要制定相关法律法规,以提升资源利用率,同时协调整合受市场规律支配的各利益相关者,在其内部形成相应的沟通机制,及时产生互动反馈。再生资源的资源化体系涉及资源化过程初选、破碎、分选回收及资源转换四个阶段,初选部分产生的有用零部件直接回用,其他部分产生的资源经再加工企业回收,产生可再生资源,进入回用。再生资源的处理体系指的是废弃物经过有关专业公司的处理,排入自然环境的过程。

如图5-9所示,在我国再生资源管理关系中,政府作为重要的利益主体,发挥着关键作用,故而政府自身的协同管理需要提高。具体表现为政府内部各职能部门的相互融合以及政府制定的各政策之间的相互融合。首先,政府内部职能部门诸如产业部门、城市管理部门和环保部门的协同融

第五章 调整转型趋势下我国再生资源产业发展顶层设计构想

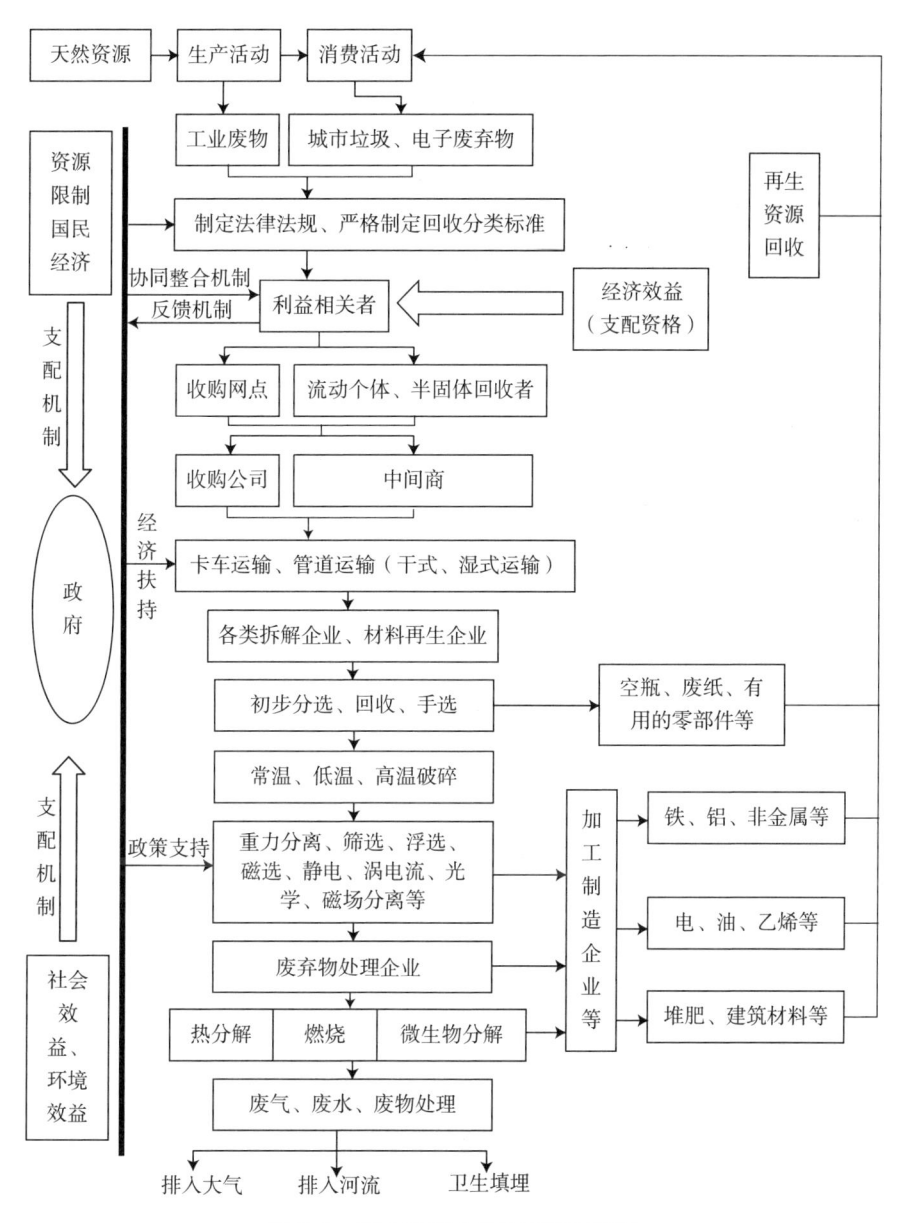

图 5-9 再生资源产业协同管理模型

合,有利于防止政出多门,在宏观上推进城市再生资源的处理流程建设,进而在微观上带动回收、资源化、交易支撑和尾端处理等子系统的完善。其

149

次,要让政策法规发挥出利益平衡器的功能。通过一系列突出再生资源处置与管理的环保政策与产业政策的出台,协调好各方主体的经济利益,为建立稳定和谐的再生资源管理体系夯实基础,进而为整个体系的可持续发展提供支撑。而在演化过程中,经济利益作为序参量,是始终指导再生资源体系演变的关键变量,是体系由无序变为有序的关键点。为了实现更好的协同,需要正确认识到经济利益的序参量地位——协调体系内部利益相关主体的工具,主动掌控并妥善运用。同时还需注意到,我国再生资源管理领域的突破性发展关键在于技术进步这个涨落因子,因而需要技术投入的加大、国外先进处理技术的学习、自主研发的加强与再生资源产业相关知识的共享。

我国在资源管理领域还有三个关键问题,分别是利益、技术和政府。同时,此三者也是利益分配、技术支持和政策法规得以落实与解决的可行路径与实施主体。后续再生资源产业发展中经济利益的获取与利益分配的协调应二者并进,同时将一定的利益收入投入到技术研发与改进中,使技术进步与经济发展形成良性互动机制,使市场发挥主体的作用,推动再生资源的管理向自组织化、市场化的方向发展,逐步淡化政府作用。

(三)再生资源产业协同管理的优化

1.再生资源产业发展必须以市场机制为基础

再生资源产业发展与市场经济具有价值目标上的同一性,二者共同追求资源的优化配置与高效利用。再生资源产业以提高资源利用效率为手段,以提升经济质量和环境效益为目的。在市场经济中,市场机制作为资源配置的基础性手段,推动生产要素的流动和资源的优化配置。中国的社会主义市场经济道路决定了再生资源产业发展必须以市场为基础。因此,发展再生资源产业,必须规范协调再生资源利用企业与再生资源回收企业的市场行为,充分运用市场机制促进再生资源产业在国民经济运行和资源配置中的重要作用。政府的职责仅在于维护市场稳定,提供制度保障,同时监管、消除企业经济活动中的负外部性效应,确保社会效益、经济效益与环境

第五章　调整转型趋势下我国再生资源产业发展顶层设计构想

效益的统一。考虑到再生资源所具有的生态环境价值,需要制定配套的自然资源价值评价政策体系,以解决当前存在的自然资源因评估不足而导致定价偏低的问题,提高再生资源的市场竞争力。

2. 创新思路,加强再生资源产业体系建设

一方面,应推进现代再生资源回收利用体系建设,并将政策置于导向性地位,运用经济成分多元化的市场化运作方式,加强信息化建设,规范市场行为,培育并发挥龙头企业的带动作用,以形成回收、加工利用、处理三者有机结合的产业链。还要强化再生资源的市场培育,以集约发展为目标,规范再生资源的流通贸易,提高其汇集度,推动规模化发展。另一方面,要严把质量关,引导资源再生产业上层次、上规模,坚决剔除污染严重、资源浪费的企业。广泛借鉴成功经验,推动再生资源工业园区建设。在利益共享的市场机制下吸纳个体企业入园,发挥园区综合利用、回收加工、贸易流通、处理处置一体化,以及公共设施、科技开发、信息服务配套共享等优势,进行集约化生产,取得规模效益。

3. 转变认识,规范再生资源国际贸易

再生资源国际贸易一直缺乏主要渠道,加之环境保护部门、海关部门和再生资源企业存在认识上的不一致,导致再生资源进口的诸多问题,比如进口品种范围限制过窄,各海关执行政策力度不同、现场鉴定标准模糊等,使得再生资源进口缺乏规范的管理和科学的规划,亟须进行规范。此外,大量"洋垃圾"的走私进口,让人们对再生资源进口报以偏见而忽视其正面价值,在保证不产生污染物的情况下,应该充分顾及国际、国内的市场需求,明确好相关部门的责任,积极投入到再生资源大循环的国际浪潮中。

五、再生资源产业技术框架研究与设计

再生资源产业发展离不开现代科学技术的运用;缺之,则再生资源产业就会退化为低附加值的劳动密集型低端产业,难以在产业结构转型升级中发挥作用。当前,以下几项技术是支撑再生资源产业体系运行的关键。

(1)减量化技术。再生资源产业发展的基本方向之一是环境主义,减量化目标的主要方向就是通过再生资源产业的运用,将固体废弃物资源化。减物质化的目标固然可以通过收费、生产者责任制度延伸、生产者在设计与包装环节的行为改变等途径实现,但是,在产品性能与质量不变的前提下,要想减少资源的使用,必须将减量化技术作为依托。如若不然,政策上形成的外力约束难以保证企业减量化行为的持久运行。(2)替代化技术。通过技术上的突破,开发与之对应的新材料、新能源、新工艺、新产品,进而取代原有的材料、能源、工艺和产品,实现资源利用率的提高。(3)产业共生技术。即通过将产业与企业的混合,以共同生产、共同促进资源的高效利用。在日常生产中,某个企业的废品恰为另一企业之原料的情形并不少见。基于此,可以在空间布局上把具有互补效应的企业放置在一起,如是,则生产效率提升,废物产量下降,减少不必要的资源耗费。(4)信息技术作支撑。必须建立公共基础数据、社会经济、人口、环境、生态、资源和灾害等信息库,实现基于网络的具有数据分析与处理能力的、面向社会各界的信息共享和信息服务体系,必须使信息共享网络适应于政府决策,为再生资源产业发展提供信息支持。

(一)再生资源产业创新机制

技术创新方面,再生资源产业在废弃物回收环节技术创新运用较少,在资源化加工和再利用环节运用较多,如分拣技术、拆解加工技术、深加工技术、废弃物处理处置技术等。

1.加快再生资源产业关键技术的研发

在分拣阶段,减少分拣技术中的手工运用,加速分拣企业技术升级改造,鼓励企业采用先进技术。在环保制约条件下,形成废弃物专业分拣中心,不断细分废弃物的类别,加强废弃物分拣处理能力,提高分拣行业整体技术水平。培育一批在创新能力和技术设备上具有典型性的大型企业,充分发挥其带动作用和示范效应。加强国际间的交流合作,充分借鉴吸收国外优势技术并积极转化、为我所用。国内加强产、学、研一体化结合,与在环

第五章 调整转型趋势下我国再生资源产业发展顶层设计构想

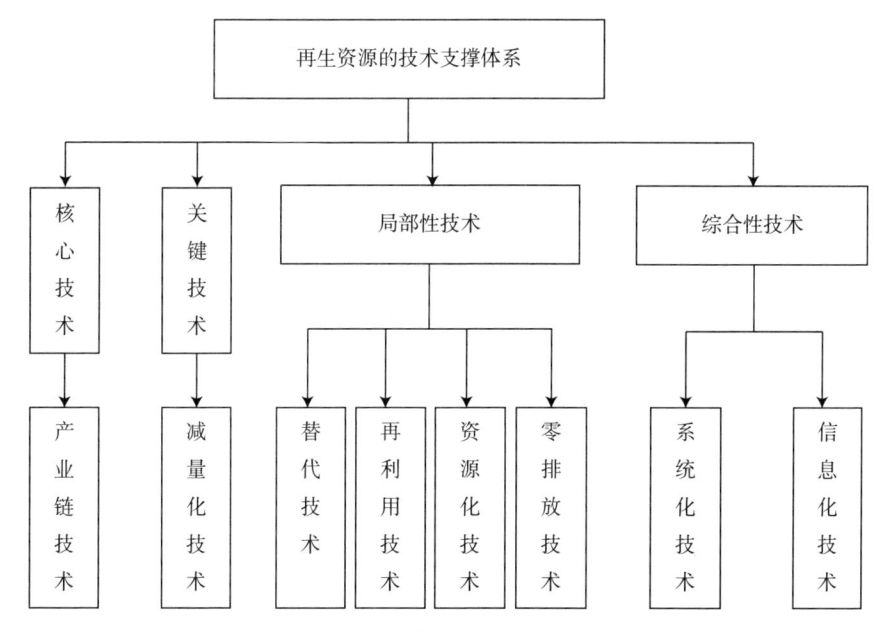

图 5-10 再生资源产业技术支撑体系

境资源相关专业具有优势的大学、研究所加强合作,共同研发新技术、新工艺、新设备,并为日后的技术市场化做好前期的应用推广工作。

2. 加快再生资源产业关键技术的推广

深化科技体制改革,通过财政手段如奖励、补贴等措施推动科技成果转化,对创新成果的奖励力度进一步加大,尤其要推广关键和共性的再生资源技术。编制再生资源重点领域、重点行业的技术指导目录,加快新工艺、新材料、新技术、新设备、新产品的应用推广。在政府采购上对资源循环产品予以支持,建立完善的采购制度,同等条件下,保证循环设备或产品被优先采购。对成熟先进的循环经济关键共性技术,在组织专家论证的基础上,政府通过购买技术的形式,加快推广应用。支持科研院所、高等院校共建工程(重点)实验室、企业技术中心等,助推科技成果产业化和市场化。

3. 建立再生资源信息和技术服务体系

信息平台的建立有助于社会公众及时了解再生资源相关技术和政策法规,为科技成果的供需双方提供有效的交互平台。建立健全知识产权保护体系,建立知识产权信息服务平台。建立完善的再生资源交易平台,及时有效地为大宗工业固体废弃物和"城市矿产"的供求双方提供交易鉴证、信息发布、融资咨询、交易服务等方面服务,建立规范的仓储、交易市场,提高再生资源利用效率。以科研机构和行业协会为代表的社会组织加强基础性服务工作,在技术推广、技术指导和咨询服务等方面为循环经济行业提供帮助。

(二)技术标准体系(回收、分解、加工、再制造及清洁生产)

目前我国再生资源标准体系主要包括国家标准、行业标准、企业标准三个层次。针对我国再生资源产业技术标准体系建设中存在的不足,以及我国对完整的再生资源产业技术标准体系的迫切需求,本研究基于再生资源管理及再生资源产业链的组成,按照产品全生命周期分析的原则,从回收、分解、加工、再制造及清洁生产的角度,构建四级再生资源产业的技术标准体系。

1. 第一级:综合性基础与管理标准子体系

该体系主要是对再生资源进行客观描述。即阐明相关专业术语、定义、分类、计量单位、物理特征等。同时还要说明再生资源的来源范围和回收要求、适宜的回收、加工方法和注意事项。主要内容包括:术语、分类方面的标准;统计与分析方面的标准;回收利用综合评价方面的标准;图形符号、文字代号等标识方面的标准;回收利用管理方面的标准;检测方法与检测技术方面的标准;回收利用等指标计算方法方面的标准。

2. 第二级:再生资源回收阶段标准子体系

该体系主要是从再生资源回收的类别、回收站点的设置、运输存储要求、再生资源的交易及分拣技术要求及回收阶段操作规范性等角度,构建再生资源回收过程中的相关技术标准。应包括以下类别:再生资源回收管理要求方面的标准,如再生资源回收站点交易行为规范,废旧商品回收分拣集聚区建设管理规范,各类别再生资源回收分拣技术规范等;回收基础设施建设标准;废弃产品运输储存等技术要求方面的标准;废弃产品回收体系建立要求方面的标准;回收过程评价方面的标准。

第五章 调整转型趋势下我国再生资源产业发展顶层设计构想

```
再                  ┌─ 术语、分类方面的标准
生                  ├─ 图形符号、文字代号等标识方面的标准
资                  ├─ 统计与分析方面的标准
源      综合性基础与管理标准  ─┼─ 回收利用综合评价方面的标准
产      子体系              ├─ 回收利用等指标计算方法方面的标准
业                  ├─ 回收利用管理方面的标准
技                  ├─ 检测方法与检测技术方面的标准
术                  └─ 再生资源行业准入标准
标
准      再生资源回收阶段标准  ┌─ 再生资源回收管理方面的标准
体      子体系              ├─ 再生资源运输储存技术标准
系                         ├─ 再生资源回收体系建设标准
                          └─ 再生资源回收过程评价标准

        再生资源加工、处理阶段  ┌─ 加工、处理设备技术标准
        标准子体系            ├─ 质量管理与控制要求方面的标准
                            ├─ 加工、处理阶段管理标准
                            ├─ 有毒、有害物质处理标准
                            └─ 最终废弃物处置技术标准

        再生资源再利用、再制   ┌─ 再生资源再利用、再制造设备技术标准
        造阶段标准子体系      ├─ 再生资源再利用、再制造过程管理方面标准
                           ├─ 再生资源再利用、再制造过程环境要求方面标准
                           ├─ 再生资源再利用、再制造产品及材料要求方面标准
                           ├─ 再生资源再利用、再制造产品及材料评价方面标准
                           └─ 再生资源再利用、再制造产品及材料检测方面标准
```

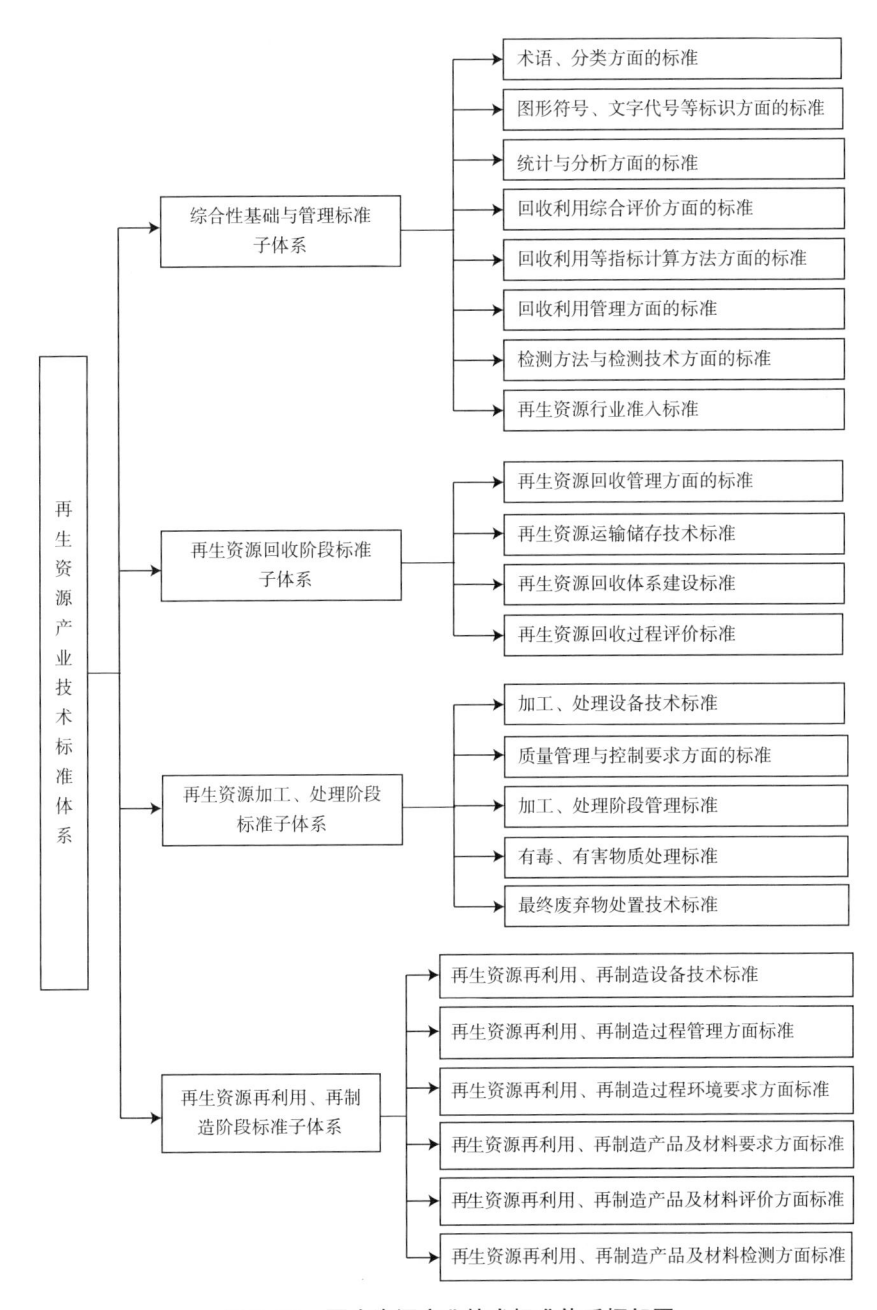

图 5-11 再生资源产业技术标准体系框架图

155

3. 第三级:再生资源加工、处理阶段标准子体系

该体系主要是对再生资源在加工、处理过程进行规范及标准化约束。主要内容包括:加工、处理设备技术要求方面的标准;质量管理与控制要求方面的标准;加工、处理管理要求方面的标准;有毒、有害物质处理及最终废弃物处置技术要求方面的标准等。

4. 第四级:再生资源再利用、再制造阶段标准子体系

该体系一方面对再生资源再利用及再制造过程的设备、管理、技术及环境方面提出要求,另一方面从再利用及再制造产品及材料的质量指标及检验要求作出规定。主要内容包括:再利用、再制造设备技术要求方面的标准;再利用、再制造过程管理要求方面的标准;再利用、再制造过程环境要求方面的标准;再利用、再制造产品及材料技术要求方面的标准;再利用、再制造产品及材料评价方面的标准;再利用、再制造产品及材料检测要求方面的标准等。另外还需要对再生资源产品所应采取的包装规格、包装材料、包装方法和包装注意事项,以及运输方式、装卸方法和运输注意事项等作出说明。

六、再生资源产业绩效评价框架研究与设计

再生资源产业经过回收、分拣、加工利用、再制造等环节,创造了社会收益、环境收益、经济收益,而具体的收益与预测行为会存在一定的差异,需要用绩效去衡量①。

(一)再生资源产业绩效评价流程

再生资源产业绩效评价体系包括全面性、层次性和可操作性、指标体系的动态与静态相结合、定量与定性相结合、选择关键性的指标、构建适用性指标等基本原则。产业绩效评价的体系根据发展目标、执行标准、执行结果

---

① 参见张必清:《再生物流系统绩效评价指标体系的构建》,《再生资源与循环经济》2010 年第 6 期。

等一系列数据共同决定,具体如图5-12所示。

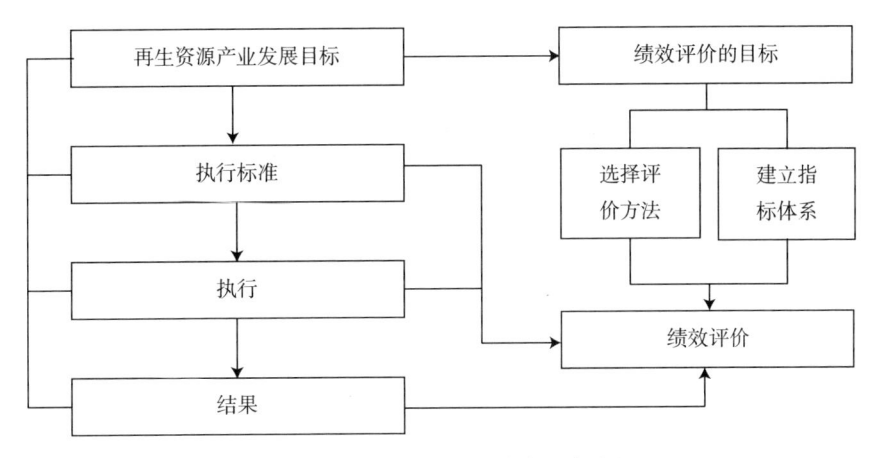

图5-12 再生资源产业绩效评价流程

(二)评价指标体系的构建

本研究采用目标法进行绩效评价指标的选择,目标法是针对再生资源产业绩效评价的原则及国家、区域、产业园区和企业拟达到的目标,来选择指标体系,该方法选择的指标可揭示再生资源产业的发展特点。综合考虑再生资源产业绩效指标体系的构建过程,将再生资源产业绩效评价指标体系分为目标层、准则层及指标层三个层次,形成由上而下的树形指标体系。目标层表示再生资源产业的发展情况,即再生资源产业的总体发展状况及水平;准则层则按照"3R"原则和经济、公众参与等几方面来控制和选取;指标层则通过对比初选及指标的单体与整体定性检验进行选取。

国家再生资源产业绩效评价旨在为再生资源产业的发展提供决策性建议,采用对行业发展进行定量和定性相结合的评价方法。其评价指标可从再生资源产业的社会、经济、环境效益及资源节约的角度进行选择。再生资源产业区域绩效评价主要用于定量分析地方性再生资源产业发展情况,其评价指标的选取类似于再生资源产业国家绩效评价指标。园区再生资源产业绩效评价是以再生资源产业园区为评价对象,以实现循环经济为目标,运用科学的方法和手段来评价和监测园区再生资源产业的发展状态、发展水平和发展趋势,为园区再生资源产业的发展提供指导。参照国家有关部门制定的园区循环经济标准,在借鉴国内相关学者研究的基础上,从五大方面,即经济发展水平、资源循环利用、资源产出效率、园区管理水平、污染物控制,建立再生资源产业园区的绩效评价指标体系。再生资源产业企业绩效评价的构建包括反映企业的经济效益指标、反映企业核心竞争力的创新发展指标、企业的资源利用情况、废弃物的循环利用率等方面,考虑定性分析和定量分析相结合的形式,合理规划再生资源企业发展,对盈利模式、可持续发展能力进行合理预判,为企业提供战略性、科学性的发展策略,有利于环境效益和经济效益的提升。

针对我国再生资源企业的特点,基于国内有关学者的研究分析,本研究从六大方面,即资源再生利用指标、经济效益指标、投资收益指标、创新发展指标、环境效益指标、资源消耗指标,构建企业专属的绩效评价指标体系。

再生资源产业绩效评价指标体系各层次权重的计算方法主要包括主观赋权法和客观赋权法。其中主观赋权法是指由专家的先验经验得到的对于评价目录相对重要的程度,综合考虑进行赋权的方法;客观赋权法是指根据评价对象属性值的离散度进行赋权的方法。综合来看,常用的方法有灰色评价法、德尔菲法、层次分析发和熵值法。本研究分析几种常用方法的优劣,结合具体的层级结构,参考了一批专家的专业意见,按照德尔菲法,经过层次各元素的两两比较,构造比较判断矩阵。两两比较的结果,将定性转化为定量的分析,根据各标度体系,构造1—9标度表,如表5-4所示[①]。

表5-4 互反性1—9标度

横向指标与纵向指标对比	同等重要	稍微重要	明显重要	强烈重要	极端重要	介于二者之间
甲标度	1	3	5	7	9	2,4,6,8

① 参见王虹等:《再生资源综合利用评价指标体系构建》,《科技管理研究》2011年第22期。

续表

横向指标与纵向指标对比	同等重要	稍微重要	明显重要	强烈重要	极端重要	介于二者之间
乙标度	1	1/3	1/5	1/7	1/9	1/2,1/4,1/6,1/8

采用专家打分的标准对矩阵进行一致性检验,以获得各层级的权重,最终确定的各大层面的指标体系。

1. 再生资源产业国家绩效评价指标体系

表5-5 再生资源产业国家绩效评价指标体系

目标层	权重	准则层	指标层	权重
再生资源产业国家绩效评价	0.25	社会效益	再生资源管理制度与能力	0.15
			再生资源产业信息平台完善度	0.20
			公众对再生资源产业的认知率	0.25
			公众对再生资源产业的满意率	0.20
			再生资源产业就业总人数占总就业人数比重	0.20
	0.25	环境效益	生活垃圾资源化无害化处理率	0.15
			工业固废综合利用率	0.15
			单位工业增加值 SO_2 排放量	0.15
			单位工业增加值废水产生量	0.15
			单位工业增加值固废产生量	0.15
			单位 GDP CO_2 排放量下降率	0.15
			危险废弃物综合处理率	0.10
	0.25	经济效益	再生资源工业总产值占 GDP 比重	0.40
			工业增加值年均增长率	0.30
			人均工业增加值	0.30
	0.25	资源节约	主要再生资源回收率	0.25
			再生资源对原生资源的替代率	0.25
			单位工业增加值综合能耗	0.15
			单位工业增加值新鲜水耗	0.15
			工业用水重复利用率	0.20

2. 再生资源产业区域绩效评价指标体系

表 5-6 再生资源产业区域绩效评价指标体系

目标层	权重	准则层	指标层	权重
再生资源产业区域绩效评价	0.25	社会效益	再生资源管理制度与能力	0.15
			再生资源产业信息平台完善度	0.20
			公众对再生资源产业的认知率	0.25
			公众对再生资源产业的满意率	0.20
	0.25	环境效益	再生资源产业就业总人数占总就业人数比重	0.20
			生活垃圾资源化无害化处理率	0.15
			工业固废综合利用率	0.15
			单位工业增加值 SO_2 排放量	0.15
			单位工业增加值废水产生量	0.15
			单位工业增加值固废产生量	0.15
			单位 GDP CO_2 排放量下降率	0.15
	0.25	经济效益	危险废弃物综合处理率	0.10
			再生资源工业总产值占 GDP 比重	0.40
			工业增加值年均增长率	0.30
	0.25	资源节约	人均工业增加值	0.30
			主要再生资源回收率	0.25
			再生资源对原生资源的替代率	0.25
			单位工业增加值综合能耗	0.15
			单位工业增加值新鲜水耗	0.15
			工业用水重复利用率	0.20

3. 再生资源产业园区绩效评价指标体系

表 5-7 再生资源产业园区绩效评价指标体系

目标层	权重	准则层	指标层	权重	单位	标准值
再生资源产业园区绩效评价	0.20	资源产出效率	单位工业增加值能耗	0.40	tce/万元	0.5
			单位工业增加值用水量	0.40	m³/万元	9
			土地产出率	0.30	亿元/km²	9
	0.20	资源循环利用	产业链关联度	0.10		≥60%
			工业固体废弃物综合利用率	0.10		≥85%
			工业用水重复利用率	0.10		≥80%
			废旧家电资源化率	0.12		≥80%
			报废汽车资源化率	0.12		≥90%
			电子废物资源化率	0.12		≥80%
			废旧轮胎资源化率	0.12		≥90%
			废塑料资源化率	0.12		≥70%
			其他废物资源化率	0.10		符合相关规定
	0.20	污染物控制	园区污水集中处理率	0.40		≥85%
			生活垃圾无害化处理率	0.30		100%
			危险废物处理处置安全率	0.30		100%
	0.25	经济发展水平	人均工业增加值	0.40	万元/人	≥5
			再生资源产业对园区工业增加值的贡献率	0.60		≥70%
	0.15	园区管理水平	园区环境监管制度	0.25		具备
			入园园区废物拆解和生产加工工艺水平	0.20		达到国际同行业先进水平
			信息平台的完善度	0.15		100%
			重点企业清洁生产审核实施率	0.15		100%
			再生资源产业标准体系完善程度	0.25		100%

4. 再生资源企业绩效评价指标体系

表5-8 再生资源企业绩效评价指标体系

目标层	权重	准则层	指标层	权重
再生资源企业绩效评价指标体系	0.20	经济效益指标	企业资产负债率	0.25
			企业销售利润率	0.25
			企业资本收益率	0.25
			社会贡献率	0.25
	0.10	创新发展指标	技术投入比率	0.60
			销售收入增长率	0.40
	0.20	环境效益指标	单位利润废弃排放量	0.20
			单位利润废水排放量	0.20
			单位利润固体废弃物排放量	0.20
			单位能源利润率	0.20
			单位原材料利润率	0.20
	0.15	资源消耗指标	单位产品原材料耗用量	0.30
			单位产品能源耗用量	0.20
			单位产品水资源耗用量	0.30
			单位产品耗电量	0.20
	0.25	资源再生利用指标	废气回收利用率	0.10
			废水回收利用率	0.15
			固体废弃物回收利用率	0.20
			原材料循环利用率	0.20
			能源循环利用率	0.15
			设备循环利用率	0.20
	0.10	投资收益指标	投资利润率	1

（三）再生资源产业绩效评价指标的标准化

再生资源产业绩效评价指标体系没有官方标准，参考以下政策，帮助界定再生资源产业各级别绩效评价指标的参考值。参考值一般遵守国家清洁生产标准、国内外先进水平、专家评定。

第一,国家颁布的各项政策、法规。国家层面的政策法规有:《中华人民共和国环境保护法》《中华人民共和国水污染防治法》《中华人民共和国大气污染防治法》《环境影响评价技术导则》《中华人民共和国固体废物污染环境防治法》,以及行业清洁生产标准、省市相关环境管理条例。集中参考:(1)环境质量标准。此类标准规定生态环境中各类有害物质,在一定时间和地理范围内的最高含量等。(2)污染物排放标准。此类标准涉及污染物排放的浓度,超过此标准排放的企业将承担责任。

第二,国际相关环境绩效标准。国际标准有:ISO14031、循环利用率标准、《2014环境绩效指数》、污染物排放标准。国际指标通过对各国家、地区、行业的评价进行综合排名,便于找出跟其他国家的客观差距,借鉴学习优秀经验以改进。

第三,国内外该行业环境绩效水平。世界各国家经济社会发展程度不一样,发展阶段不一样,资源利用的水平不一致,因而各国指标水平的差距很大。参照国际标准时,既要参考发达国家的标准,也要参考欠发展国家的标准。一般来讲,选择经济合作与发展组织(Organization for Economic Co-operation and Development,简称"OECD")国家作为参考国,既可以保证评价对象的指标水平处于世界的相对一般水平,也能体现与先进水平的差距,符合指标体系的构建原则[①]。

[①] 参见刘晓平:《基于循环经济的企业环境绩效评价研究》,博士学位论文,天津理工大学,2009年。

第六章 调整转型趋势下我国再生资源产业发展的可行路径

调整转型趋势下再生资源产业发展路线设计应坚持"市场主导、政府引导、科学规划、规范管理、创新驱动、狠抓重点、循环利用、示范带动、有序推进、平稳过渡"的原则,提高再生资源回收利用效率。根据发展愿景,通过有效的举措加快推动形成市场化、现代化、规模化、集约化、规范化和绿色化的再生资源产业体系,最终将再生资源产业发展成为国民经济不可或缺的战略性新兴产业。

第一节 我国再生资源产业发展的基本思路与愿景

一、基本思想

全面贯彻党的十九大精神,牢固树立并贯彻创新、协调、绿色、开放、共享的发展理念,着力推进供给侧结构性改革,以落实节约资源和保护环境的基本国策为出发点,以再生资源产业转型升级为主线,以市场需求为导向,以提高资源利用效率为核心,以技术创新为动力,以创新体制机制为保障,加强法规标准建设,提升产业技术装备水平,提高再生资源产品附加值,加快推动再生资源产业市场化、现代化、规模化、集约化、规范化和绿色化发展,提高再生资源产业整体创新能力和市场竞争力。围绕加快转变经济发展方式,推动资源循环利用产业化,提高资源回收利用率,着力构建覆盖全社会的资源回收循环利用体系,推动再生资源产业发展成为绿色环保产业的重要支柱和新的经济增长点。把发展再生资源产业与提升我国综合竞争力、创新发展方式、培育新的经济增长点紧密结合起来,形成适应我国国情的再生资源产业发展模式,为加快工业绿色发展和生态文明建设作出贡献。

二、基本准则

再生资源产业发展路线的设计应当有利于保护生态环境,有利于维护社会稳定,有利于实现可持续发展。应当坚持"市场主导、政府引导、科学规划、规范管理、创新驱动、狠抓重点、循环利用、示范带动、有序推进、平稳过渡"的原则,提高再生资源回收利用效率。

1. 政府与市场相结合原则。发挥政府引导作用,通过制定再生资源产业的长远规划,明确再生资源产业定位。遵循市场规律,制定产业优惠政策,推动再生资源业的发展。同时,充分发挥市场配置资源的基础性作用,激发市场主体的主动性和积极性,形成政府联合市场共同推进再生资源产业发展的合力。

2. 科学规划原则。结合我国再生资源产业的发展情况和主要特点,通过借鉴发达国家的经验及结合我国再生资源产业现状,对我国再生资源产业的现在、未来进行科学规划。在特定时期,制定再生资源产业的发展路线和实施方案,通过国家的合理引导,使再生资源产业发展逐步从高度分散、缺乏规范的完全市场化状态向行业规范、适度集中方向转变。

3. 集中优势,重点突破原则。加强产学研用相结合,大力研发和引进先进的核心技术,推动创新机制,建立再生资源技术体系,完善技术规范,实行分重点、分领域的管理。集中优势资源,实施重点突破,提高再生资源产业整体创新能力和市场竞争力,构建集研发、试制、生产、应用和服务于一体的再生资源产业链。

4. 示范带动原则。循环经济已经成为国家积极探索和发展的可持续经济发展模式的一项重大战略决策。在考虑我国再生资源产业现状和未来变化基础上,结合循环经济和可持续发展理念,指导和推动再生资源产业的发展。根据区域条件和发展目标,提升龙头企业和示范基地的影响力和推动力,充分发挥带动作用,从而最大限度地发挥龙头产业与示范基地再生资源产业的价值,延伸其再生资源产业的内涵,推动我国多产业的联动发展。

5. 循序推进原则。再生资源产业发展路线的设计,要把握企业之间的关联性和耦合度。国家应根据再生资源产业的发展现状,结合我国国情,制定总的发展路线。各级政府在保证大方向不变的前提下,要密切结合区域实际和基础条件,明确发展思路和实施步骤,有序推进。在路线设计过程中,既要尊重历史现实,又要考虑未来前景,确保新旧机制顺利对接、平稳过渡,以保证再生资源产业体系建设的良性推进。

三、产业愿景

再生资源产业发展是生态文明建设的重要内容,是实现绿色发展的重要手段,也是应对气候变化、保障生态安全的重要途径。推动再生资源产业健康持续发展,对转变发展方式、实现资源循环利用,将起到积极的促进作用。大力发展再生资源产业,对全面推进绿色制造、实现绿色增长、引导绿色消费也具有重要意义。通过提高战略定位、加大投入、创新机制、改善环境、壮大规模、提高绩效,使再生资源产业回收总量和经济规模大幅度提升,产业结构进一步优化,资源回收利用效率大幅提高,资源利用引起的主要污染物排放总量大幅减少,争取从2020年起的三个五年规划的递进实施,到2035年基本形成市场化、网络化、规范化和绿色化的再生资源产业体系。具体设想为:

形成一业三构架。"一业"是指形成国民经济"静脉产业"(即再生资源产业);"三构架"是指构建产业组织体制、运行机制、法律规制。

健全一统四层面。"一统"是指统一的再生资源产业结构体系;"四层面"是指产业结构体系分国家、地方、园区(基地)、企业等四级层面。

第六章　调整转型趋势下我国再生资源产业发展的可行路径

夯实一基五支撑。"一基"是指再生资源产业发展的基础载体;"五支撑"包括产业基地及设施、资源回收体系、技术创新及应用、专业人才队伍、社会氛围营造。

四、战略步骤

第一阶段:2021—2025年,初步建立覆盖全国范围的再生资源回收体系。再生资源回收站点的布置,应坚持统筹规划、合理布局的原则。充分结合地方特色,在省、市、县、乡镇及社区设立绿色回收站点,将现有的回收站点进行改造规范后纳入到体系中来,并配置自助回收设施、建立回收物流信息系统。初步建立覆盖全国的再生资源回收站点。政府扶持和鼓励再生资源回收处理的科学研究、技术开放和推广,鼓励多渠道、多方式筹集再生资源开发利用资金,推进再生资源分拣中心及综合利用基地建设。到2020年底基本建成覆盖全国、布局合理、管理有序的再生资源回收网络体系。各类再生资源的回收利用率达到70%以上。

第二阶段:2026—2030年,形成完善的再生资源回收网络体系。加强政策支持,有效推动回收网点向布局合理、管理规范、回收方式多元的方向发展。区域性回收分拣基地与专业分拣中心与遍布全国城乡、网络纵横的回收站点进行有效衔接,形成拥有现代回收方式、先进的技术设备、完善的回收网络、良好的分拣与处理、规范化管理的再生资源回收体系。与以再生资源加工利用为主的城市矿产基地形成有效对接,形成回收价值链,资源再生产业出现从原料到产品的全产业链的组合。同时在全国建设大量的环保型工业园区,推动一批极具实力的专业回收企业,使得全国主要品种再生资源回收利用率达到75%。

第三阶段:2031—2035年,形成完整的产业链经济和产业配套体系。通过不断完善回收体系建设,提高回收、分解、加工及在制造技术标准,构建废物再利用技术、污染防控技术以及清洁生产体系等再生资源产业发展的技术体系。再生资源产业相关人才储备充足,整个行业的技术水平与管理水平均达到发达国家同等标准,人民群众的环保意识明显提高;再生资源产业的内生增长能力增强,形成完整的产业链经济和产业配套体系,有力带动再生资源产业及相关产业发展,使再生资源产业总产值每年以 4% 的速度增长,占 GDP 的比重上升,对我国部分资源的进口可下降约 40%,降低资源对外依存度。力争 2035 年底,再生资源成为中国资源主要供应渠道,部分资源对外依赖度降低至 20% 以下。

第二节　我国再生资源产业发展路线图

再生资源产业是我国战略性新兴产业的重要组成部分。发展再生资源产业是我国应对资源短缺、减轻环境压力、实现以清洁生产和绿色产业为导向的新型经济模式的必然选择。根据国家发展战略需求和现实基础,通过科学设计符合我国国情的再生资源产业结构、运行模式及发展路径,采取一系列政策措施解决当今再生资源产业发展无序和滞后的局面,从而能够科学有效指导再生资源产业规范发展,提高我国再生资源产业效率和市场竞争力,促进绿色发展,推进生态文明建设。首先,深刻认识现阶段我国再生资源产业发展的紧迫性和战略意义,总结和汲取不同国家和地区发展的经验与教训,从技术、管理、制度等方面进行创新。其次,以再生资源的回收利用为切入点,大力推进再生资源回收体系向规模化、集约化和标准化发展,逐步建立起覆盖全社会的再生资源回收利用网络体系,实现废弃物与资源之间的转化。再次,逐步构建和完善再生资源产业发展的法律保障和政策体系,为再生资源产业的蓬勃发展提供政策保证和法律支持。最后,在创新再生资源产业发展模式与发展机制的基础上,形成支撑国家循环经济发展、资源节约、有效利用等战略目标实现的循环型社会,使再生资源产业在未来 10—20 年内,不仅实现规模上明显扩张,而且在技术进步、产业组织和运行机制等方面实现根本性的飞跃,从而使再生资源产业成为既能确保资源的永续高效利用,又能创造良好的经济效益和环境效益的真正的"朝阳产业"。

第六章 调整转型趋势下我国再生资源产业发展的可行路径

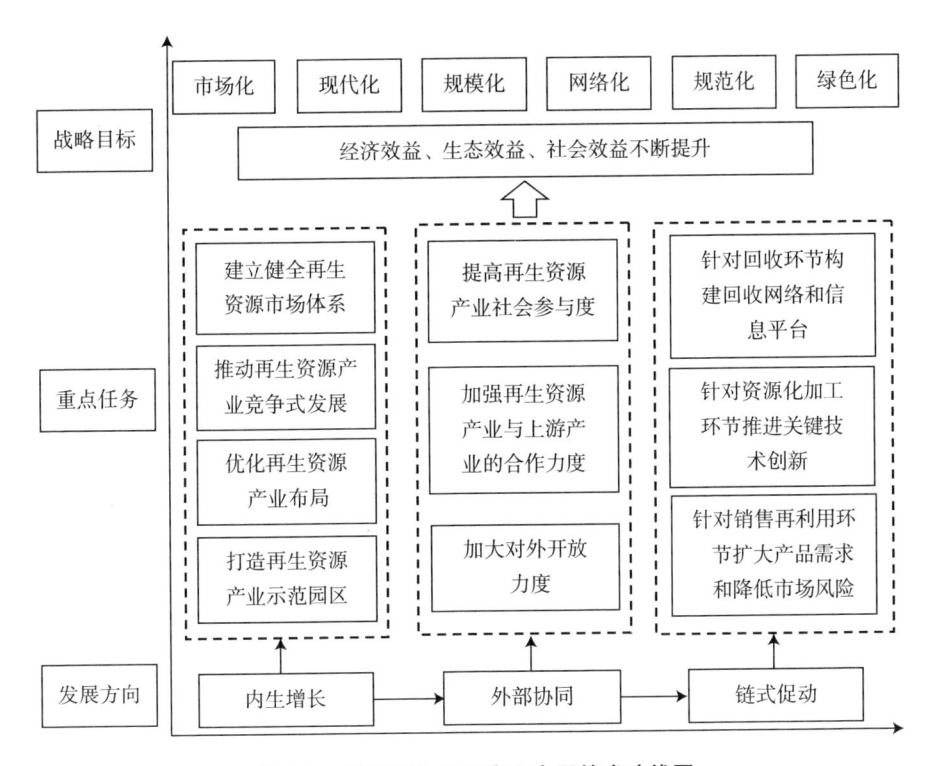

图 6-1 我国再生资源产业发展技术路线图

一、市场化发展路线

以市场机制作为资源配置的基础性手段,同时发挥政府在再生资源产业运行和发展中的重要作用,建立和完善再生资源产业宏观调控体系,建立与社会主义市场经济体制相适应的再生资源产业运行机制。深化再生资源企业改革,充分利用国际国内两个市场,使再生资源产业融入经济全球化的大潮中。

1.加快培育再生资源龙头企业。培育能够发挥龙头带动作用的再生资源回收主体,鼓励龙头企业对全国废旧物资回收公司和回收网点进行整合重组,集中有效资源,引导回收企业特别是龙头企业采取连锁经营方式,整

169

合个体回收人员，按照"因地制宜、便民利民、就近回收、规范管理"的思路，加快整合、规范与新建相结合的再生资源社区回收经营网点，广泛动员各种社会力量联合，将社会人员网点和流动收购人员纳入经营管理范围，扩大再生资源经营服务覆盖面和网络回收能力。争取到2020年重点培育100—200家组织化、规模化程度高、管理手段先进、符合环保要求和产业化发展方向的再生资源回收加工龙头企业。

2. 鼓励再生资源综合利用企业集聚发展。促进再生资源回收体系、国家"城市矿产"示范基地、资源循环利用基地产业链有效衔接，建立产业良性发展环境，探索符合产业发展规律的商业模式，培育再生资源龙头企业。积极引导再生资源企业打破地区、部门界限，搞跨地区、跨部门的企业兼并重组改造，在扩大企业生产规模的同时，下大力气在资金、技术、管理等方面扶持有实力的再生资源企业，争取在全国范围内形成几家规模较大、技术水平较高、竞争力较强的再生资源企业和企业集团，以提高再生资源企业的产业集中度和市场竞争力。

二、现代化发展路线

借鉴国内外再生资源产业发展经验，引进先进的管理理念，实现再生资源企业现代化管理。建立现代企业管理制度，提升再生资源企业技术创新和研发能力、管理组织水平、资金流转运用能力、市场信息获取能力。将回收、加工、再利用等环节紧密联合起来，形成规模、效率、效益均得到大幅提升的现代再生资源产业体系，使我国再生资源产业符合标准化、国际化要求。强化企业技术创新主体地位，鼓励企业加大研发投入，加强企业与高等院校、科研院所的紧密结合，鼓励和支持建立产学研用创新联盟，协同开展关键共性技术攻关。积累一批核心技术知识产权，加快技术成果转化应用。以物联网和大数据为依托，围绕重点领域，瞄准未来技术发展制高点，建设一批产业集聚、优势突出、产学研用有机结合、引领示范作用显著的再生资源产业示范基地，提升成套装备制造的科技创新能力。

第六章　调整转型趋势下我国再生资源产业发展的可行路径

1.攻克技术难关,制定再生资源产业技术标准。首先,加大再生资源产业关键技术的研发和创新,通过技术创新带动再生资源稳定、有序地发展,力争到2020年,基本形成适应资源循环利用产业发展的技术研发、推广和装备产业化能力,攻克一批技术障碍,技术储备能力显著增强,企业重大科技成果集成、转化能力大幅提高,掌握一批具有主导地位的关键核心技术,部分达到国际先进水平,初步形成主要资源循环利用装备的成套化生产能力。各主要再生资源类别基本形成加工、再利用一体化的核心技术,不断提高再生资源的回收利用效率,到2035年,建立起完善的再生资源产业技术支撑体系,促进再生资源产业规模化、系统化发展。其次,制定再生资源产业技术标准。一是加快再生资源标准体系的构建,分阶段不断完善产品质量标准及配套的原材料选购、生产工艺、检测方法、能耗限制、废物排放等标准。二是推动国际再生资源方面的标准在我国的应用,促进我国标准得到国际的承认和各国的相互认可,从而促进我国对外贸易的发展。

2.打造再生资源产业人才队伍,建立再生资源产业人才网络体系。一是推动再生资源产业创新型人才培养基地建设,大力培养青年创新人才和工程技术人员,培养一批再生资源产业技术创新团队与领军人才。二是聚集一批在行业中具有较高理论修养和实践经验的专家学者,构成再生资源产业的专家库。三是以技术转化和成果应用为重点,建立开放式、多层面、网络化、综合性的再生资源产业技术创新服务平台,为推动企业废物资源化的技术创新与产业发展提供技术服务。

3.环保意识不断提高,再生资源回收理念深入人心。通过政府、各公益组织的宣传教育,公众素质不断提高,社会资源节约、资源的重复及再生利用意识、环保意识不断提升,形成全社会共同自发性地参与资源回收及使用再生资源产品。

三、规模化发展路线

建成一批再生资源产业园区和基地,形成具有鲜明特色的再生资源产业链条和产业集群;培育一批十亿级、百亿级再生资源龙头企业,资源回收循环利用产业规模和竞争力位居世界前列;通过吸纳企业入园、重组兼并等方式,实现企业集群、产业集聚效应,提高产业集中度。通过建立健全回收网络体系,持续推动再生资源产业规模扩大;不断提高再生资源产业在国民经济中的比重,充分发挥再生资源产业在国民就业中的重要作用。

1. 增加再生资源产业总产值,提高再生资源所占GDP比重。通过10—20年的建设和发展,使我国再生资源行业整体利用率提高30%以上,产值年均增长25%以上,力争到2020年再生资源产业回收总量达3亿吨,总产值达到3万亿人民币,到2035年回收总量达5亿吨,产值达到15万亿,提高再生资源产业占GDP的比重。

2. 提高重点再生资源的回收量及回收率。在扩大再生资源产业回收总量的同时,通过技术创新及规范化操作,提高各类别资源的综合利用率,如废旧电子电器的综合利用率提高至90%以上,废旧塑料、废橡胶等的综合利用率超过95%。到2020年,将各主要再生资源回收率提高至75%,再生资源回收总量达到2.2亿吨。到2035年,将回收率提高至95%,再生资源回收总量达到5亿吨,实现再生资源产业规模化发展。

3. 建成健全的回收网络体系,建立标准化回收处理中心。进一步强化回收和利用工作,使城市95%以上的社区设立规范化的回收站点,85%以上可再生物资得到回收利用,85%以上的废旧物资进入指定的市场进行规范化的交易和集中处理;市场的规范化、信息化管理达到95%,科学分拣、加工比例达到95%以上,进入市场的再生资源粗加工率(即分类分拣、分装)达到95%以上,深加工率(即转化为初级生产原料或工厂化处理)达到70%以上,其中废弃电子产品的有效和无害化处理达到90%,打造布局合理、网络健全、设施完善、功能齐全、管理科学的再生资源回收利用网络体系。争取到2020年,建成覆盖全国的再生资源回收网络体系,实现各省、市、社区全覆盖,到2035年再生资源回收网络进一步完善和强化,再生资源产业结构更为优化,实现再生资源产业运营规范化。

第六章　调整转型趋势下我国再生资源产业发展的可行路径

四、网络化发展路线

再生资源产业集约化的核心在于两方面:再生资源回收率的提高以及资源利用效果的提高,进而能够充分体现再生资源产品的市场价值。

1.大力发展"互联网+废品回收"模式。鉴于互联网回收发展时间短,需评估已有实践,总结成功做法,剖析实际问题,区分政府和市场作用,有针对性地引导再生资源回收模式创新。特别要重视企业盈利模式创新,使行业通过政策扶持后得到持续发展。

2.加快实现"双线融合"。提升废品回收的智能化识别、定位、跟踪、监控和管理能力。鼓励利用互联网、大数据、物联网、信息管理公共平台等信息化手段,开展信息采集、数据分析、流向监测、优化逆向物流网点布局,实现线上回收、线下物流融合,提高回收信息化、自动化和智能化水平,改变传统"小、散、乱"的回收状况。

3.创新商业模式。创新在线交易,推动现有骨干再生资源交易市场向线上线下结合转型升级,支持拓展在线定价、O2O(Online To Offline,即在线离线/线上到线下)、微店等线上线下结合的经营模式,开展在线竞价;发布价格交易指数,提高废品回收和稳定供给能力,增强主要再生资源品种定价权。

4.依托"互联网+",建立线上线下融合的回收模式,不断提高重点品种特别是低值再生资源回收率。通过提高资源利用效率,推动向高值化利用转变,确保再生产品质量安全。提高再生产品附加值,避免低水平利用和"只循环不经济"。修订完善再生资源产品相关标准体系,鼓励使用经过认定后的再生资源产品。采用再制造新品抵押,实施再制造工程。着力加强再生资源的深加工,提高产品附加值。

五、规范化发展路线

根据分行业、分品种的再生资源特征,开展行业规范条件及生产者责任延伸制度等分类指导管理，建立完善的政策法规、规章制度和监督、考核、激励机制，实现再生资源行业管理规范化、高效化和透明化。

1. 对全国再生资源回收经营网络、加工企业进行拉网式调查，并在此基础上，开展专项整治行动。对无证照、不符合规划设置和违规经营站点进行取缔，全面整治"小、散、乱"小作坊式回收企业。

2. 引导鼓励供销、物资及社会再生资源回收等龙头企业，根据当地再生资源回收体系建设规划、实施方案的部署，按照"七统一、一规范"（即统一规划、标识、着装、价格、计量、车辆、管理及经营规范）的要求，加快建设提升改造城乡回收站点，采取加盟连锁等方式积极整合个体经营户，规范个体回收人员，建立稳定的专业回收队伍，建立规范的再生资源回收体系并加强管理。

3. 对现有再生资源回收系统进行升级改造，引入先进的回收、分拣技术，建立再生资源标准化回收处理中心。到2025年底，使全国90%以上的回收人员纳入规范化管理，90%以上的社区设立规范的回收点，90%以上的再生资源进入指定市场进行规范化的交易和集中处理，初步实现再生资源产业运营管理规范化。

六、绿色化发展路线

将绿色化理念贯穿到再生资源产业链的各环节和全过程，从回收、分拣、运输，到加工、循环化利用、再制造以及废物处理处置，严格执行环保、安全、卫生、劳动保护、质量标准，推动再生资源综合利用企业完善环保制度，加强环保设施建设和运营管理，推进清洁生产，实现达标排放，防止二次污染，保障生态环境安全。

1. 提高资源循环利用效率。力争到2025年，工业用水重复利用率达到90%，2035年达到95%；工业固体废物重复利用率到2025年达到80%，到2035年达到90%。

2. 提高再生资源产业环保集中处理能力。一是各再生资源产业园区均

第六章　调整转型趋势下我国再生资源产业发展的可行路径

建立完善的污染防治设施,对废水、废气和固体废物实行集中收集和处理。二是通过不断设置有毒有害废物处理、排放标准,建立有毒有害废物追踪体系,制定有毒有害废物应急管理方案来确保再生资源产业的健康稳定发展。三是支持开展清洁生产审核、质量管理体系和环境管理体系认证。力争到2025年,各再生资源产业园区污染物减排量大幅度提升,再生资源回收利用效率不断提高,有毒有害物质管理体系完善。

3.建立再生资源产品公共检测平台。以产业化技术前期研发与再生产品质量检测及评估服务为重点,推进废物资源化开放式的公共检测平台建设。力争到2025年,在全国范围里建立起不同程度、不同领域的再生资源产品公共检测平台,从而促进再生资源产品的品质的提升与应用领域的扩大。

第三节　再生资源产业转型发展的运行方式

一、再生资源产业发展的内生增长

以分类引导与交易监测方式健全市场体系,通过整顿和规范废旧物资的回收体系,发展二手货市场,拓展再生资源产业发展的市场机制,将市场博弈引入行动路径之中。另外,再生资源产业以竞争促进自身发展,需要一方面优化再生资源产业区域空间布局,另一方面通过企业改组、联合、兼并和改制等形式,形成完整的产业链经济和产业配套体系,发挥产业规模经济效益。再生资源产业的内生增长也离不开技术能力的创新,需要不断完善再生资源产业发展的技术体系。

1.建立健全再生资源市场体系。再生资源市场体系的建设工作是一场宏大的、涉及多个方面的系统工程,带有一定的社会公益性质,应当将其纳入政府部门的宏观管理和宏观调控,充分调动与发挥社会各个组织的作用,健全再生资源市场体系。再生资源的发展离不开政府的引导,政府在遵循再生资源产业发展规律的基础上,结合我国国情,制定再生资源产业政策、产业制度与规范,以弥补市场的不足。同时要充分发挥市场资源配置作用,把经济活动中的人力、物力、财力进行有效配置,促进再生资源产业的发展。在再生资源产业发展中,要厘清政府与市场的职责,需明确哪些由政府管、哪些由市场发挥作用,政府不能强制干涉市场,而应把公平、公正的价值指向引入市场,促进再生资源市场更有效、更稳定的运行。

2. 推动再生资源产业竞争式发展。一是提升再生资源产业发展的技术含量。推动新技术、新工艺不断创新并应用于再生资源行业,促进再生资源产业的发展。政府积极鼓励从事再生资源回收利用的企业积极探索科研突破,促进创新成果在实际生产中的应用,推广技术创新在企业生产中的应用。二是提升再生资源企业价格谈判能力。随着再生资源产业的壮大,再生资源企业价格谈判能力有所提升,组织行业协会或中介机构进行联合议价或委托谈判,形成与下游企业平等谈判的格局。同时,再生资源企业不断强化与下游产业的共同利益,通过资源供给、技术输出和服务配套等方式分享下游企业获利基础,通过与下游企业建立合作关系,得到资源市场信息以及差异化产品需求信息反馈,形成互助共赢的激励相容机制,实现产业链的强化和升级。三是以差异性服务提升再生资源产业现代化水平。我国再生资源产业应提升技术水平、了解客户需求,以细化再生资源产业内部分工,提升回收、利用、服务等各个环节的专业化程度,在面对不同区域、不同客户时,应具有差异和特色的营销战略和服务。

3. 优化再生资源产业布局。再生资源产业未来的发展趋势将随着国家经济发展大趋势从长江经济带、珠江三角洲、京津冀地区逐步向中西部地区转移,形成以再制造产业、回收行业为主导,由中心地带向外辐射的空间布局结构。同时,新型城镇化建设也将给再生资源企业带来增长机遇,为再生资源行业发展新增市场空间。政府也要依托再生资源地方特色,积极发展再生资源企业,促进再生资源产业的壮大。

4. 打造再生资源产业示范园区,提高再生资源产业的技术效率。改进现有再生资源园区的经营管理模式,深化各环节企业协同合作,加强大型技术设备、三废处理等基础设施的共享,兼顾技术效率的提高和经营成本的节省。同时可以加速信息传播,降低外部性风险。鼓励各园区进行专业化生产,逐步形成具有规模经济的园区特色。在资源供给的同时,进行技术、服务和人力输出,引导下游企业推进技术革新和原料更新,逐步稳定和扩大产品市场,带动区域相关产业的共同发展,增强区域产业实力和辐射强度。

二、再生资源产业发展的外部协同

从再生资源产业与其上下游产业的关联程度来看,再生资源产业对所有产业都有带动作用。这种带动作用不是一视同仁的,而是因产业的不同具有差异性,再生资源产业发展对造纸印刷等少数产业影响明显。原因在于,一方面,再生资源产业回收体系不完善,回收站点覆盖率不足;另一方面,关联产业对再生资源的产品缺乏认识,重视度低。从关联产业类型来看,加工制造业、化学化工业与再生资源产业的关联更为密切,金融业、信息传输、计算机服务和软件业等服务型产业与再生资源产业关联度较小。再生资源产业的产品技术含量低、集约程度低,加强再生资源产业与这些技术密集型产业的关联有助于推进再生资源产业发展模式由"数量增长"向"质量增长"转变。

1.提高再生资源产业与上下游产业的关联度。再生资源产业是一个兼具经济性与公益性的新兴产业,现阶段社会公众缺乏对再生资源的正确认识,对再生资源产品持否认和拒绝的态度,而大部分企业仅把再生资源作为备用材料,没有予以足够的重视。应当提高对再生资源产业和产品的宣传力度,提高公众对再生资源价值的认识,加强公众教育,树立资源节约和环境保护意识,丰富再生资源回收途径,促使公众主动消费再生资源产品。

2.加强再生资源产业与上下游产业的合作力度。再生资源来源于社会生产和生活,种类繁多、分布广泛而零散,回收难度和成本较高,部分地区回收能力弱、效率低,因此,在不断探索回收新模式的基础上,整合原有回收系统,形成点面结合、三位一体的再生资源回收模式,增大回收覆盖率。同时加强回收企业与生产企业积极对接,提高再生资源的回收率和回收效率。政府应积极出台配套扶持政策,提供融资便利,建设配套服务体系,加强服务型产业与再生资源产业的关联,进而带动再生资源产业信息化发展。

3. 加大对外开放力度。积极引进国外资本、人才和先进技术设备,充分发挥先进技术对再生资源产业的推动作用。建立区域联动机制,开展各地区的技术、知识共享,加强先进技术的扩散,激励自主创新研发,促进我国再生资源产业技术水平全面提升,加快我国再生资源产业由粗放型发展向集约型发展的转变。

三、再生资源产业发展的链式促动

再生资源产业发展是"资源合理开发—绿色生产—流通消费—资源回收—再生利用"的循环式流程,是一种建立在物质不断循环利用基础上的新型经济发展模式。因此,要促进再生资源产业的发展,就需要针对再生资源产业链的全过程,通过对产业结构的重组与转型,建立有效的运行机制。基于顶层设计视角,宏观上进行战略性、系统性推动,微观上提高各环节协调度。通过顶层设计思想的引导、支持、规制与调控,促进产业链不同环节企业之间、同一环节不同企业之间协同并进,以目标为导向,建立协同机制,优化整个再生资源产业升级。

1. 回收环节以回收的便利化和高效率化为目标,构建回收网络和信息平台。正规回收企业与个体回收户以合作方式整合后分区建立回收点,向消费者提供回收服务;制造商、经销商、零售商等产业链组成企业点对点合作,促进再生资源产业的纵向延伸和横向合作。政府支持鼓励再生资源企业专业化发展;建立健全回收系统和基础设施;建立保障和监管体系,明确特殊市场的准入资格及技术标准,保证再生资源产品的质量。

2. 资源化加工环节强调技术研发,推进再生资源加工和生产的关键技术创新。在再生资源产业园区内建立技术研发中心或与科研单位合作,以开发自主产权的核心技术和降低应用风险为目标进行研究。在顶层设计思想指导下,探索总结再生资源产业消费结构的变化规律,在此基础上规划再生资源技术研发战略,为达成目标增加技术手段,找出关键性问题的解决思路和方法。建设再生资源产业信息共享平台,加速信息传播,提高信息质量,利用信息技术使再生资源产业各主体之间进行技术合作、共享更加方便快捷,提高产业整体的竞争力。

3.销售再利用环节以扩大再生资源产品需求和降低市场风险为目标。主要包括竞争定价、建立信用机制和提供税收补贴,保证产业链内的价格均衡,建立再生资源企业信用机制,包括企业间的利益共享和风险共担、企业和消费者之间的质量保证和售后服务等,发挥龙头企业的示范和引导作用,消除消费者对再生资源产品的疑虑和误解,给予消费者相应的购买补贴,减免税收,鼓励公众购买再生资源产品,改变人们的购买意向和消费模式,进而提高再生资源产品的市场需求,扩大销售。

第七章 我国再生资源产业发展的制度规范框架

本章在借鉴国外立法经验的基础上,通过制度环境保障,进行有效管理和规制,为再生资源产业发展提供风向标,为再生资源产业现代化/规范化提供法规实践基础。具体而言,在国家层面,应制定相关法律,包括再生资源综合性立法与专项立法;在政府层面,须颁布相应的行政法规,制定再生资源产业发展条例;在政府部门层面,制定完善再生资源产业发展管理办法,分门别类地制定相关标准。根据再生资源产业链环节,需要重点在回收环节、再加工环节以及利用环节建立再生资源产业发展核心制度。

第一节 我国再生资源产业发展的制度需求

我国再生资源产业规模不断扩大,已经走到一个历史高点。然而,我国再生资源产业尚未正规化、制度化,再生资源产业发展已经到了必须借助法规制度规范运行框架、发展路径及实施路线的关键节点。截至目前,我国再生资源产业尚无一部法律或国务院正式颁布的行政法规可以遵循。从现有法律法规体系看,仅有一些规章、规范性文件和目录、标准等,不能有效提供具有强制力的法律手段以推动持续健康发展。

一、再生资源产业制度体系建立的意义

促进资源可持续利用是再生资源产业发展的核心与目的,再生资源产业制度是实现资源可持续利用的重要手段。建构一套完整的再生资源产业制度体系,是社会实现资源可持续利用的最重要手段。由于过去经济社会发展以资源大量消耗为代价,导致资源产出率低、利用率低的后果,造成与生态环境的矛盾冲突日益明显,生态环境遭到破坏,资源环境问题成为人类经济社会发展的内在制约因素,成为可持续发展的瓶颈。作为绿色发展的新兴产业,再生资源产业不仅能推动传统经济发展模式的根本变革与反思,而且极大地促进建设资源节约型社会、环境友好型社会以及可持续发展目标的实现。要建设生态文明,实现人与自然和谐相处,发展再生资源产业是必要的。将再生资源产业纳入法律制度保障范围,作为支撑再生资源产业的制度环境,运用强有力的法律手段来引导、规范和保障产业的发展,为资源可持续利用提供了有效保障。此外,再生资源产业体系的构筑,是一项复杂而系统的网状工程,通过法律保障的方式建立起新秩序,以法律手段约束政府、企业和公民履行相应的义务,对发展再生资源产业和建设节约型社会有着重要的意义与价值。

二、再生资源产业制度建构的必要性和紧迫性

再生资源产业将在循环流动过程中的可使用物质资源重新收集加工,使之成为新的资源,不仅避免了资源浪费,而且使生产过程中排放的污染物最大化地减少,从而提高经济效益,并实现资源的可持续利用。简言之,相较于传统粗放式经济产业,再生资源产业完美地体现了可持续发展理念,具有鲜明的节约资源能源的特色,保证了经济发展、社会和谐和环境保护的有机统一。然而,促进再生资源产业发展必须立法先行,以法律制度作为推行循环经济的主要保障手段。从近代以来经济和法治的历史演进来看,经济

越发展的社会,就越需要法治,再生资源产业需要借助强有力的法律制度手段来规范、引导、保障和约束。也只有在法律规定的框架下,再生资源产业活动才更有诚信、自主性、平等性与公平性可言。

(一)法制保障是再生资源产业可持续发展的基础

在任何一种经济体制下,要使经济活动正常化,都需要通过法律建立经济秩序。传统市场经济的显著特色就是,经济秩序借助法治的实行来形成和维持,属于一种法治状态的经济秩序。只有通过法律制度,在协调的法律体系下,再生资源产业才能实现发展,才能够将资源节约、资源可持续利用、环境保护、经济发展和社会进步相结合。

(二)法律制度是再生资源产业的首要监控措施

一个不健全的法律制度不可能建立完善的市场经济体制,因为法律制度的功能在于指引人们在经济交易中如何行动,并维护公平竞争秩序。再生资源产业将自然资源与生态环境等要素引入市场机制,将经济的负外部性内部化。例如在市场经济运作下所导致的市场失灵无可避免,环境污染、资源低效使用等负外部性无法通过市场机制加以补偿和纠正,因此市场失灵为政府对社会经济活动干预提供了正当性。而政府干预与介入市场经济必须得到再生资源产业法制的授权,因此在再生资源产业法制保障下,政府可在法律授权的框架下使经济的负外部性内部化,稳定整个产业的法制,并在经济发展与环境保护之间找到一个平衡点。法制保障具有维护再生资源产业秩序的作用,并在再生资源产业秩序维护过程中发挥影响力,在生产、消费及使用等各环节中,在涉及资源最优配置、利益最优安排及责任承担等问题时,也即政府、企业和公民在自然环境成本内部化过程中均应分担相应的生态环境责任。

(三)制度环境是再生资源产业顺利运转的保障

法律权利义务机制为再生资源产业中各种社会关系、利益关系的调整提供了直接有效的途径。政府可在再生资源法制授权范围内对产业进行调控,通过利率、税率、价格等合理政策调整利益关系,有效发展市场机制并优化资源配置,并对违法违规的经济主体运用法律的手段加以制裁和约束。只有当法律制度能够对非再生资源产业活动加以约束时,实施再生资源产业的客观环境才能实现,再生资源产业秩序才能得到维护,而不是像当前在没有一定制度规则的情况下,将有些可为我国再生资源产业发展所利用的废弃物污名为"洋垃圾",一概禁止进口,实不可取。

第二节 我国再生资源产业制度规范的域外借鉴

一、再生资源产业制度的域外借鉴

承前所述,法律作为再生资源产业发展的依据,具有强制性,有助于相关政策的制定与实施。再生资源产业法律制度体系的建立与实施对发展再生资源产业将产生至关重要的作用。因此,完善再生资源产业的制度体系是未来资源可持续利用与经济社会快速、有序发展的基础。而再生资源产业制度的完善需要总结已有的实践经验,借鉴域外的成功做法。

再生资源产业发展及其立法肇始于市场经济发达的国家,尤其以德国、日本等国为代表。德国与日本的再生资源产业立法对两国建设发展再生资源产业发挥了极为关键的作用。德国是最早发展再生资源产业的国家,而日本因循环经济基本法的颁布实施,更推进了日本再生资源产业的发展。以下通过梳理德日两国再生资源产业的立法背景与制度特色,为我国再生资源产业制度建构提供借鉴经验。

(一)德国再生资源产业的立法经验

德国是欧洲国家中再生资源产业发展水平最高的国家之一,是世界上最早实施循环经济和再生资源产业立法的国家,其再生资源产业法制走在世界的前端。在再生资源产业的立法及实践方面,德国对世界各国产生了巨大影响。尤其是20世纪90年代以来,许多发达国家都受到德国循环经济理念的影响而制定或是修正国内废弃物管理的法律政策与规范。

1. 再生资源产业的立法历程

德国再生资源产业的发展源于对废弃物的处理。1972年以前,德国处理废弃物的方式靠堆放或焚烧。直到1972年,德国推出"蓝色天使"计划后,颁布了第一部处理废弃物的法律——《废弃物处理法》,该法为德国处理废弃物问题的最初法律依据。《废弃物处理法》要求关闭垃圾堆放场,建立垃圾处理中心,但该法着重规制的是废弃物排放后的末端治理。1986年,德国开始意识到垃圾末端处置无法从根本上解决问题,从而对《废弃物处理法》进行修正,修改为《废弃物避免与处理法》,从而确定了两条创新性规定:一是规定源头预防优先原则和垃圾处理后的重复利用;二是规定产品生产者的责任。《废弃物避免与处理法》是德国关于废弃物管理的一部标志性法律,它的首要目标是在生产过程中避免废弃物的产生,并依靠可循环利用的包装系统以及绿色环保的技术体系辅助实现。进一步讲,该部法律还确定了德国废弃物管理的先后顺序,将德国废弃物的处置从末端治理(怎样处理废弃物)提高到源头预防(如何避免废弃物产生),即首先避免产生废弃物,其次再收集加工利用废弃物,最后才终局性地处置废弃物。

从1991年到1994年期间,德国政府加快了再生资源产业领域的立法进程,先后制定颁布了《包装废弃物处理法》《限制废旧汽车条例》以及《循环经济与废弃物法》等多部重要法律法规。首先,对包装废弃物的处理进一步细化规定,旨在减少包装废弃物产生的《包装废弃物处理法》特别坚持对于不可避免的一次性包装废弃物也必须再收集加工,减轻一次性包装废弃物掩埋与焚烧的压力。这不仅扩大了废弃物再利用的范围,而且很好地体现了从资源到产品到再循环的再生资源产业发展理念。其次,"生产者责任"在这一期间也得到进一步强化,德国《包装废弃物处理法》首次创立双轨制回收体系,即企业可以直接或者委托专门从事回收处理的回收公司回收消费者使用后的包装物;而旨在落实生产者责任的《限制废旧汽车条例》则具体规定了汽车厂家回收废旧汽车的责任。最后,德国《循环经济与废弃物法》以避免污染物产生为优先原则,还规定对生产消费过程中可以回收的废弃物必须加以回收利用,使其回到物质循环中去;只有不能利用的废弃物才可做最终无害化的处理。总之,该部法律确立的资源闭路式循环,不仅涉及垃圾处理、产品包装等在内所有生产部门,而且形成再生资源产业链的理想模式,从真正意义上贯彻了该法的立法目的,即"为促进循环经济以保护自然资源,以及确保与环境和谐的废弃物处理"。《循环经济与废弃物法》将循环经济理念进一步明确以法律形式纳入再生资源产业,为发展循环经济与再生资源产业提供了最重要的法律法规指引以及创建了良好的制度环境。

在上述已经构建的再生资源产业发展的法律背景下,1994年以后的德国的再生资源产业领域新增大量具体法律法规,在这一期间制定出台了《垃圾法》《持续推动生态税改革法》《森林繁殖材料法》和《再生能源法》等法律,以及《包装条例》《联邦水土保持与旧废弃物法令》《2001年森林经济林合法伐木限制命令》《社区垃圾符合环保放置及垃圾处理场令》等规章。这些法律法规针对各行业不同情况分别作出规定,使德国的再生资源产业领域立法体系得到进一步完善。

2. 再生资源产业的立法特色

德国再生资源产业立法层次分明、体系完备,从德国的循环经济立法发展与实践历程可以发现以下特色。

一是立法模式的实用性。在立法顺序方面,德国首先在个别具体专门的领域建立再生资源产业相关立法管理模式,再制定系统整体的再生资源产业法律,最后制定其他配套法律以推广和发展再生资源产业。换句话说,在制定综合性法律之前先在个别行业或个别地方试点探索,在制定了综合性法律之后又将其普遍适用并根据不同行业特点作出具体规定。

二是法律体系的层次性。德国再生资源产业法律体系层次分明、体系完整,形成了法律、条例和指南三个层次。具体地说,《循环经济与废弃物法》《环境义务法》和《德国废弃物法》等属于第一法律层次;《废弃物处理条例》《废旧汽车处理条例》《污水污泥管理条例》《废电池处理条例》及《包装以及包装废弃物管理条例》等属于第二条例层次;《废弃物管理技术指南》等则属于第三指南层次。德国再生产业立法体系如表7-1所示。

表7-1 德国再生资源产业立法体系

法律层次	法律名称
第一层次:法律 (基本架构法)	《循环经济与废弃物法》
	《环境义务法》
	《德国废弃物法》
第二层次:条例 (行为作用法)	《废弃物处理条例》
	《废旧汽车处理条例》
	《污水污泥管理条例》
	《废电池处理条例》
	《包装以及包装废弃物管理条例》
第三层次:指南 (具体施行法)	《废弃物管理技术指南》

3.再生资源产业的制度内容

在德国再生资源产业法制保障体系中,作为调整循环经济的基本法,《循环经济与废弃物法》的体例内容构成如下:体例一共9个部分,共有64条,外加3个附件,以安全性作为前提考量废弃物再利用,并以此贯穿整个再生资源产业立法。即废弃物的处置必须与环境相容的方式进行,不得危害环境和人类的健康。《循环经济与废弃物法》的主干内容如表7-2所示。

德国《循环经济与废弃物法》的制度设计充分体现了预防原则、生产者延伸责任与合作原则,以珍惜自然资源与保护环境、避免污染物排除为核心发展再生资源产业,确保对废弃物的无公害处置为立法目标。首先,循环经济立法基本原则中的预防原则与生产者责任延伸原则,重在避免废弃物的产生,特别是废弃物减量与降低废弃物数量及其有害性;其次,在废弃物的产生无可避免的情况下,对废弃物再利用;最后,在回收利用不可能时,才以符合公共利益并与环境相容的循环经济方式对废弃物进行最终处置。换句话说,避免废弃物产生应优先于废弃物再利用,而此二者又优先于废弃物处置。然而这种优位设计并非绝对,必须于具体个案中,衡量技术可能性和经济适当性后才得以适用。为最大限度避免和减少废弃物产生,《循环经济与废弃物法》在产品设计、生产和流通等各环节都加入了产品生命周期的理念,规定有关生产者的产品责任,从源头即作前端减量管制,以减少末端废弃物清理的困难度。此外,《循环经济与废弃物法》是以"污染者服务原则"为基本法理依据,对各类废弃物管理的义务人进行明确。废弃物的制造者和拥有者即为环境"污染者",有义务承担废弃物处置的责任,并规定各类义务人承担责任的原则以及责任转移的前提条件,建构了责任界定分明的废弃物委托、处理和处置系统,对于各类义务人的义务与责任提供了切实有力的法律保障。

表7-2 《循环经济与废弃物法》的主体内容

法律结构	条文范围	主要内容
第一部分总则	第1条至第3a条	阐明法律制定的目的、适用范围与相关概念的定义。明确表明法律目的是为了促进废弃物闭路环性管理、保护自然资源和确保与环境相容地处置废弃物
第二部分	第4条至第21条	规定废弃物产生者、所有者及负责废弃物管理等主体的基本原则和具体义务
第三部分	第22条至第26条	规范了产品责任,设计产品时应考虑产品生产及使用过程中是否尽可能减少废弃物的产生,且使用后是否能进行与环境相容的回收利用和处置
第四部分	第27条至第36d条	规范废弃物处置的组织、执行、管理计划以及废弃物处置设施的批准及许可
第五、六部分	第37条至第39条	分别论述了国家机关和相关部门的相关促进义务,以及废弃物清除者应提供关于清除相关信息的义务
第七部分	第40条至第52条	规定了废弃物的监督与管理,以及废弃物运输许可证明和无须许可的特例
第八部分	第53条至第55a条	规范企业的组织与专职废弃物管理人的任务,强调企业内部监督机制

续表

法律结构	条文范围	主要内容
第九部分	最后条款	说明循环经济法实施过程中牵涉的保密与隐私措施,并详述哪些情形被视为违法而应予以处罚的规定
	附件一	废弃物的分类
	附件二	分为A和B部门,分别阐述废弃物清除与回收利用的程序
	附件三	规定技术准则

综上所述,在德国再生资源产业立法体系中,《循环经济与废弃物法》是调整再生资源产业的基本法,内容概括如下:第一,立法目的是促进循环经济、保护自然资源以及保证废弃物按照有利于环境的方法处理。第二,规定废弃物制造者、拥有者和处置者的利益和义务。这些经济主体在制造商品或处理废弃物过程中,除了最大限度地避免废弃物的产生以外,还要寻求对不可避免产生的废弃物以环保的方式进行再利用或清除。第三,明确规定开发、生产经营产品的企业应当承担起产品责任以符合循环经济目的。该法的核心思想是促使生产者对其产品的整个生命周期负责,产品生产者与经营者负担产品的回收义务。第四,计划责任。废弃物的处置应当按照计划进行,主要是政府和行政主管部门自动有利于再生资源产业的环保计划。第五,规定了废弃物应在主管机关部门的监督之下被利用和处置的监管制度。

(二)日本再生资源产业的立法经验

1.再生资源产业的立法历程

在大量生产、大量消费、大量废弃污染的经济增长模式中,日本于20世纪60年代产生了严重的公害问题。日本政府于1967年制定并颁布了《公害对策基本法》。虽然针对公害问题,实施了相应的环境管制措施,但这些措施主要还是在公害产生之后对污染及废弃物进行治理,属于环境管制末端治理模式。20世纪70年代,日本仍然继续沿用末端治理处理废弃物。直至1973年第一次石油危机发生后,日本资源节约理念才产生,首次体现了生产源头实施减量化原则。20世纪80年代,日本转向从生产消费源头防治污染的源头预防理念,但是传统线性物质流的增长模式"资源—产品—废弃物排放"并未改变。到了20世纪90年代,为全面有计划实施环境保护政策,日本政府于1993年废止了《公害对策基本法》,制定了《环境基本法》,并于1994年12月制定了《环境基本计划》,提出以循环经济为可持续发展方针,首次提出实现"循环型社会"的概念。

2000年,日本召开一系列被称之为"环境国会"的会议,确定了建设循环型社会的基本国策,并致力于构建循环型社会为导向的法律框架。建构循环型社会的目的,就是通过生产、流通、消费、废弃等社会经济活动的全过程,使得资源和能源得到循环利用,进而控制废弃物的产生量,并使之得到妥当的处置,推动再生资源产业发展和经济社会的可持续发展。

日本《循环型社会形成推进基本法》于2000年颁布。同时对1970年制定的《废弃物处理法》、1991年制定的《资源有效利用促进法》进行了修改,并通过三部新的法律,即《食品循环资源再生利用促进法》《绿色采购法》以及《建筑材料再生利用法》。加之1995年已经制定的《容器包装再利用法》和1998年制定的《特定家用电器再生利用法》,2002年制定的《报废汽车再生利用法》。至此,日本构建了以《循环型社会形成推进基本法》为核心,以相关个别法为辅助的循环型社会法律体系,以推动再生资源产业发展。

2. 再生资源产业的立法特色

从日本的再生资源产业立法过程来看,其与德国不同的是,日本主要表现在宏观层面推进循环型社会建设。

在立法模式上,日本采用循环型模式,制定循环经济基本法,也就是2000年颁布的《循环型社会形成推进基本法》,使循环经济理念融入全部经济活动,致力于循环型经济社会基本国策目标的实现。在立法顺序上,日本先制定了基本法,并以此为核心,再制定许多相关具体领域的专项循环经济法。这些专项单行法的颁布,促进了以法律保障日本再生资源产业的良性生长以及循环型经济社会目标的实现。

在法律体系上,日本采取基本法、综合法和专项法的法律层次结构模式。首先,日本在1993年制定《环境基本法》的基础上,于2000年出台了《循环型社会形成推进基本法》,属于日本循环经济法律体系的第一层面。其次,日本《资源有效利用促进法》和《废弃物处理法》两部法律是综合性的法律,属于日本循环经济法律体系的第二层面。最后,第三层面又分为两类:第一类是针对再生资源物质流输入端倡导性采购的专项法律,即《绿色采购法》;第二类是针对循环经济的物质输出端,根据各种产品的性质制定的五部具体单行法规,分别为《容器包装再利用法》《食品循环资源再生利用促进法》《特定家用电器再生利用法》以及《建筑材料再生利用法》《报废汽车再生利用法》。有关日本再生资源产业法律体系如表7-3所示。

表7-3 日本循环经济法律体系

法律层次	法律名称
第一层次:基本法（基本架构法）	1993年《环境基本法》
	2000年《循环型社会形成推进基本法》
第二层次:综合法（行为作用法）	1970年《废弃物处理法》
	1991年《资源有效利用促进法》
第三层次:专项法（具体施行法）	1995年《容器包装再利用法》
	1998年《特定家用电器再生利用法》
	2000年《绿色采购法》
	2000年《食品循环资源再生利用促进法》
	2000年《建筑材料再生利用法》
	2002年《报废汽车再生利用法》

综上所述,日本的再生资源产业法律体系相当完备,从基本法、综合法及专项单行法多个层面制定了多项经济法规。制定和建立上述诸多法律的目的在于尽量限制自然资源的消耗,同时绿色环保地处理废弃物,循环利用资源,最终推动再生资源产业的发展,实现循环型经济社会建设的目标。这

些法律法规体现了建立循环型社会的首要目标,并辅之以资源再循环、废弃物再利用以及减少废弃物等目标。最后,因为资源和废弃物的再循环利用在不同的行业具有不同的特点,所以日本通过专项法对此作出具体规定,这对再生资源产业发展起到了重要作用。

3.再生资源产业的制度内容

(1)基本法:《循环型社会形成推进基本法》

该法旨在明晰循环型社会的一些基本概念,确定国家、地方政府、企业主和公众的责任范围和内容,同时规定了循环型社会的基本法律规划及其他有关政策和基本事项,以保障全体国民的健康。由于该法是日本调整循环经济和再生资源产业的基本法,理解认识这部法律有助于加强对日本再生资源产业法律的了解。

第一,界定"废弃物"与"循环资源"。"废弃物"包含三方面内容:首先,狭义上,它指仅限于失去再循环利用意义上废弃的物品;其次,一般地,它指人们收集的用过或者没有用过的为人所废弃的物品;最后,广义上,它指在产品制造、加工以及销售等人类经济社会活动过程中所附带产生的物品。其中,"废弃物"中有用的部分被称之为"循环资源",须促进其循环利用。作为循环型社会的调整对象,基本法创新了"废弃物"的概念,将废弃物中有利用价值的部分重新定位为"循环资源"。依据该法第2条第2、3项规定,要抑制"废弃物"产生,须从其有用性着眼并对其进行再利用。就"废弃物"与"循环资源"的两者关系,实际形态上可视为一体,如此,所有物质均可以作为再生资源被再利用。

第二,规定循环利用的优先处理顺序。为了以最大限度降低环境负担为出发点,优先处理顺序为:①抑制废弃物产生。尽最大限度地在物质生产、流通与消费使用过程中抑制资源能源及产品转化为废弃物。②再使用、再利用。对于循环资源,必须最大程度地进行再利用,不能再使用时,可以制成其他产品再利用。③热回收。对于循环资源以不可能再使用、再利用或再利用十分困难时,可以进行焚烧后热回收,以获得热能。④妥当处置。当循环资源的全部或一部分依照前面所述的三个步骤均无法进行循环利用时,则必须确保该物质对环境的无害化处置。

第三,明确政府、地方主管部门、企业及公众的责任。《循环型社会形成推进基本法》第4条规定确定了国家、地方主管部门、企业以及公众的适当的责任分担原则,也就是说国家、地方政府、企业以及公众都要为循环型社会的建设出力并公平地负担各自责任。首先,国家负责统筹策划,协调各方,在遵循适当责任分担和资源循环利用等原则基础上制定循环型社会的基本政策;其次,地方主管部门具体实施必要的措施如分类、保管、收集等措施对资源循环利用或处置,同时策划所在区域有关循环型社会形成建设的有关政策;再次,企业在制造、经营以及销售等经济活动中除了要抑制废弃物的产生以外,还负有对废弃物循环再利用和处理的责任;最后,公众要尽最大限度使用产品以及再生品,与此同时协助落实国家与地方主管部门以及企业的回收措施。其中,又以"排放者责任"及"生产者延伸责任"最为突出和重要。

排放者责任是指排放废弃物的行为者应该对其行为负担起适当的再利用和处理的责任,此乃废弃物再利用的基本原则之一,即产品生产制造者要主动对其废弃物进行再利用与处置。《循环型社会形成推进基本法》第11条规定,企业有责任在其经营的生产活动中,根据基本原则,采取必要的措施,以抑制原物质资源变成废弃物,并有责任在原材料成为可再生利用资源时,由制造者自行进行妥当性循环,或采取必要的措施及处置,由企业承担相关费用,使得可再生物质得到妥善的循环,并使不可再生的物质得到恰当的无害化处置。该法第12条规定了公众的责任,主要内容是除了公众应当遵守循环型社会的基本原则以外,还应最大限度地使用产品以及再生品;此外,还应辅助国家、地方社会团体对再生资源加以分类,抑制生产、经营以及销售等活动过程中废弃物的产生,协助国家在建设循环型社会中形成的各项政策与措施。

所谓生产者责任延伸,是指生产者在其所生产的产品被消费使用、废弃后,仍然对其所制造出来的产品负担一定的再生利用与处置的责任。为了有助于抑制产生废弃物,改善产品的设计、标示产品的材质或成分以及由生产者对废弃以后的产品进行回收和循环利用,生产者从产品的生产阶段对其废弃后的处理加以应对。生产者责任延伸政策有助于生产者制造最大化降低废弃物排放量的产品,研发绿色环保技术以降低产品末端处置的成本。《循环型社会形成推进基本法》第11条第2、3项规定,在生产产品阶段,应通过提高产品的耐久性以及完善其维修机制措施,延长产品的使用寿命,以抑制该产品转变为废弃物,并改进产品的设计,标示其材质与成分,促使该产品尽可能转变为再生资源后便于进行再利用。

（2）综合法:《废弃物处理法》《资源有效利用促进法》

《废弃物处理法》于1970年制定,是日本第一部关于垃圾处理的法律。1976年,日本政府以限制产业有害废弃物排放为核心,对其进行全面修改,主要增加了废弃物产生量最小化、垃圾分类回收、建立垃圾处理中心系统等内容。其立法目的是通过减少废弃物的丢弃,对废弃物进行合理适当的处置,保护生活环境和提高公共卫生水平,明确个人、企业、国家及地方政府在废弃物排放处置中的责任。其后,《废弃物处理法》又历经多次修订,修订后主要内容包括:促进废弃物的减量化;保护自然环境,确保废弃物循环利用和妥善处理,否则有可能面临恢复原状的义务,非法处理的还要受到其他惩罚;确保垃圾处理场设备完善。

《资源有效利用促进法》是日本建立循环型社会的一部综合性法律,其特别贡献在于确立了资源有效循环利用的3R原则(the rules of 3R),改变了过去只强调废弃物再生利用的原物料循环模式。所谓3R原则,它包括三方面内容:①废弃物减少(Reduce),是指为了节约资源使用、延长产品使用寿命,完善产品修理制度,在产品初期设计时要考虑小型、轻便、易于修理等特点,从而也减少废弃物产生;②再使用(Reuse),是指在设计时使产品易于再使用,将产品零件予以规格化、标准化,使得零件得以再使用或经修缮再使用;③再生利用(Recycle),是指产品的生产制造者应当对产品全过程负责,生产制造者应当对产品的材质有所标示,从而使不同原材料的废弃物在回收时容易分类,同时也抑制废弃物的产生,达到资源的循环利用目的。除此以外,为了达到资源的高效循环利用,3R原则还强调必须在产品设计、制造、消费等各个阶段实施3R政策。

(3)专项法规

即根据各种产品不同性质制定的法律,具体包括:

1995年颁布的《容器包装再利用法》,在遵循资源循环再利用的原则基础上,旨在促进容器或包装行业的废弃物再利用和合理处置,对该行业的容器制造者、容器使用者、包装使用者以及消费者等的特殊义务作出了具体规定。

1998年颁布的《特定家用电器再生利用法》,通过对家用电器的回收、利用,减少废弃物和提高资源使用率。空调、洗衣机、电冰箱及废弃电视是该法所规范的特定家用电器,为该法规定再商品化的规范对象。要求厂商对其生产的这四类产品在废弃后必须进行回收、再生和处置;而消费者有义务延长家用电器的使用时间,废弃时必须将该特定家用电器交给相关家电零售商,这也是家电消费者的配合回收义务。

2000年颁布的《建筑材料再生利用法》,通过对特定建筑材料的分解和再资源化的立法,实现资源有效利用和废弃物合理处置的目标,促进建筑物的选择性拆迁和分类回收。所谓建筑材料,是指混凝土、沥青和木材。该法要求建筑工地的工程人员有责任对特定建筑废弃物进行分类和再利用,尽可能地重新利用,并进行再生资源化。同年颁布的《绿色采购法》是为了减轻环境负担,在购买产品时,应选择环境负担小的产品,也就是采购环境友好型产品。由国家推动采购绿色产品,以此促进市场供需和民众消费转型。

2000年颁布的《食品循环资源再生利用促进法》,旨在避免食品垃圾的产生,同时为了减少最终处置的食品垃圾量,运用将食品垃圾转化为饲料或肥料的处理方法。此外,该法的主体部分明确了企业、消费者和政府责任的范围和内容,分别是:首先,食品生产、分送企业以及餐饮业等食品相关企业应当预防食品垃圾产生和承担回收食品垃圾的义务,对食品废弃物进行再生利用;其次,消费者也要避免食品垃圾的产生,并积极使用再生产品;最后,政府应积极承担起制定促进食品垃圾再利用的相关措施的义务。2002年颁布的《报废汽车再生利用法》是为了使得汽车回收利用稳定发展。该法规定汽车厂商有义务回收和再利用报废汽车。汽车制造商或进口商有义务履行合理的职能,实现报废汽车的再利用与合理处置,建立报废汽车的新型再循环利用制度。

可见,日本再生资源产业法律体系框架完整,使得日本再生资源产业发展有法可依,不仅对生产、消费、回收、再处理、再利用以及安全处理等各环节有明确的规定,其详细全面的配套规定具有高度的可操作性,使得各行业的废弃物处理行为受到法律的制约。一套健全完善的再生资源产业法规体系,已为日本再生资源产业的顺利发展提供了法律保障。

二、域外立法的经验启示

我国目前再生资源产业发展阶段,无论是在理论、立法实践或再生资源产业发展实际等方面,与德国、日本等先进国家相比都相对落后,且尚未完全具备建立完善再生资源产业法律体系的社会条件,支撑再生资源产业发展的基本制度也相对缺乏,再生资源产业法律体系需要一段时间来完成。然而一套健全的再生资源产业制度体系是当前正确的立法方向,因此,建议立法者应尽速修改与废除现行的以末端治理思想为指导的制度,以 3R 原则指导再生资源产业立法,并加强再生资源产业法律的可实施性与可操作性,结合我国国情,构建起层次清晰、内容完整的再生资源和循环经济法律体系,将综合性法律法规和专项法律法规结合起来,建立完善对相关主体的制约监管机制与权利义务机制,制定具体个别性条款。以发展再生资源产业为由,订立再生资源产业发展的法律法规制度,建构高效的管理体制和有效的运行机制,明确政府职责、强化企业责任、提高全民资源节约意识与绿色消费意识,强调产业结构转型,转变经济增长模式,将资源节约纳入基本国策,促进我国走上新型工业化道路,从而建立适合我国国情的再生资源产业法律体系。

综上所述,本研究认为再生资源产业是新型的经济发展模式,是经济活动生态化与资源化的途径,需要借助完善的循环经济法律法规体系的建立,方可实践。就资源管理角度而言,从源头的废弃物预防与减量、回收再利用到最终处置阶段,为一个连续的物质流动过程,应从资源妥善管理与有效利用的宏观角度,全盘予以考量并制定相关法律体系,不应以"头痛医头、脚痛医脚"的方式针对各资源能源项目进行管理规划。再生资源产业法律体系是以国家、企业、全民为规范主体,也就是针对资源从输入端、消费使用输出端的每个环节,从社会各层面间的循环体系作最适的规划与管理。发达国家在循环经济理念指导下的资源节约型与环境友好型社会建设,可作为我国就资源妥善管理制定政策与法规制度的思考方向,以达到零废弃、绿色发展与资源可持续利用的目标。

第三节 我国再生资源产业发展的制度化

再生资源产业化就是强调资源有效管理与回收再利用,即产品从生产、再使用、回收再利用、消费者使用与最终处置的整个生命过程,均考虑资源再利用的技术可行性与经济合理性,通过结合产品源头制造过程体系与资源回收再利用体系,促进物质流闭环性循环系统,减少资源浪费与环境污染,以达到"零废弃"的社会可持续发展目标。以下从再生资源产业链的视角切入,分析我国再生资源产业的制度化需求。

一、再生资源产业链的回收环节

(一)废弃物资源分类

1. 强制分类标准

规定强制分类的试点地区与主体范围,细化垃圾分类类别、品种、投放、收运、处置等事项。其中,必须将有害垃圾作为强制分类的类别之一,同时参照生活垃圾分类及其评价标准,再选择确定易腐垃圾、可回收物等强制分类的类别。①

生活垃圾分类实行"有害垃圾、可回收物、湿垃圾和干垃圾"四分类标准。鼓励各单位和居住小区根据区域内再生资源体系发展程度,对可回收物细化分类。

(1)有害垃圾。主要包括:废电池(镉镍电池、氧化汞电池、铅蓄电池等),废荧光灯管(日光灯管、节能灯等),废温度计,废血压计,废药品及其包装物,废油漆、溶剂及其包装物,废杀虫剂、消毒剂及其包装物,废胶片及废相纸等。②

(2)可回收物。主要包括:报废电器电子产品、废旧纸张、废弃纺织物、废弃金属、废旧玻璃、废弃塑料、废纸塑铝复合包装等适宜回收循环利用和资源化利用类的废弃物。

(3)湿垃圾。主要包括:居民家庭日常生活中产生的食物残余和食物加工废料等易腐性垃圾;农贸市场、农产品批发市场等产生的蔬菜瓜果垃圾、腐肉、碎骨、蛋壳、畜禽产品内脏等易腐性垃圾;以及居民的日常生活之外产生的加工食品,提供餐饮服务、单位集体餐饮等活动中的食物残余和食品加工废料等餐厨垃圾。

(4)干垃圾。主要包括:污损后不宜回收利用的包装物、餐巾纸、厕纸、尿不湿、竹木和陶瓷碎片等除可回收物、有害垃圾、湿垃圾以外的其他生活垃圾。

2.垃圾分类投放制度

对列入强制回收目录的产品和包装物,生产者和销售者应当予以标注并明确回收方式和回收地点。③ 完善垃圾分类相关标志,配备标志清晰的

---

① 参见《国办明确2020年底前实施生活垃圾强制分类区域》,2017年3月30日,见 http://www.legaldaily.com.cn/index/content/2017-03-30/content_7075622.htm？node=20908。
② 参见《国务院办公厅关于转发国家发展改革委住房城乡建设部生活垃圾分类制度实施方案的通知》,2017年3月30日,见 http://www.gov.cn/zhengce/content/2017-03/30/content_5182124.htm。
③ 参见《广州市统计局关于进一步做好生活垃圾分类工作的通知》,2018年1月22日,见 http://www.gz.gov.cn/gzstatsjg/tzgg/201801/fa9e29a4102d4c07b3fac3f514622acb.shtml。

分类收集容器,并做好居民区和公共区域的垃圾分类投放宣传引导和分类标示的统一规范工作,为公众精准投放提供便利。

第一,单独投放有害垃圾。居民社区应通过设立宣传栏、垃圾分类督导员等方式,引导居民单独投放有害垃圾。针对家庭源有害垃圾数量少、投放频次低等特点,可在社区设立固定回收点或设置专门容器分类收集、独立储存有害垃圾,由居民自行定时投放。同时,开展垃圾分类示范片区创建,有害垃圾也被纳入分类全覆盖的范畴,每一个垃圾分类试点片区内,将会对有害垃圾设置专门的单独回收装置,首先对有害垃圾进行收集,然后单独进行储存与运输,最后单独进行处理。

第二,其他生活垃圾进行分类投放。居民社区对于设立分类投放点、安排投放时间以及投放的规范可以结合实际情况予以规定。物业企业、居委会等分类投放责任人应当搞好居民定时定点投放的宣传引导及日常监管。沿街商铺则结合环卫作业单位"上门收集"工作,实行定时定点分类交投各类垃圾。也可以采取灵活多样、简便易行的分类方法。引导居民将"湿垃圾"(滤出水分后的厨余垃圾)与"干垃圾"分类收集、分类投放。有条件的地方可在居民社区设置专门设施对"湿垃圾"就地处理,或由环卫部门、专业企业采用专用车辆运至餐厨垃圾处理场所,做到"日产日清"。①

3. 废弃物分类回收宣传教育制度

政府结合实际制定居民生活垃圾分类指南、投放实施方案和细则,引导居民自觉、科学地开展生活垃圾分类。各地教育部门和学校要高度重视学生对于环境资源保护的教育,建立发展环境资源保护的长效教育机制,特别是对日常生活的垃圾分类处理的重点教育。首先要积极调动学生群体的主动性和积极性,通过举办具有丰富内容的生活垃圾综合分类实践活动,以各种不同形式的活动使生态文明教育的效果更加显著,同时积极培育以青少年为主体的环境资源保护学生社团以及志愿者队伍。其次要在学生课堂学

---

① 参见《国务院办公厅关于转发国家发展改革委住房城乡建设部生活垃圾分类制度实施方案的通知》,2017年3月30日,见 http://www.gov.cn/zhengce/content/2017-03/30/content_5182124.htm。

习中融入生活垃圾分类的知识,作为学生学习内容的一部分,充分考虑不同年龄段学生的理解水平和成长规律,因材施教。再次,要积极开展内容丰富的以生活垃圾分类为主题的宣传教育活动,通过黑板报、宣传画、校园网站等宣传方式等实践活动来达到教育目的。最后,在学生通过教材学习生活垃圾分类知识,有一定基础后,学校应在每年至少举办一次环境资源保护和生活垃圾分类的主体宣传教育活动,积极培养青少年学生的生态文明教育和生活垃圾分类意识,从而使学生能够自觉养成低碳环保、勤俭节约、垃圾减量的习惯,由一个教育好的学生带动一个家庭,一个家庭影响一个社区,最后形成一个良好的社会氛围。

4.垃圾分类实施监督考核制度

通过建立和完善生活垃圾分类工作的监督检查制度,对生活垃圾分类工作进行经常性的监督检查。

第一,垃圾分类实施情况的考核指标。逐步完善党政机关生活垃圾分类的考核方案,将分类减量的实际效果作为重要的考核指标,倒逼党政机关不仅要做垃圾分类,更要做实做好。对各级机关的垃圾分类进行定量考核,进而将垃圾分类实效作为机关节能减排考核、创建节约型机关的重要指标。在生态文明先行示范区、卫生城市、环境保护模范城市、园林城市和全域旅游示范区等创建活动中,逐步将垃圾分类实施情况列为考核指标。实施生活垃圾强制分类的城市,政府要切实承担主体责任,建立协调机制,研究解决重大问题,分工负责推进相关工作;加强对生活垃圾强制分类实施情况的监督检查和工作考核,向社会公布考核结果,对不按要求进行分类的依法予以处罚。

第二,实行生活垃圾分类统计制度。从事生活垃圾分类作业的单位应当填写相应的生活垃圾分类收集、运输、处置信息,定期上报城市管理行政主管部门。城市管理行政主管部门对全市生活垃圾分类信息进行汇总、统计,并于每年第一季度公布上一年度的统计信息。①

---

① 参见《广州市生活垃圾分类管理规定》,2015 年 6 月 20 日,见 http://www.gz.gov.cn/gzgov/s8263/201507/de547db5814d4f77baf6cdba57a4a31d.shtml。

第三,生活垃圾分类全流程监管制度。健全再生资源回收利用网络,合理布局站点,提高建设标准,清理取缔违法占道、私搭乱建、不符合环境卫生要求的违规站点。推进垃圾收运系统与再生资源回收利用系统的衔接,建设兼具垃圾分类与再生资源回收功能的交投点和中转站,探索垃圾分类回收和再生资源回收利用"两网融合",鼓励在公共机构、社区、企业等场所设置专门的分类回收设施,开展绿色回收"五进"(进机关、进学校、进社区、进园区、进商场)活动。[1] 建立生活垃圾分类全流程监管制度,搭建全流程监管信息系统。全流程监管信息系统应逐步与商务行政管理部门的资源回收信息系统和环境保护行政管理部门的监管系统实现互联互通。利用大数据、物联网等技术,建立再生资源回收利用信息化平台,提供回收种类、交易价格、回收方式等信息。

第四,建立生活垃圾经营性清扫、收集、运输和处置服务单位的信用档案。通过信用档案管理,将服务单位的违规行为和处理结果等信息纳入全流程监管信息系统和环境卫生服务企业诚信综合评价体系。

5. 生活垃圾分类管理责任人制度

分类清运环节要落实相关分类投放管理责任人制度。对清运环节混装混运的,严肃追究分类投放管理责任人责任;对分类质量不合标准的生活垃圾,管理责任人应当组织二次分拣。环卫收运作业也要通过公示收运时间、规范车型标识等举措,接受社会监督管理。发生混装混运的环卫收运企业将被严肃查处。

建立生活垃圾分类日常管理制度,并公告不同类别的生活垃圾的投放时间、投放地点、投放方式等。在责任范围内开展生活垃圾分类宣传,指导、监督单位、个人做好源头减量和垃圾分类。依据相关规定,结合生活垃圾产生量、投放模式,合理设置生活垃圾分类收集容器,并保持收集容器完好和整洁美观,出现破旧、污损或者数量不足的,应当及时维修、更换、清洗或者

---

[1] 参见《省人民政府办公厅关于转发省发展改革委省住房城乡建设厅贵州省生活垃圾分类制度实施方案的通知》,2017年12月5日,见 http://www.gzjs.gov.cn/xxgk/zdgk/xygh/201712/t20171207_3079555.html。

第七章　我国再生资源产业发展的制度规范框架

补设。使用不同颜色的垃圾收集袋分别收集其他垃圾和餐厨垃圾。将生活垃圾分类收集到指定收集站(点),并交由经许可的单位收集运输。

(二)废弃物资源回收

1. 两网合一

建立生活垃圾转运机制,统一规范和设置生活垃圾收集站(点)标识,规范生活垃圾转运作业的站点、路线和时间。制定生活垃圾分类运输车辆的技术规范。运输车辆应当明显标示相应运输类别的生活垃圾标志,并保持全密闭,且具有防臭味扩散、防遗撒、防渗沥液滴漏等功能。建立健全生活垃圾运输车辆和设备检测检查机制,运输车辆和设备应当安装生活垃圾运输进场电子卡。

加快危险废物处理设施建设,建立健全非工业源有害垃圾收运处理系统,鼓励支持有资质的企业进行回收处理,确保分类后的有害垃圾得到安全处置。鼓励利用易腐垃圾生产工业油脂、生物柴油、饲料添加剂、土壤调理剂、沼气等,或与秸秆、粪便、污泥等联合处置。已开展餐厨垃圾处理试点的城市,要在稳定运营的基础上推动区域全覆盖。尚未建成餐厨垃圾处理设施的城市,可暂不要求居民对餐厨垃圾单独分类。各地应加快建设餐厨垃圾处理设施,遵循减量化、资源化、无害化的原则,建立健全餐厨垃圾处理监督管理制度和体系,严厉打击和防范"地沟油"生产流通。严禁将城镇生活垃圾直接用作肥料。通过引入、合作、重组、兼并等方式,加快培育专业化龙头企业,推动再生资源规范化、专业化、清洁化处理和高值化利用。鼓励回收利用企业将再生资源送钢铁、有色、造纸、塑料加工等企业实现安全、环保利用。

2. 分拣整理(中间整理)

建立再生资源中间整理技术规范。通过资质审查,规范中间整理人员的审核登记,保障中间整理人员的物质场所,确保有资质的企业或人员进行该项活动。确保部分可再生资源废弃物经过简单清理即可流入二手市场,其他需要加工处理的再生资源废弃物进入再生资源企业进行再加工。积极提高对生活垃圾的资源化水平和再利用率,对分类收集运输的不同种类的生活垃圾进行分类处置,进一步循环利用。推动再生产品直接进入商品的流通市场,鼓励再生资源利用企业对分拣后的可回收物进行利用处置。对于不能再循环利用的垃圾,进行焚烧或者卫生填埋;对其他垃圾进行拆分、分类。

3. 垃圾回收押金制度

逐步构建垃圾回收的押金制度和废弃塑料等低附加值再生资源的回收补贴机制。可借鉴广州经验,针对塑料可回收物的分类回收,采取建立基金发放补贴、处罚违规对象等做法。在具体实施中,还需要继续探索解决产业链条补贴前置、处罚对象无法确定、回收物统计监管成本高、投入资金过多等问题。通过法律的形式指定产品、包装或容器的制造、进口、贩卖或使用供应商向消费者收取押金的方式,回收其产品、包装或容器,并在其产品、包装、容器及回收场所标示押金回收相关资讯。

二、再生资源产业链的再加工环节

(一)生产过程中的物流建设

再生资源可以从产生源头分为4类:产业类(建筑业、农业、工业等)、生活类(居家生活)、公共机构类(医院、学校、机关等)和服务消费类(维修店、超市、百货店等)。对于不同特点的再生资源,应建立不同模式的分类回收体系。

第一,针对服务消费中逆向物流的特点建立再生资源回收系统。优势在于企业具有广大而分散的消费群体并且集中回收便利,提倡销售者责任,进而促进绿色市场的建设,在利用销售配送网络的同时进行逆向物流回收渠道的试点建立。

第二,利用三级网络建立生活类再生资源回收系统。首先在城市,以城市发展为基础调整网络的构成,完善并改造以集散市场(回收利用基地)、回收网点、分拣中心为核心的三级回收网络；其次在农村，坚持县域一盘棋、城乡一体化的实施机制和规划管理。

第三，针对资源回收企业设立直接对接的公共机构类再生资源回收体系。选择综合实力强并具有资质的回收企业与公共机构进行对接，通过开展协议回收、流动回收、义务回收、定期回收等多种方式，设立规范回收、合理储存、安全运输、环保处置的规范模式。

第四，设立具有厂商直挂特点的产业类再生资源回收体系。积极促进各类产废企业、回收企业和产业的聚集区构建战略性的合作关系，同时设立符合产业特点的资源回收模式。

(二)再生资源的再加工渠道

1. 分类整理

再生资源回收网络体系建设实施主体直接经营管理初级加工分拣站。首先，分拣站每天根据不同的品质状况、分类标准对在不同社区回收点分散回收的再生资源进行细化分拣整理和简单加工，然后通过特制的封闭式运输车运送到指定的集散交易加工中心进行集中处理。装运设备和加工设施必须符合环保及消防特定要求，防止废物散发恶臭、溢散、造成地面及周边环境二次污染。积极开发肥料、工业油脂、生物柴油等资源化利用产品，通过生物处理技术对餐厨垃圾等可降解有机物进行处置。经核准的有害垃圾，处置单位应强制性回收有害垃圾，并进行无害化处置或者加以利用。

2. 加工生产

设立再利用产品(再制造产品)的政府优先采购制度，对于再生原料和再生产品的标准和目录应当分类进行发布。现行法律规范中并未对再生资源的加工生产环节做任何强制性规定，仅通过推动清洁生产机制来加强源头减量规制。此种做法仅具有宣示意义，产品责任制度没有相关处罚规定，缺乏强制效果，不能保障产品质量。

三、再生资源产业链的利用环节

（一）物流

1. 促进再制造旧件回收企业的规范化、专业化，根据产品的不同特点，以售后维修体系为核心构建旧件回收体系。构建电子废物回收再处理准入机制，促进可追溯的信息全面监管渠道的建立，通过大数据技术、电子标签、物联网等逐步构建一套以电子垃圾科学回收为核心的网络信息化系统，进一步促进回收环节的信息化、专业化水平。

2. 包装物回收处理。推进快递业包装法治化管理、加快快递业包装绿色化发展、鼓励快递业包装减量化处理、探索快递业包装可循环使用、实施快递业绿色包装试点示范工程五大重点任务，并将其细化为强化快递业包装日常监管、制修订快递业包装国家标准和行业标准等具体任务。建立快递业包装治理体系，使快递业包装环保技术标准、统计监测、信用体系、用品用具管理制度和事中事后监管更加健全；绿色包装产学研体系更加完善，试点示范工程建设取得可复制、可推广经验；快递企业使用绿色包装、消费者参与包装分类回收再利用的环境保护意识明显增强。快递业包装必须合法生产，节约资源的使用，实现"低污染、低消耗、低排放，高效能、高效率、高效益"的绿色健康发展。

3. 构建逆向回收旧件系统。鼓励建立以特约维修站点、汽车4S店为主，拆解企业为辅的汽车零部件回收体系。促进区域性再制造废物回收的物流集散中心和专业化再制造旧物回收企业的设立。通过现有的再生资源回收网络来积极回收电子产品等易回收产品，进一步扩大再制造旧物的回收规模，积极开展消费者以旧物置换来购买再制造产品（以旧换再）的工作，扩大再制造旧件回收规模。

（二）再生资源产品推广利用

1. 建立再生产品和再生原料推广使用制度。积极进行再制造企业的生产质量体系的认证,进一步推动再制造产品的认定,并且支持第三方认证机构进行再制造产品、再生产品等绿色产品的认证,并且作为社会推广、政府投资、政府采购的优先选择范围。生产企业要统筹考虑原辅材料选用、生产、包装、销售、使用、回收、处理等环节的资源环境影响,深入开展产品生态设计。具体包括轻量化、单一化、模块化、无(低)害化、易维护设计,以及延长寿命、绿色包装、节能降耗、循环利用等设计。在保障产品质量性能和使用安全的前提下,鼓励生产企业加大再生原料的使用比例,实行绿色供应链管理,加强对上游原料企业的引导,研发推广再生原料检测和利用技术。①

2. 建立再制造的综合管理规范制度。以再生资源品种、产业规模、技术规范、产品标准等为重点,建立以促进资源化为目标的再生资源标准体系。进一步规范完善可再制造旧物回收和再制造产品的销售渠道。探索再制造产业发展的政策管理制度和监管体系。

3. 建立再生资源产业服务平台和信用评估系统。依托"互联网+",建立再生资源产业服务平台和信用评估系统,促进规范化再生资源利用企业发布环境保护和企业社会责任报告。

4. 建立再制造产品质量保障体系。建立再制造产品质量的相关保障体系,把再制造产品并入汽车维修备件的体系当中。促进具有专业资质的再制造服务公司与机械、冶金、化工、钢铁等制造企业的合作,进一步展开对设备清洗、检测、寿命评估以及寿命延长等制造业专业的技术服务。

5. 再制造产品统一标识、认证制度。不仅要进一步完善再制造产品的销售市场,还应发展再制造产品的认证制度、统一标识,拓宽再制造产品流通渠道,鼓励建设各类再制造流通主体。

(三)再回收

1. 落实生产者责任延伸制度。在电器电子产品、汽车领域等行业开展

---

① 参见《国务院办公厅关于印发生产者责任延伸制度推行方案的通知》,2017年1月3日,见 http://www.gov.cn/zhengce/content/2017-01/03/content_5156043.htm。

生产者责任延伸试点示范,促进行业秩序逐步规范,定期发布符合行业规范条件的企业名单,培育再生资源行业骨干企业。

通过规定电器电子产品的生产者责任的延伸政策指引和评价标准,引导生产企业深入开展生态设计,优先应用再生原料,积极参与废弃电器电子产品回收和资源化利用。支持生产企业建立废弃电器电子等产品的新型回收体系,完善废弃电器电子产品回收处理相关制度,科学设置废弃电器电子产品处理企业准入标准,及时评估废弃电器电子产品处理目录的实施效果并进行动态调整。加强废弃电器电子产品处理基金征收和使用管理,建立"以收定支、自我平衡"的机制。强化法律责任,完善申请条件,加强信息公开,进一步发挥基金对生产者责任延伸的激励约束作用。①

制定汽车产品生产者责任延伸政策指引,明确汽车生产企业的责任延伸评价标准,产品设计要考虑可回收性、可拆解性,优先使用再生原料、安全环保材料,将用于维修保养的技术信息、诊断设备向独立维修商(包括再制造企业)开放。鼓励生产企业利用售后服务网络与符合条件的拆解企业、再制造企业合作建立逆向回收利用体系,支持回收报废汽车,推广再制造产品。探索整合汽车生产、交易、维修、保险、报废等环节基础信息,逐步建立全国统一的汽车全生命周期信息管理体系,加强报废汽车产品回收利用管理。建立电动汽车动力电池回收利用体系。

2.对铅酸蓄电池、饮料纸基复合包装等产业集中度较高、循环利用产业链比较完整的特定品种,在国家层面制定、分解落实回收利用目标,并建立完善统计、核查、评价、监督和目标调节等制度。引导铅酸蓄电池生产企业建立产品全生命周期追溯系统,采取自主回收、联合回收或委托回收模式,通过生产企业自有销售渠道或专业企业在消费末端建立的网络回收铅酸蓄电池,支持采用"以旧换新"等方式提高回收率。

---

① 参见《国务院办公厅关于印发生产者责任延伸制度推行方案的通知》,2017年1月3日,见 http://www.gov.cn/zhengce/content/2017-01/03/content_5156043.htm。

3.开展饮料纸基复合包装回收利用联盟试点。支持饮料纸基复合包装生产企业、灌装企业和循环利用企业按照市场化原则组成联盟,通过灌装企业销售渠道、现有再生资源回收体系、循环利用企业自建网络等途径,回收废弃的饮料纸基复合包装。鼓励生产企业根据回收量和利用水平,对回收链条薄弱环节给予技术、资金支持,推动实现回收利用目标。

第四节　我国再生资源产业的制度体系构建

确保我国再生资源产业走向规范化、现代化,当务之急必须推进再生资源产业法制建设。因此,制定和实施专门的法律法规,构建再生资源产业制度框架,是今后必须强化的主要调控治理手段和工作方向。通过制度环境保障,进行有效管理和规制,为再生资源产业提供风向标,为治理现代化提供法制实践基础。具体而言,在国家层面,应制定相关法律,包括再生资源综合性立法与专项立法;在政府层面,须颁布相应的行政法规,制定再生资源产业发展条例;在政府部门层面,制定完善再生资源产业发展管理办法,分门别类地制定相关标准。

一、完善再生资源产业的法律制度体系

比较德国与日本两国的再生资源产业法律制度体系,结合我国再生资源发展实际,研究认为未来修法应参酌日本的再生资源产业立法与执行经验,制定再生资源产业综合法作为框架立法,并配合我国国情逐步在再生资源产业的各领域和产业链的各环节建构专项性法律,对不同行业的废弃物处理与资源循环利用作具体规范,进而完善再生资源产业立法体系,以促进我国再生资源产业发展。

以产品生命周期为规范,建构物质流再生资源产业法律体系,健全废弃物质再利用市场的发展。发达国家多以循环经济理念立法来规范、预防、减

轻或排除废弃物的产生,以德国《循环经济与废弃物管理法》为代表,将封闭循环再利用的概念整合到废弃物管理法规中,建立废弃物质再利用的制度体系。

既然意识到废弃物问题,必须从产品的生产制作就开始避免与抑制其产生。因此建议我国再生资源产业发展立法应学习域外的立法体例和立法经验,以替代传统线性经济发展模式,制定一部"废弃物资源再生利用法"作为框架立法,再逐步于社会各领域层面制定涉及再生资源产业技术及管理的专项立法与配套实施细则、政策法规,对其中的具体内容予以强化,进而推动再生资源产业的绿色、健康的可持续发展。建构一套再生资源产业发展立法体系,使其具备执行力与具体内容,引领我国改变传统经济增长模式,彻底解决废弃物等环境问题,将资源节约、环境保护与经济社会发展整合起来,促使我国朝着资源可持续利用的方向发展,达到最小的物质成本获取最大的经济效益、社会效益和环境效益,有效地利用资源和保护环境,将环境政策与经济发展结合,创造绿色经济发展环境,在保护生态环境下促进再生资源产业经济可持续发展。

表7-4 再生资源回收利用立法体系构想

法律位阶层次		法律名称
法律层次	第一层次:综合法（基本架构法）尚待立法	废弃物资源再生利用法
	第二层次:专项法（具体施行法）尚待立法	如: 建筑废弃物资源再生利用法 废弃电器电子产品资源再生利用法等
	法规命令层次（技术性、细节性事项）尚待配合立法修法	如: 废弃物清理实施细则 工业资源综合利用管理办法等

当前,应加快修订循环经济促进法、报废汽车回收管理办法、废弃电器电子产品回收处理管理条例,适时制定铅酸蓄电池回收利用管理办法、新能源汽车动力电池回收利用暂行办法、强制回收产品和包装物名录及管理办

法、生产者责任延伸评价管理办法。①

二、建立健全再生资源产业发展的基本制度

（一）再生资源产业链回收环节基本制度

1. 生活垃圾强制回收制度。完善生活垃圾分类方面的法律制度，推动相关城市出台地方性法规、规章，明确生活垃圾强制分类要求，依法推进生活垃圾强制分类。发布生活垃圾分类指导目录。完善生活垃圾分类及站点建设相关标准。按照污染者付费原则，完善垃圾处理收费制度。发挥中央基建投资引导带动作用，采取投资补助、贷款贴息等方式，支持相关城市建设生活垃圾分类收运处理设施。严格落实国家对资源综合利用的税收优惠政策。地方财政应对垃圾分类收运处理系统的建设运行予以支持。

2. 再生资源行业综合利用规范制度。完善再生资源综合利用行业规范条件制度，发布符合行业规范条件的企业名单。由中央主管机关对可以再使用的再生资源项目进行规定，并且发布公告。再生资源再使用的记录、贮存方法、再使用规范、清运、设施规范及其他应遵行事项的管理办法，由行业主管机关会同中央主管机关、相关行业主管机关予以规定。

3. 生活垃圾分类示范教育及公众参与制度。建立垃圾分类督导员及志愿者队伍，引导公众分类投放。充分发挥新闻媒体的作用，报道垃圾分类工作实施情况和典型经验，形成良好社会舆论氛围。强化国民教育，着力提高全体学生的垃圾分类和资源环境意识。促进再生资源回收网络的完善。加快构建分拣中心、集散市场、乡村回收站点和城市社区三位一体的资源回收网络。推动不同类型的投资主体参与到构建、改造回收站点的工作中，积极构建一批环保处理设施完备、分拣技术先进、劳动保护措施健全的废弃商品资源回收分拣集聚区。逐步完善生活垃圾的分类回收系统。对生活垃圾的

---

① 参见《国务院办公厅关于印发生产者责任延伸制度推行方案的通知》，2017年1月3日，见http://www.gov.cn/zhengce/content/2017-01/03/content_5156043.htm。

分类回收、安全运输、集中环保处理体系进行完善,在每个社区以及每个家庭中鼓励垃圾分类处理。倡导居民对厨余垃圾进行分类处置,构建高水平的有机生活垃圾回收体系,最终实现厨余垃圾的单独回收、循环再利用。

(二)再生资源产业链的再加工环节基本制度

1.再生资源产品加工制度。对再生资源制作的加工产品标准制度进行健全、完善。首先对产品的生态设计标准进行建立与完善,完善再生资源产业中的循环经济绩效评价标准和经济实践的技术指南,促进重点行业中的生产方式的技术化管理水平达到标准化。进一步健全产业废弃物综合利用、再生资源回收利用等标准,完善利废建材、餐厨废弃物资源化产品、再生原料及产品等产品标准。中央主管机关公告指定再生资源加工企业后,企业应从指定的期限起,严格遵守履行以下事项:产品规定使用的材质以及再生资源的比例;回收再利用的再生资源的种类以及回收的方式;产品规定分类的回收标志。

2.循环经济计量保障、认证认可和检验检测制度。通过对再制造企业的产品进行生产质量体系的认证,促进对再制造的产品进行认定,同时鼓励第三方的认证机构进行对再制造产品、再生产品等绿色产品的认证,并且作为社会推广、政府投资、政府采购的优先选择范围。构建检验检测循环经济的技术支撑体系,建立健全能源的计量体系,提倡用能单位、企业积极提高能源计量器具的配备水平以及能源计量的数据分析、利用水平,强化能源的计量技术服务水平和能源的计量审查水平。建立电器电子、汽车、铅酸蓄电池和包装物4类产品骨干生产企业落实生产者责任延伸的信用信息采集系统。建立4类产品骨干生产企业履行生产者责任延伸情况的报告和公示制度,并率先在部分企业开展试点。建立生产者责任延伸的第三方信用认证评价制度,引入第三方机构对企业履责情况进行评价核证。定期发布生产者责任延伸制度实施情况报告。

3.政策引导制度。再生资源行业的主管机关部门应当在企业回收再生资源时予以政策支持,充分发挥资源再生利用重大示范工程的优势、"城市矿产"示范基地的示范作用、循环回收利用骨干企业的引领作用和经济示范园区等的带头作用,建立健全再生资源的回收利用基础设施建设,推动国内的固体废弃物加工利用的规模化、园区化和清洁化的持续发展。

4. 辅导奖励制度。中央主管机关应当以实际再生利用、再使用技术所产生效益为依据,委办、委托相关机关或者自行进行定期进行再生利用、再使用的技术的绩优选拔,并且给予相应的奖励;其奖助、奖金和表扬的方式方法,由有关机关与中央主管机关进行确定。对于资源回收再利用的企业,其投资用于回收再利用的设施、研究、设备、机具等的费用,应当予以补贴。

5. 责任约束制度。将造成环境污染的企业依法予以查处并进行公布,鼓励污染防治设施的构建,推动环保执法执行的力度,促进再生资源的回收、利用及其中各个环节的防治污染工作。建立严格的以环保、节能指标为主要依据的行业准入和退出机制,研究建立再生资源回收生产者、销售者、消费者责任机制。开展再生资源集散地专项整治,取缔非法回收站点。加强对报废汽车、废弃电器电子产品拆解企业的资质管理,规范对铅酸蓄电池等特殊品种的管理。严格执行相关法律法规和标准,依法依规处置达不到环境排放标准和安全标准的企业,查处无证经营行为。建立定期巡视和抽查制度,持续打击非法改装、拼装报废车和非法拆解电器电子产品等行为。

(三)再生资源产业链的利用环节基本制度

1. 再生资源利用标识标志制度。鼓励再制造产品消费,大力推动资源综合利用、再制造、再生产品使用。推动再制造产品的销售市场,健全再制造产品认证制度、统一标识,拓宽再制造产品流通渠道,鼓励建设各类再制造流通主体。加大再生产品和原料的推广力度,发挥政府等公共机构的带头示范作用,遴选一批生产者责任延伸制度实施效果较好的项目进行示范推广。加强生产者责任延伸方面的舆论宣传,普及绿色循环发展理念,引导社会公众自觉规范交投废物,积极开展垃圾分类,提高生态文明意识。

2. 扶持激励制度。鼓励社会资本参与生活垃圾分类收集、运输和处理。积极采用特许经营、承包经营、租赁经营等方式,通过公开招标引入专业化服务公司。加快城市智慧环卫系统研发和建设,通过"互联网+"等模式促进垃圾分类回收系统线上平台与线下物流实体相结合。逐步将生活垃圾强制分类主体纳入环境信用体系。推动建设一批以企业为主导的生活垃圾资源化产业技术创新战略联盟及技术研发基地,提升分类回收和处理水平。通过建立居民"绿色账户""环保档案"等方式,对正确分类投放垃圾的居民给予可兑换积分奖励。探索"社工+志愿者"等模式,推动企业和社会组织开展垃圾分类服务。

3. 绿色采购制度。为了能够推动资源的回收及再利用的绿色循环,政府部门、公立学校、军事机关、公共事业或机构在进行采购时,应当将受政府批准的环保产品、国内生产的再生资源或者由相当比例再生资源构成的再生产品作为优先选购置对象。同时,为了大力推广再生资源、再生产品及其他环保产品,各行政主管部门及各目的事业主管部门应当自行或委托相关企业或专业机构专门进行教育推广或促销活动。

4. 生产者责任延伸制度。为了尽量减少废弃物品的产生,降低对资源的耗损,同时推动资源的回收循环利用,企业在从事再生资源的生产销售过程当中,应当遵循以下宗旨:在有条件的情况下尽可能使用能耗较小的清洁生产技术;采取必要的手段充分利用原料,减少废弃物的产生;回收再利用已丧失原效用的原料,并妥善处理完全无法回收再利用的剩余部分;如有制造、售卖非一次性物品业务的,应将有利于回收再利用这一观念作为产品设计、研发的重要标准,且为了避免产品成为废弃物品,应当在做好售后修理保障的同时尽量增长产品的使用时限。一是加快修订生产者责任延伸评价管理办法。建立完善产品生态设计、回收利用、信息公开等方面标准规范,支持制定生产者责任延伸领域的团体标准。开展生态设计标准化试点。建立统一的绿色产品标准、认证、标识体系,将生态设计产品、再生产品、再制造产品纳入其中。二是研究对开展生产者责任延伸试点的地区和相关企业创新支持方式,加大支持力度。鼓励采用政府和社会资本合作(Public-Private Partnership,以下简称"PPP")模式、第三方服务方式吸引社会资本参与废弃产品回收利用。建立绿色金融体系,落实绿色信贷指引,引导银行业金融机构优先支持落实生产者责任延伸制度的企业,支持符合条件的企业发行绿色债券建设相关项目。通过国家科技计划(专项、基金等)统筹支持生态设计、绿色回收、再生原料检测等方面共性关键技术研发。支持生产企业、资源循环利用企业与科研院所、高等院校组建产学研技术创新联盟。

综上所述,着手在立法规制上务实高效推进,加快再生资源产业的法律规制研究和立法步伐,使再生资源产业发展真正走上法制化的轨道,具有紧迫的现实性和长期的战略效应。由于再生资源产业连接着初始生产加工环节、过程消费环节和资源再利用环节,对全面推进绿色制造、实现绿色增长、引导绿色消费具有重要意义,因此需要全社会共同努力维护和保障。换句话说,再生资源产业的发展不只是仅仅由企业承担延伸责任,消费者也应承担相应的分类投放责任,同时政府应鼓励支持并提供相应的政策财税扶持。

第八章 我国再生资源产业现代化规范化的行动策略

推进我国再生资源产业发展,需要制定我国再生资源产业现代化、规范化的行动策略。在明确目标思路、规划路径任务的基础上,因时制宜、因地制宜,科学合理推进再生资源产业的发展。推进的指导要点与思路主要包括:提升理念引导,明晰目标路径,加强制度调控,依托市场机制,革新技术工艺,坚持政策激励,营造社会环境,完善法规保障。具体说来:一是以新时代绿色发展为导向,持续发挥再生资源产业不可或缺的独特作用;二是从国家宏观层面完善顶层设计,指导再生资源产业规范有序发展;三是明确政府主管部门统筹协调职责,推进再生资源产业监管规章制度建设;四是发挥市场机制主导作用,促进形成有效运行的现代回收加工营销产业链;五是注重科技创新和成果应用,提高再生资源产业基础设施条件和回收加工能力;六是强化信息网络平台建设,提升再生资源产业面向千家万户千企百业的对应服务水平;七是实施稳定的优惠扶持政策,激励再生资源产业立足本行业实现内涵式发展;八是引导公众支持回收利用,形成有利于再生资源产业发展的社会环境。

第八章 我国再生资源产业现代化规范化的行动策略

第一节 以新时代绿色发展为导向,持续发挥再生资源产业不可或缺的独特作用

一、更新发展理念,确立指导思想

认识再生资源产业具有不可或缺性和社会公益性等特征,重视扶持,对症治理,从战略高度上充分认识再生资源产业在国民经济和社会发展中的重要地位。按照党的十九大作出的战略部署,树立全新的行业发展理念、创新服务模式和组织方式,培育新动能,拓展新空间,推动再生资源企业提质增效,引导再生资源行业转型升级,实现再生资源产业绿色化、循环化、专业化发展,为生态文明建设作出新贡献。

二、顺应时代背景,把握发展方向

再生资源的开发利用,已成为国家资源供给的重要来源,在缓解资源约束、减少环境污染、促进就业、改善民生等方面发挥了积极作用。结合新时代背景下我国再生资源产业发展新挑战、新机遇,将再生资源产业作为绿色低碳循环发展的基石和生态文明建设的重要内容,明确将再生资源产业作为发展循环经济的重要载体和有效支撑。

三、转变发展方式,探索发展新路径

推动再生资源产业健康持续发展,对转变发展方式、实现资源循环利用,将起到积极的促进作用。大力发展再生资源产业,对全面推进绿色制造、实现绿色增长、引导绿色消费也具有重要意义。发展方式是否对路,关乎发展的成效乃至成败。必须深刻领悟再生资源产业的内涵,探索产业发

展新机制、新路径,促进绿色发展和生态文明建设,最终推动我国经济高质量发展。

第二节　从国家宏观层面完善顶层设计,指导再生资源产业规范有序发展

一、实施规划引导,统筹区域布局,优化资源配置

重视再生资源产业的规划工作。在国家以及省、市、县(区)层面编制全国以及区域性再生资源产业发展规划中,形成近期和中长期发展的基本框架;同时为了规范管理、科学布局再生资源回收市场,应当将由回收网点、分拣站和集散市场等构成的再生资源回收网络纳入各级城乡建设规划体系中,并将再生资源回收设施布局纳入到商业网点及环卫设施规划中。各地商务主管部门要以由"再生资源信息管理系统"确定的省级重点联系企业为基础,建立重点联系的分拣加工企业制度,加强与重点联系企业的沟通交流,掌握行业发展情况,了解企业政策需求,协调解决企业发展中的突出困难和共性问题,并及时报送有关行业情况。

二、实施行业管理,探索建立市场化管理机制和产业制度体系

一是通过地方行政主管部门制定"再生资源循环利用市场建设规范""再生资源回收利用管理办法"等地区性的再生资源规范管理文本,在各地设立起针对再生资源的回收网点、分拣中心(站)和集散市场。二是推动地方政府机关建立起统一的行业准入资格标准和环境保护准入标准。资源消耗大、能耗高、污染重的企业将被逐步淘汰。同时,探索再生资源产业的市场化管理机制。地方政府应积极鼓励企业对资源进行回收利用,推动企业

外部收益的内部化,通过制定相应的经济优惠政策,将降低废弃物污染程度所获的边际社会效益同步换算成补贴率,对回收利用再生资源的企业给予经济补贴。

三、建立和健全再生资源管理法律法规体系,规范再生资源产业经营活动

立法机关应当结合社会背景,观测市场情况,在适当的时候推动制订"强制回收产品和包装物名录及管理办法""铅酸蓄电池回收利用管理办法""生产者责任延伸评价管理办法""新能源汽车动力电池回收利用暂行办法"等规范再生资源产业经营活动的法律规范,并且加快对《报废汽车回收管理办法》《循环经济促进法》《废弃电器电子产品回收处理管理条例》等法律文本的修订进度。同时,立法机关也应当注意到非法经营户以及在废旧物资收购活动中有违法行为的网点,通过制定和实施"旧货流通治安管理"等相关法规依法对非法经营、非法进口和走私废旧物资以及协助销账等活动进行打击。此外,危险废物、报废汽车等废弃物的回收利用管理活动,国家有关法律、法规、规章有规定的遵从其规定。再生资源行业协会作为行业自律组织,可以制定并监督执行行业从业规范;发挥技术指导和服务作用,向经营企业、个人提供信息和人员培训等服务;向政府有关主管部门反映会员的正当要求和意见,依法保护会员的合法权益;协助政府有关部门行业管理和维护市场秩序。

四、加快健全再生资源产业相关技术标准

针对再生资源产业相关技术标准缺失的问题,各级政府应按照再生资源产业的路线图,启动技术标准规范制定工作。围绕再生资源行业关键共性技术研发、专利以及知识产权等方面,推动和完善以企业为主体制定标准的工作体系,加快再生资源行业技术、工艺、装备等对产业发展具有重大影

响的技术标准研制,形成一批具有竞争力的技术标准。一是建立符合生态要求的产品设计技术标准;二是完善建立关于产业废弃物综合处理利用、再生资源循环利用等的行业标准,对再生原料、餐厨行业废弃物、利废建材等产品进行产品化处理制定完善的标准;三是在再生金属产业领域内建立健全绿色生产的技术标准。通过建设"绿色银行",从产品的研发到生产全过程中贯彻绿色、环保理念。督促有关部门制定"典型再生金属绿色化利用关键技术目录",使科技评价指标体系更加符合绿色发展理念,并通过技术标准的贯彻反过来推动产业转型升级。

五、构建符合要求的再生资源产业认准制度、检验检测和计量保障体系

推动官方机构对再制造产业的产品及产品质量进行体系认证,各级政府在进行采购、投资、推广活动时,优先选择受第三方认证机构认可的再生产品、再制造产品等绿色产品。从检验检测技术层面,完善再生资源产业计量体系、健全能源计量保障制度,通过有关部门加强对能源计量技术服务和能源计量的审查与考核,反向倒逼各用能企业提高在研发、生产、应用过程中对能源计量数据的分析利用程度及对能源计量器具的配备程度。

六、融通再生资源国际贸易市场,改进再生资源进口管理工作

扩大进口再生资源目录,建议将经过分类整理的废工业塑料、废家电、废汽车、废轮胎等列入进口目录;建立若干进口再生资源配送中心,如在沿海建立废钢铁、废塑料配送中心。积极引进国外先进的且适用再生资源产业发展的理念、技术和管理经验,利用多渠道资金,加强与国外政府、企业、科研机构、国际组织在再生资源产业方面的交流与合作。积极拓展国外工程承包业务,提升与国际产能的合作程度,鼓励本国境内的再生资源企业积

极参与境外投资,整体提高境外资源转化为产品的加工能力,使国外的再生资源成为国内资源的可靠保障来源。促进国际市场中再制造产品的占有率,加强企业的运营维护能力,确保再制造产品的品质达到与西方国家标准同等的质量可靠性与性能稳定性。

第三节 明确政府主管部门统筹协调职责,推进再生资源产业监管规章制度建设

一、加强对再生资源产业发展工作的领导和协调,强化组织领导体系

把发展再生资源产业纳入国民经济和社会发展总体规划和年度计划,加强宏观指导,明确发展目标。建立再生资源产业统计指标体系,将其纳入国民经济和社会发展统计体系。加强部门间协调,合理分工,建立再生资源产业实施统筹协调机制,形成职责明晰、协同推进的工作格局。强化组织领导体系,建立由省级经济和信息化部门牵头,发展改革、科技、公安、财政、环境保护、建设、外经贸、税务、统计、市场监管等部门参与的省级层面再生资源产业发展联席会议制度,明确有关部门职能。发展改革部门负责将再生资源产业纳入国民经济和社会发展规划中;经济和信息化部门负责研究制定省级层面再生资源产业政策和发展策略,组织实施再生资源产业发展的相关规划,依法组织实施对再生资源回收经营者的备案工作;科技部门负责推动再生资源产业产学研平台的搭建,支持再生资源加工利用技术的研发及技术引进;公安部门负责废旧金属回收经营者的备案工作和再生资源回收的治安管理;环境保护部门负责再生资源回收和利用过程中环境污染监管和执法工作;城乡规划部门负责将本地再生资源回收网点纳入城乡规划,并依法对违法违规行为进行查处;外经贸部门负责再生资源及资源再生产品的进出口管理工作;统计部门负责建立再生资源产业的统计制度并组织

实施;市场监管部门负责制定资源再生产品标准,建立认证和标识制度,监督检查资源再生产品的质量和标识。

二、强化政府的政策指引功能,落实项目目标的考核制度

地方各级政府和相关职能部门都应把大力发展再生资源产业纳入国民经济和社会发展总体规划和年度总体计划,继续扩大政府宏观政策对再生资源产业的指引作用,确认发展具体方向。政府应当组建再生资源产业发展工作小组,明确责任单位,建立协同一致、监督到位的工作体系,通过加大力度推广在再生资源产业中实施目标责任考核评估体系、加强对再生资源产业发展的监督与管理,顺利达成社会发展总体规划和年度总体计划中相关指标和任务。积极引导再生资源产业组织行业协会、产业联盟,通过民间团体的力量,搭建政府与企业之间良性对话与交流的桥梁,促进再生资源产业的稳健发展。

三、实施垃圾强制分类指标考核制度

在生态文明先行示范区、卫生城市、环境保护模范城市、园林城市和全域旅游示范区等创建活动中,逐步将垃圾分类实施情况列为考核指标;因地制宜探索农村生活垃圾分类模式。政府要切实承担"推进实施生活垃圾强制分类"的主体责任,建立协调机制,分工负责推进相关工作;要加强对生活垃圾强制分类实施情况的监督检查和工作考核,向社会公布考核结果,对不按要求进行分类的依法予以处罚。

四、完善对安全隐患的监督与保障制度,防治环境污染问题的发生

政府应当组建相关的安全监督小组,积极关注与预防再生资源产业中

存在的各种公共安全问题,在布局规划、消防安全、市容卫生、环境管理和社会治安等方面采取刚性预防和监督措施。环境保护部门也应当加大环保执法力度,加快建设环境污染防治设施建设,做好再生资源产业各个阶段的污染防治工作,定期向社会公布因污染环境被查处的企业信息。建立再生资源骨干企业的信用信息采集系统,并与全国信用信息共享平台对接,对严重失信企业实施跨部门联合惩戒。严格执行以环保、节能指标为主要依据的行业准入和退出机制。明确生产者、销售者、消费者在再生资源产业中的有关权责,并积极组建与此挂钩的相关机制以规范三者在再生资源产业中的经营活动、消费行为与生产活动。

第四节 发挥市场机制主导作用,促进形成有效运行的现代回收加工营销产业链

一、坚持"政府引导、市场主导"

按照"政府引导、市场主导"的理念,有效区别政府和市场的功能,激发企业活力和创造力,充分发挥企业和社会在再生资源产业发展中的作用。发挥市场在资源配置中的决定性作用,以企业为主体,完善相关支持政策。加强政府在制度建设、政策制定及行业发展等方面的引导作用,为企业发展创造良好环境。

二、发挥企业主体作用

充分发挥企业作为创新主体的作用,鼓励企业加大研发投入,加强企业与高等院校、科研院所的紧密结合,鼓励和支持建立产学研用创新联盟,协同开展关键共性技术攻关,推动再生资源上下游产业链协同创新。以市场需求为导向,开发再生资源新种类,拓展营销渠道,创新产业技术。

三、运用市场手段优化再生资源产业结构

借助市场手段优化产业结构,推动再生资源企业转型升级。通过市场机制提升企业核心竞争力,促进产业结构调整,打造良好的市场环境。进一步延伸再生资源回收加工营销的产业链条,推动再生资源产业水平整体提升,促进资源的高效利用并实现优化配置,做到经济效益、环境效益、社会效益的协同发展。

第五节 注重科技创新和成果应用,提高再生资源产业基础设施条件和回收加工能力

一、全面升级投资、融资方式,持续加大对再生资源产业科技创新的资金注入

利用政府与社会资本合作模式及其他资金渠道,譬如工业转型升级、技术改造、节能减排、科技项目等专项注资渠道,加大绿色制造相关专项支持力度。完善再生资源产业发展创新驱动机制,将资源循环利用共性关键技术研发列入国家科技计划。研究设立再生资源产业发展专项基金,加大对再生资源技术装备产业化和公共平台建设的支持力度。

二、继续针对可再生资源循环利用体系建设进行研究与革新,从科技创新的角度为再生资源产业提供技术支持

支持企业与高校、科研机构等开展产学研联合,加快新技术、新工艺、新材料、新产品和新设备的推广应用。鼓励企业研发综合利用先进技术装备,促进成果转化。企业作为再生资源回收利用市场的主要参与者,从企业文

化的角度出发营造良好的创新氛围。同时企业应响应政府主导建立技术服务传导机制,如科技研发中心、创新中心、创新技术服务孵化基地等服务机构,不断提升自我的科研创新能力,与同行业其他企业间形成良性互动。政府也应当加大力度培育运营效果显著的再生资源产业技术创新战略联盟等科技创新平台,利用平台的力量布局与产业链相匹配的创新链及资金链,使科技创新的成果落实到企业的具体生产活动当中。大力推动企业发挥创新主体的主导作用与社会资本合作,以此建设再生资源产业技术研发平台,促进创新服务制度的蜕变。

三、确认在技术创新中投入的比例重点,完善对科技创新投资的监督管理制度

通过建立科学、合理的分配机制,对再生资源领域中科技创新资源进行妥当的配置,强化职能部门对含有国家财政投入的技术创新项目的管控。地方政府对再生资源回收利用行业未来的行业趋势、重点任务、典范工程、政策指引进行规划,大力推动再生资源行业及再生资源产业的科技突破和产业发展。研究制定企业负面清单。依托"互联网+",建立再生资源产业服务平台和信用评估系统,促进规范化再生资源利用企业发布环境保护和企业社会责任报告。以再生资源品种、产业规模、技术规范、产品质量标准为核心参考要素,使再生资源行业标准体系向资源化的方向逐步迈进。

四、启动关于再生资源科技重点项目

职能部门应当对再生资源产业目前存在的技术瓶颈开展"基础理论—技术研发—集成示范—推广应用"全链条贯通式科技攻关与集成示范。加快关于再生资源利用重点专项的启动工作,建立符合我国实际情况的再生资源全产业链技术创新体系。再生资源领域技术创新链中各要素都由产业

技术创新联盟掌握,同时与专家和成员单位获取紧密联系。政府方面,要加强重视并且发挥再生资源领域有关产业技术创新联盟的助力,更好地确立专项计划和实施方案。

五、可再生资源的技术创新和应用需要以人才培养战略为重点

在可再生资源产业发展中培养人才,组建行业关键技术人才培训,充分发挥专业人才在产业发展中的主导作用。实施绿色制造培训行动计划,壮大绿色人才队伍,建立健全咨询、信息等绿色推广服务体系,为再生资源产业中的中小企业开展网上培训、免费志愿者咨询等服务。通过增加科技投入,建立科研经费池的方式鼓励和支持高校开展可再生资源利用研究项目,引导有资质的企业开发新的再生利用设备和技术。充分利用资源再生行业协会等专业机构,开展专业培训,培养技术人才,促进企业专业化和工业科技专业化发展,尤其是针对回售模式利用效率低、技术水平低、缺乏足够专业知识的"粗放型发展"企业。

第六节　强化信息网络平台建设,提升再生资源产业面向千家万户千企百业的对应服务水平

一、利用信息化手段提升产业人员水平

充分利用互联网手段加大培训力度,提升产业链前端工厂就业人员的职业素养与技术水平;同时,为提高再生资源产业技术人员的整体素质,政府应大力引导生活垃圾回收利用领军企业或者行业协会通过培训班、专业院校培养等方式,对相关从业人员进行专业技能培训。

二、推动建立再生资源的线上交易体系

通过利用大数据分析、监测流向及物联网等科技手段,将废旧资源的回收渠道整体革新,充分打造"互联网+"的新兴模式。鼓励互联网企业参与再生资源线上回收服务,实现线上交废与线下回收的有机结合。推动智能化回收网络建设,打造布局合理、设施齐备、功能完善、管理规范的再生资源网络集散平台。

三、加强信息服务机构组织建设

鼓励企业利用互联网、大数据和云计算等现代信息技术和手段,建立或整合再生资源信息服务平台,为上游回收企业、下游拆解利用企业搭建信息发布、竞价采购和物流服务平台,提高回收企业组织化水平,降低交易成本,优化再生资源回收、拆解利用产业链。以废弃电器电子产品、废弃饮料瓶等为突破口,在有条件的社区、商场等公共场所试点设立智能型自动回收机;以智能信息卡为载体,完善线下回收网点,通过激励机制,鼓励居民与企事业单位主动交投,实现线上信息流和线下物流的统一。鼓励互联网企业参与再生资源移动手机App、微信和网站回收服务,实现线上交废与线下回收的有机结合。

四、构建再生资源产业的国际交流平台

支持国内的研究机构与国际尖端的科研团队紧密合作,形成牢固的合作关系,开展人才的交流培训活动以及对绿色工业等的合作研究,在宏观上促进国际绿色科技共同向前迈进。与全球环境基金、联合国开发计划署紧密合作,加强在工业绿色发展领域中与联合国工业发展组织的交流。拓宽交流合作范围,不论是在双边及多边的政府部门、行业协会,还是研究机构、

公司企业之间,充分利用与中外等相关国际组织的合作基础,共同致力于中外的绿色产品政策的交流与能源开发的合作。通过构建再生资源产业的国家交流平台,促进再生资源产业研发水平和应用水平的持续提升,为服务千家万户提供支撑。

第七节 实施稳定的优惠扶持政策,激励再生资源产业立足本行业实现内涵式发展

一、提高对再生资源循环利用重点企业的支持力度

行政职能部门应当从财政补贴、贴息贷款等角度帮助再生资源循环利用龙头企业减轻经济负担。财政部门应当按照规定从相关专项资金中对政府认可的再生资源综合利用产业园区及再生资源回收体系建设项目提供相当的经济补贴。地方各级政府在进行采购活动时也应当优先选择符合标准、经过认证的资源再生产品。

二、设立财政奖励制度,推动再生资源回收利用产业发展技术革新

对符合条件的融合作用创新平台和应用示范试点,运用现有财政专项资金给予支持。发挥投融资引领,探索互联网金融、风险投资、天使投资等投融资平台与行业联动发展,完善支持行业创新的融资服务。积极争取土地优惠政策,对市场失灵品种回收模式给予政策支持。

三、完善财税支持制度

按照污染者付费原则,完善垃圾处理收费制度。发挥中央基建投资引

导带动作用,政府职能部门应当运用各种财政补贴政策推动城市建设中生活垃圾分类收运处理设施的完善。地方财政应对垃圾分类收运处理系统的建设运行予以支持。改善再生资源税收优惠相关制度和再生资源进口报关制度,为企业创造宽松的经营环境。建议政府财政部门和海关创新税收和进口再生资源报关机制。利用已有的资本引入方式,增强对回收利用经济的支持,尝试通过政府社会资本合作等方式增强社会资本与财政资本在循环经济中的联动。

四、完善再制造产品的绿色消费制度

通过对再制造产品进行标识统一、建立认证制度,扩大再制造产品的销售途径,推动再制造产品市场的扩展以及对再制造、再生产品等的使用。通过建设绿色商场将节能低碳改造、绿色产品销售、废弃物回收集于一体,构建绿色供应生产链。

五、政府在采购活动中应体现绿色采购的宗旨

落实政府对采购节能环保产品的评审和监督制度,地方各级政府应当严格执行规章制度,落实节能减排,实施绿色采购。在政府采购目录中列入节能环保产品清单,优先选购贴有节能减排、环保标志的产品。政府机关、公立学校、公共事业单位或机构、军事机关的采购,应优先采购获得环保标识或其他经过政府认可的环境保护产品、本国境内的以资源性废弃物质或一定比例以上的资源性物质为原料制成的再生产品。

六、加强再生资源产业科技园区土地供给

鼓励地方规划设置再生资源产业专业园区,对再生资源产业包括市场、分拣等设施建设项目优先保障建设用地,对其用地和各种规费予以优惠或

补贴。工业园区规划开发时,主管机关应当依该地区再生资源产业的土地需求,要求工业区开发单位应预留再生资源产业用地。

第八节 引导公众支持回收利用,形成有利于再生资源产业发展的社会环境

一、实施再生资源回收利用专题宣传教育推广活动

在教育体系及社会主义核心价值观中增加对节能减排的认识。在全国各地加强开展节能减排、环境保护等主题活动的力度,增强媒体工作者对当前我国在节能减排领域所取得成效及重视程度的宣传意识和宣传力度。各地职能部门、教育机构也应当向社会传播有关节能减排的知识及方法,开展社会舆论监督,为落实节能减排塑造稳定、优质的环境。利用媒体的社会影响力大力宣传垃圾分类及再生资源利用。职能部门应当会同行业协会、企业等团体共同募集活动资金,在政府机关、学校、居民委员会、村委会、民间团体及个人志愿者的积极参与下,通过各种媒体渠道,举办各式各样的再生资源知识推广活动,使社会各方面对回收再利用经济和再生资源利用作用的认识逐步提高,使公众充分认识到对再生资源进行回收利用的必要性和重要意义。

二、各地教育机构应当积极推广生态文明建设教育,加快完善有助于生态文明建设的教育体系

学校应当会同出版社编辑出版有关再生资源、循环经济、绿色经济的教材以及相关课件,组织老师对在校学生大力普及再生资源、低碳经济等相关知识。在义务教育阶段、职业教育学校、技术院校以及高等院校等不同阶段,根据学生的知识水平、知识结构设计角度不同、深度不同的教育内容,大

力开展有关再生资源回收利用的社团活动,从实践、公益等多角度推广再生资源回收利用在各阶段学生间的认知,使学生从书本到实践,逐步认识到回收利用再生资源的重要意义。充分激发学生们的主观能动性,使其积极参与到生态文明实践活动中来。

三、构建全社会共同参与的再生资源循环利用回收体系

各个机关、单位、小区、村委会等应组织群众共同搭建城乡间的再生资源回收联动制度。城市居民及农村村民应共同加入到再生资源的回收利用活动中来,共同研究、创新城市生活废弃生活物品的回收制度。对生活垃圾采取分类的回收利用制度,通过设立奖励体制,奖励正确投放、正确分类生活垃圾的居民,可以充分调动其积极性与主动性。同时,在交通方便的地区可以研究试行固定时间固定地点的垃圾运输方式,并与垃圾分类挂钩,在不同的时间段回收不同种类的垃圾,培养城乡居民定时定点向回收车辆投放垃圾的生活习惯,以此减少对传统固定垃圾回收点的设置。在垃圾的终端处理问题上,也可以充分引入社会资本的协助力量,政府可以采用承包、租赁等方式引入专业处理生活垃圾的第三方服务机构,提高对生活垃圾的回收和处理效果。职能部门也可以与地方高校、研究机构、龙头企业等达成战略协作关系,就生活垃圾如何进行资源化不断进行研发与创新。

四、大力推动居民生活方式和消费理念向绿色低碳的方向转变

响应生态文明建设要求,推动全民积极参与节能减排活动,在全社会中推广低能耗、低污染、环保低碳、绿色经济的消费观念。在实践中创新提出结合我国实际情况、符合中国特色的绿色低碳消费理念及生活模式。政府应当出台相应的政策,企业应当实施相应的活动,在消费者市场中大力推广绿色低碳、节能环保产品,减少不必要的产品包装与资源浪费,逐步消除冲

动消费等不必要、不合理的消费理念。政府也应当在积极开展节能减排专项行动的同时,通过专题活动、树立典型等方式加强对节能减排内容的宣传,提高全民参与节能减排活动的积极性与主动性,建立监督团队对节能减排工作效果进行监督与考核。持之以恒落实相关措施,使民众逐步养成文明、节约、绿色、低碳的生活方式。

附录：课题研究期间提交的专家咨询建议

附 1　关于进一步规范重庆市报废汽车回收行业发展的建议

附 2　加强废弃物分拣整理、提升再生资源利用水平的建议

附 3　规范可再生废弃物资源进口利用的政策建议

附 4　制定"废弃物资源再生利用法"的建议

附 5　《循环经济促进法》的修改与建议

附 6　我国资源综合利用法律规制的关键问题及建议

附 7　"中华人民共和国资源综合利用法"立法建议

附 8　求实创新之路：从资源综合利用到推进循环经济

附1

关于进一步规范重庆市
报废汽车回收行业发展的建议[1]

重庆市政府参事　重庆大学教授陈德敏

伴随着我市2010年来汽车保有量的高速增长,汽车报废量将在未来五年以后大幅增长,进入回收利用高峰期。市政府对此高度重视,奇帆市长于2010年和2013年先后批示组建了相对集中经营的市报废汽车集团公司和大足开发园区报废汽车拆解利用基地。但是受诸多因素影响和制约,行业的整体情况并未达到市政府预期,整个行业仍处在低水平徘徊的困难境地,甚至呈现出愈加混乱的趋势。

重庆作为我国汽车制造的主要基地之一,应把报废汽车回收行业做好,源源不断提供汽车生产所需的可再生利用原材料,实现资源循环利用。为此,亟待在市场机制下进一步完善政策机制、依法加强监管,促进规范经营和健康发展。我们结合近期实地调研,针对行业存在的问题和解决的对策,提出如下分析建议。

一、我市报废汽车回收行业发展简况

2016年一季度,我市各类机动车保有量约450万辆,其中汽车保有量320万辆。据统计分析,我市汽车保有量自2010年开始以20%的速度高速增长,由于我市汽车快速增长主要是近5年,尚未达到报废高峰期,若按5%—6%的报废率计算,年应报废汽车16万—19万辆左右。而目前我市全年实际回收各类机动车不到3万辆,远低于现有拆解能力。

---

[1] 重庆市人民政府参事室2016年7月《参事建议》第18期。

附1 关于进一步规范重庆市报废汽车回收行业发展的建议

2010年,为规范我市报废汽车回收拆解行业经营行为,在市政府指导下,整合我市较大的几家报废汽车企业组建成立了重庆市报废汽车集团,统筹管理区县的75个回收点;后来经商委同意又陆续建立了多家同类企业(包括民营、混合投资)。目前,全市有17家报废汽车企业(主城12家),各区、县遍布101个回收点。其中的三家骨干回收企业,按照国家技术规范要求,投资进行升级改造,大幅度提高了集中规模化拆解能力。供销社系统报废汽车集团公司在大足区双桥初步建成15万辆/年拆解规模基地;渝商集团报废汽车回收处理有限公司在江北区港桥工业园初步建成5万辆/年拆解规模基地;青岛新天地集团公司在永川区国家"城市矿产基地"初步形成6万辆/年拆解能力。全市现已形成26万辆/年集中规模化拆解产能。

报废汽车回收拆解行业现状是:企业数量多,回收网点多,报废汽车量少,拆解技术粗放,附加价值低,呈现"僧多粥少"的畸形市场态势,企业普遍处于保本或亏损的经营状态。

二、面临的经营困难和主要问题

1. 行业市场秩序较乱,企业运营举步维艰。当前,行业市场已呈现出"劣币驱逐良币"的现象。管理规范、建设投入高的企业,经营成本越高,利润空间越小,收车价格难以提高;反而部分技术落后、管理不善的小企业以提高价格为手段回购报废汽车,使相当数量报废汽车流入缺乏资质的拆解企业和个人,行业秩序乱象丛生。目前市场对于附加值高的、拆解汽车可回用零部件的需求状况不佳。报废汽车回收拆解企业的利润完全受制于钢材市场与废钢铁市场下行影响,钢厂废钢收购价格一路下跌,企业运营成本逐年增加。销售难、成本高等多重压力,使报废汽车回收拆解企业经营面临前所未有的困难。

2. 行业监管不到位,税收减免政策紧缩。该行业属特殊管理行业,废旧车辆回收拆解的监管涉及多个政府职能部门。由于报废汽车回收拆解网点数量多,场地规模小,地理位置分散,行业主管部门事前、事中监督困难,往往仅进行少数冒头违规实例的事后处理。应报废汽车通过"假过户""假转籍""假被盗"等渠道脱离监管,成为"僵尸车"或流入非正规的回收站或个人。由于目前对二手车和报废车没有严格的标准界定,车主因车辆残值过低、补交费用过高或手续繁琐等原因,应报废汽车"废而不报",少量流入了二手车市场或者边远山区,造成潜在的交通隐患。

该行业具有明显的社会公益性,一直得到税收减免政策扶持。自2011年开始废旧物资回收经营行业原有的减免税收扶持政策被取消,企业的总税率高达20%以上。加之回收源头失序,拆解量少增值低,不盈利以致亏损在所难免。

3. 拆解环境污染问题凸显。我市该行业仍沿袭"分散回收、分散拆解"的传统模式,除个别企业达到相关技术和环保要求外,大多企业属手工作坊式生产,场地简陋,设备设施落后,普遍采用手工氧割、明火作业,暴力式拆解。汽车报废后在被非正确处理的过程中,仅废弃金属可得以回收利用,残值浪费严重。拆解产生的废旧玻璃、废塑料、废泡沫等可再利用物资由于无法批量处置,只能作为固废随意丢弃。分散的拆解点所产生的废气、废油、电瓶废液等危险废物违规排放,拆解产生的危险废弃物也由于缺少规范的暂存场地,导致周边环境污染问题日益突出。

4. 法规制度不完善。报废汽车属于特种商品,目前按照国务院令第〔2001〕307号、报废汽车回收拆解企业技术规范(GB22128-2008)以及渝办发〔2007〕338号文件作为政策指导。随着报废汽车行业发展,这些法律法规制定较为原则,如对准入条件、经营主体、技术标准、经营场地等要求不够细致规范,缺少对回收拆解技术规范和环保规范。经正规渠道报废汽车的手续繁琐,执行过程中缺乏可操作性,在经营管理中出现的新问题亦找不到法律法规依据,已经不能适应时代要求。

三、兄弟省市报废汽车回收行业规范经营的有效做法

1. 上海报废汽车回收拆解模式。上海最初拆车企业多达14家,2002

年后,上海通过建立"收拆破碎分离、综合利用集中、信息网络管理、政府加强监管"体系,形成了"统一回收、专业拆解、集中破碎"的"1+4+1"运作模式,即1个回收服务中心、4家专业定向拆车公司和1家"五大总成"破碎公司。4家拆车公司分别"肢解"不同类型的车辆,破碎公司则承担报废机动车"五大总成"破碎工作。后根据市场进行了调整,最终形成6家大型报废汽车回收拆解企业。与此同时,上海车辆管理部门建立了一整套关于机动车拆解工作的规范,公安部门全面介入报废机动车从回收至拆解整个过程的监管,使上海报废机动车回收拆解管理相对比较完善。

2. 成都报废汽车回收拆解模式。成都通过产业资源优化整合与国有资本引导投资,整合全市17家报废汽车回收拆解企业,形成了"1+2+X"模式,即1家报废机动车回收拆解企业、2处报废机动车拆解场、X个报废机动车回收网站。依托成都兴原再生资源投资有限公司,建立了覆盖主城区及13个区(市)县的报废机动车回收网络体系,实行信息接收、拖运、办证、付款一条龙服务,设立"一站式"报废机动车办证服务中心,负责办理报废机动车注销、汽车报废更新补贴资金受理业务,建立了报废汽车信息共享交换平台、报废汽车远程注销、远程监销办理平台和报废机动车注销登记服务站,取得了规范行业经营的初步成效。

四、促进我市报废汽车回收行业规范发展的五点建议

1. 改革完善行业发展思路,建立部门协同的工作机制。对全市报废汽车回收行业发展进行统筹规划布局。进一步理顺报废汽车管理模式,强化对报废汽车回收拆解企业及回收网点的规范管理,逐步建立布局合理、功能完备、管理规范、竞争有序的报废汽车回收拆解格局,形成法规制度健全、规则公开透明、竞争规范有序、管理体制顺畅高效的行业管理体系。

建立重庆市商务委员会牵头,公安、工商、经信委、环保等部门协同的工作机制。可实行季度联席会议制度,分析问题,采取措施,不断完善对报废汽车的注销登记、回收拆解、上路行驶等环节的全方位治理。推动建立报废

车辆登记、注销、回收、拆解等信息共享平台和服务监管平台,强化全过程监管。进一步规范市场秩序,加大对非法报废汽车拆解市场、打击拼装汽车违法活动的打击力度,对私拆乱解问题严重的区域、村镇、废品(废钢)回收市场等进行专项整治。

2. 创新报废汽车回收与运营模式。引导行业走集约化、专业化、规模化道路,将回收和拆解两大环节分离,由现有"分散回收、分散拆解"模式逐步转型为"定点回收、专业拆解、集中破碎、集成管理"模式。参考上海经验,建立"5+N+3+1"运作模式,即:五大功能区域分别建立 1 个回收服务中心(共 5 个)连接 N 个回收网点,3 家专业拆解骨干企业和 1 家破碎骨干企业,走规范、有序、共赢的回收拆解路径。探索"互联网+报废汽车回收",引进物联网、云计算、大数据等先进管理技术,建立报废汽车网络回收平台,实现报废汽车从回收、运输、拆解、利用等环节的全过程实时监控和信息分析。

3. 提高技术和环保"准入"门槛,加强行业日常监管。提高从业者进入汽车拆解行业的技术标准和环保要求,设置规范合理、扶优汰劣的行业标准为准入门槛,引导行业向环保拆解和废弃物资源化再利用方向发展。鼓励有实力的企业从粗放型拆解向精细化拆解方向转变。引入环境评价机制,对新设回收拆解企业和已设企业进行环评。加大环保执法力度,所有报废汽车经营企业都应建有规范的危废物暂存场,保证废弃物和危废物规范处置。支持有条件的企业与环保企业合作,对报废汽车拆解末端产生的废弃物进行资源化再利用和无害化处置。

明确主管机关、审批机关和监督管理机关各自的职能、责任和业务流程。鼓励现有报废汽车回收拆解企业引进具有先进回收拆解技术的企业参股合作和跨区域兼并重组。坚持报废汽车回收企业资格认定制度,建立报废汽车回收拆解企业市场准入和退出机制,及时清理不达标的拆解企业。

4. 加大对报废汽车回收行业政策支持力度。针对"废而不报"的现象,建设基于互联网机动车电子信息跟踪档案和共享查询平台。为保障安全,对达到报废标准的车,要吊销牌照,强制报废。对各种报废车除不予年审外,及时收缴牌照、注销车籍,出台"黑名单"制度;对达到报废标准不缴指定地点的汽车,不给予其新车上牌,已经上牌的新车不予年检。

由于再生资源回收利用具有社会公益性,可出台补贴政策,鼓励车主对老旧汽车、黄标车提前报废。加大对报废汽车回收拆解企业税收优惠,部分或全部免除相关地方税,采取固定低税率扶持政策。对回收经营企业,在拆解分选加工后销售的再生资源,按税率3%征收增值税,对用作原料的再生资源允许按照取得再生资源销售发票(即3%进项税)作进项抵扣。在国家制定的《资源综合利用产品及劳务增值税优惠政策目录》中确定回收拆解分选加工品种,实行即征即退80%税收政策。

5.完善报废汽车行业规章制度。出台《关于促进我市报废汽车回收行业规范发展的意见》,编制报废汽车拆解技术标准和行业准则、拆解环境保护技术规范等,提高汽车拆解准入技术要求和门槛,监督行业满足环境保护等法律法规要求。对我市渝府办发〔2007〕338号文件进行修改和细化。加快出台我市报废汽车回收再利用产业发展的地方法规。

市政府采纳此建议后,综合市经济信息化委员会、市商务委员会提出改进完善措施的工作汇报,专发加强此项工作的文件[1]。

---

[1] 《重庆市人民政府办公厅关于进一步加强报废汽车回收拆解管理工作的通知》,2016年10月19日,见 http://www.cq.gov.cn/publicity_zqsrmzfbgt/cxjshjbh/hjjcbhy-zl/2460。

重庆市人民政府办公厅关于进一步加强报废汽车回收拆解管理工作的通知

渝府办发〔2016〕216号

各区县(自治县)人民政府,市政府有关部门,有关单位:

为进一步加强报废汽车回收拆解管理工作,营造良好的市场环境,维护广大群众利益,根据《报废汽车回收管理办法》(国务院令第307号)、《汽车贸易政策》(商务部令2005年第16号)和《关于加强报废汽车监督管理有关工作的通知》(商建发〔2009〕572号)精神,经市政府同意,现就有关事项通知如下:

一、合理规划布局

各区县(自治县)要根据本行政区域现有报废汽车回收拆解企业数量、汽车保有量和城市发展规划等情况,统筹规划布局报废汽车回收拆解企业。在符合城市发展规划的前提下,解除报废汽车回收拆解企业指标限制,但其建设标准与条件必须符合相关规定。

二、严格资格认定

对报废汽车回收拆解行业实行特种行业管理,对报废汽车回收拆解企业实行资格认定制度。对申请设立报废汽车回收拆解企业的单位或个人,由各区县(自治县)商务主管部门牵头,会同工商、环保和公安等部门,指导和监督其严格按照相关法规规定推进相关基础设施建设,确保达标。对建成完工的报废汽车回收拆解企业,由市商务主管部门组织市工商、环保、公安等部门验收;对验收达标的,市商务主管部门给予资格认定;对验收不达标未取得资格认定的,相关单位或个人一律不得开展报废汽车回收拆解业务。

三、强化行业管理

各区县(自治县)商务主管部门要牵头组织开展经常性的监督检查活动,加强报废汽车回收拆解行业的监督管理,规范经营行为。对出售报废汽

附1 关于进一步规范重庆市报废汽车回收行业发展的建议

车整车、五大总成(发动机、变速器、前桥、后桥、车架)和拼装车,买卖、伪造、变造《报废汽车回收证明》的报废汽车回收拆解企业,一经查实,由原审批发证部门吊销其从业资格并注销其营业执照。

四、加强部门协作

商务、公安、工商、环保、交通运输等部门要各司其职、通力协作、密切配合,强化监管报废汽车注销登记、回收拆解、市场整治、路面巡查等环节,杜绝报废汽车、拼装车上路行驶和流入交易市场;加强信息沟通交流,建立信息共享机制,相互通报已达到报废标准的汽车办理注销登记、报废汽车拆解、报废汽车回收拆解企业情况及汽车修理企业维修车辆记录等信息。

本通知自印发之日起施行。《重庆市人民政府办公厅关于加强报废汽车回收管理的意见》(渝办发〔2007〕338号)同时废止。

重庆市人民政府办公厅
2016年10月19日

(此件公开发布)

附 2

加强废弃物分拣整理、
提升再生资源利用水平的建议[①]

为落实党的十九大"坚持节约资源和保护环境的基本国策"的发展要求,推进可再生资源循环利用,在当前禁止洋垃圾进口、倡导生活垃圾分类、规范城区回收网点的同时,应当高度重视可再生资源分拣整理,以利于持续再生加工利用。调研发现,分拣整理是再生资源产业发展的关键环节和"牛鼻子",加强长期薄弱的分拣整理环节十分迫切。为此建议:认识其节约资源保护环境的公益属性,加强可利用资源回收的政府统筹;牵住分类回收"两网融合"的"牛鼻子",重点抓好分拣整理环节的建设;培育市场主体,支持分拣整理龙头企业的规范集约经营;坚持创新驱动,强化分拣整理先进技术研发和产业化;推进互联网+再生资源回收融合,注重线上线下衔接;出台扶持政策,发挥经济政策的激励作用,促进再生资源产业的健康持续发展。

一、再生资源利用面临新形势

经过行业的改革发展和相关政策支持,我国再生资源产业取得了长足进步和节约资源保护环境的显著成效。2016年各类废金属、废纸、废塑料、废电器产品等再生资源国内回收量2.47亿吨,同比增长5.5%;回收值5563亿元,同比增长5.2%;截至2016年12月,新三板挂牌再生资源类企业已有33家。但是多年来再生资源回收利用的经营现状却难以令人乐观,无法支撑循环经济的持续健康发展。

---

① 2018年1月上报全国哲学社会科学工作办公室《成果要报》选用。

附2 加强废弃物分拣整理、提升再生资源利用水平的建议

2017年7月,国务院办公厅印发《禁止洋垃圾入境推进固体废物进口管理制度改革实施方案》,要求全面禁止洋垃圾走私入境,完善进口固体废物管理制度,切实加强固体废物回收利用管理。我国禁止洋垃圾走私进口的目的之一,是优先解决国内垃圾处理和资源化利用问题。这样做,不仅可以切断"散乱污"企业的可再生废料来源,也有利于改善生态环境质量、保障国家生态环境安全。

2017年8月,环保部等六部委联合下达《电子废物、废轮胎、废塑料、废旧衣服、废家电拆解等再生利用行业清理整顿工作方案》,此后各地相继出台整治方案,对违规网点进行清查整顿。大幅减少国外进口可回收废弃物,整顿违规回收网点,将有助于国内再生资源回收利用行业的调整转型和增量提质。

另一方面,我国城市生活垃圾快速增长亦带来新问题。环保部发布的《2016年全国大、中城市固体废物污染环境防治年报》显示,2015年全国246个大、中城市生活垃圾产生量约18564.0万吨,且以7%—9%年均速度增长;70%的城市陷入垃圾围城困境。我国的垃圾分类处理仍处于初级阶段,仅约不到10%的垃圾得到分类;分出的可用废弃物的相当部分又混运到垃圾场作焚烧或填埋处置。在各城市的垃圾处理过程中,一般约60%的填埋,34%的焚烧后填埋;随着填埋占用地的快速增长,部分城市已无土地再填埋垃圾。而现有垃圾清运方式和无害化处理能力满足不了资源化利用的需求。

生活垃圾中混杂的可回收废旧物品,需要经过分类拆解、修理、翻新及再加工制造等工序,才能重新成为具有使用价值的可用物品。由于缺乏畅通、正规的再生资源回收、分拣、物流体系,一定程度上限制了我国再生资源加工利用的社会化、规模化发展。

因此,需要重视和加强再生资源分拣整理环节(包括废弃物的二次分类与分拣整理),这是衔接上游回收、下游利用的关键一环(见图1),是再生资源行业发展的"牛鼻子"。规范分拣整理环节,完善回收体系,突破瓶颈约束,成为再生资源产业发展中亟待解决的重大课题。

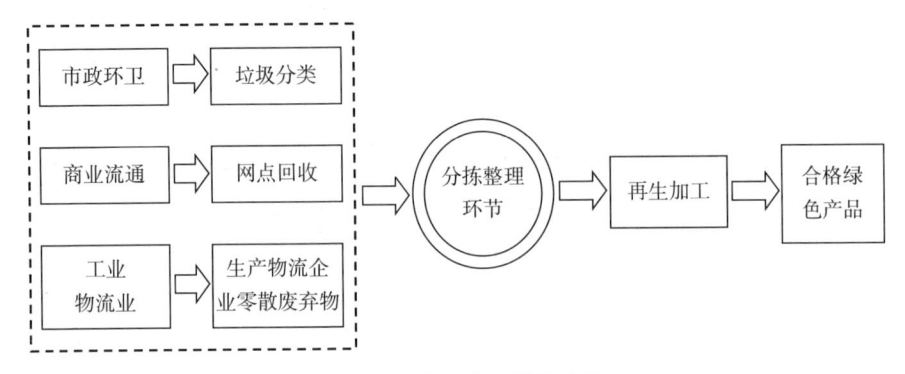

图 1 再生资源产业链及流程

二、存在的主要问题

资源循环利用产业已列入国家战略性新兴产业,但国内回收分拣整理体系发展滞后,难以满足落实节约资源和保护环境基本国策的新时代需求。

1. 回收从业者"小散乱",组织化程度低。再生资源产业链中,分拣整理主要由小企业及家庭作坊承担,整体上呈现从业人员分散、流动性强、监管难度大等特点。从事拆解、分选、清理等整理环节的合格企业及分拣中心少,缺乏与下游利用企业联系;尚未分类回收的部分资源作为垃圾焚烧或直接填埋,既造成了可回收利用资源的极大浪费,也增加了垃圾填埋占地。

2. 分拣整理技术水平低,研发能力不足。总体上看,在再生资源的分拣整理环节,缺乏先进适用的生产工艺及设备,尤其缺乏处理规模大、经济效益好且具有带动效应的重大技术和装备。我国绝大多数城市缺少采用现代化的技术设备、能从事精细拆解回收分拣的现代企业,分散回收的可利用资源无法归拢分拣和规范整理,导致再生回收利用效率低下,且常常带来二次污染。

3. 缺乏统筹规划和合理布局。虽然部分地方政府制定了废弃物分拣规划及扶持政策,但缺乏国家层面的总体规划。再生资源循环利用需要城市间的统筹规划、密切合作,合理布局回收、分拣处理设施。由于缺乏部门、地区、城乡间的统筹,导致再生资源分散回收、分拣能力重复建设,难以形成规模。

4.缺乏对薄弱回收分拣环节的政策支持。由于我国垃圾分类制度尚在探索,垃圾分类投放执行不到位,回收者分拣垃圾的最大动力在于利益,"无利不起早"。国家虽然高度重视再生资源产业发展,各级政府也出台了相关政策,但缺乏对再生资源分拣整理环节的扶持,低价时无人回收再生资源。

三、政策建议

再生资源回收利用是绿色发展的重要组成部分,须纳入经济社会发展和现代化建设合理规划布局。当前,急需强化分拣整理环节,推动垃圾清收向变废为宝转变,填埋处置向分类减量转变,散乱无序回收向有序收集分拣转变,粗放利用向集约化循环利用转变,使城市环境保护、资源节约迈上绿色发展的新阶段。

1.认识其节约资源保护环境的公益属性,加强可利用资源回收的政府统筹。再生资源回收利用具有节约资源、保护环境的公益属性,政府部门应加强集成管理,建立再生资源分拣整理工作联席会议制度,有效统筹协调,加强相关部门产业规划和激励政策。强化区域统筹,规划建设区域性分拣整理平台,推动企业跨区域回收、分拣整理,提高废弃资源回收利用效率和规模化。发挥相关行业协会的桥梁作用,为企业提供政策解读、技术咨询、业务指导等服务。

2.牵住"两网融合"的"牛鼻子",重点推进分拣整理的规划建设。在垃圾分类、收运回收"两网融合"进程中,根据城市大小与区域分布,规划合理数量的分拣整理中心和整理点。利用现有各类产业园区闲置土地,促进城市再生资源分拣中心进入产业园区,并与城市住宅小区、公用设施建设相结合。研究提出分拣整理的建设标准,进行规范建设,防止二次污染。考虑再生资源回收利用行业的公益性,划拨社区回收站点及分拣整理中心的规划用地,建立规模化的以分拣整理中心为主的中转或物流园区。从实际情况出发,依照城市总体规划设立相当数量的再生资源集散市场。支持鼓励企业参与建立规范的再生资源回收交易市场和分拣整理中心。

3. 培育市场主体,支持分拣整理龙头企业集约化经营。重视和扶持达到一定规模、规范化运行的再生资源企业和企业家队伍建设。发挥原商业流通和物资系统的公司、集团及其企业,近年来新成长且已成规模和品牌的资源利用、环保类企业,依托互联网与网下实业结合的新型平台企业的作用。加强对龙头企业的培育和扶持,拓展回收利用网络,延伸产业链条,并逐步发展成为当地再生资源回收、分拣整理的主体,实现经营产业化、利废资源化和处理无害化。加强分拣整理网点的监督管理,取缔和整治非法经营和无资质企业经营。在完善配套政策法规的同时,严格执法,加大对二次污染等违规行为的处罚力度。

4. 坚持创新驱动,强化分拣整理先进技术研发和产业化应用。搭建再生资源研发平台,推进产学研结合,强化新技术研发及应用,鼓励先进企业改进分拣整理工艺及技术装备。成立研发平台和专项科研奖励,加快技术成果转化应用,对企业科研投入给予适当税收减免和补贴。鼓励企业加大对再生资源分拣设备的研发投入,加快研究废弃物分拣处理技术。鼓励引进现代化、自动化、智能化技术设备,提高分拣整理的科学化、精细化水平。

5. 推进互联网+再生资源回收利用融合发展,加快线上线下一体化建设。充分利用互联网、物流网、大数据等手段,通过线上订单、线下回收仓储物流一体化,形成系统完整的废弃物处理与资源回收利用的产业链。鼓励企业探索物联网技术,实行信息化管理,对进入再生资源回收领域的废弃物进行跟踪。搭建再生资源物流信息平台,促进再生资源分拣整理企业与产业链上下游的联系,形成与产废环节、利用环节的有效衔接。

6. 出台扶持政策,发挥经济政策的激励作用。制定适应再生资源回收分拣整理利用行业发展的扶持政策和措施,主要包括:再生资源回收分拣整理网点布局中优先考虑土地安排;依据产业政策与产品目录给予税费减免;在计税和征收方式上给予实质性的支持。推广先进省市经验,由再生资源

附2　加强废弃物分拣整理、提升再生资源利用水平的建议

龙头企业汇总开具收购凭证,将前端回收、分拣整理环节难以缴税的若干小户、中户、大户积聚起来,统一由龙头企业按销售收入全额的17%进行汇总缴纳增值税。制定引导生产经营者入驻市场开展分拣整理交易的政策,加大对分拣整理企业的税收补贴,规范居民交收可再生物品的奖励方式。

重庆大学　陈德敏

2018年1月

附 3

规范可再生废弃物资源
进口利用的政策建议[①]

我国是世界上最大的废塑料、废纸等可再生废弃物进口国,部分进口废弃物成为我国工业制造业的重要原料。不可否认的是,混杂进来的部分"洋垃圾"堆积和扩散对人们的健康和环境造成了直接威胁;再加上国内监管不足、惩处乏力,更让"洋垃圾"有了生存的土壤,成为污染源之一。近年来,海关总署在全国海关组织开展了"绿篱"专项行动,其措施必要,成效明显。部分主流媒体刊文报道了东部沿海地区出现的"洋垃圾"进口及其所涉及的相关产业利益链条等问题,并发出了保护环境和维护进口秩序的倡议。

在充分肯定必要性和实效性的基础上,需要特别指出的是:笼统使用"洋垃圾"概念,将有害废物与进口可用废弃物资源混同共诛之,对产业结构国际分工态势下我国再生资源产业的发展,产生了不利的舆论导向和实际后果。实践中人们普遍对废弃物回收利用的认识存在误区,"洋垃圾""洋资源"往往只是一念之差,关键看如何引导。"垃圾不等于废物",有些作为垃圾的废弃物经过再生处理,能够创造新的价值重新利用,对资源节约、环境保护有事半功倍的效益。基于此,本课题组特提出如下见解和改进建议。

一、"洋垃圾"相关概念的矫正简析

进口混合废弃物即俗称"洋垃圾",一般由两类构成:可利用废弃物(亦

[①] 2013 年 7 月上报全国哲学社会科学工作办公室《成果要报》选用。

称再生物资或物品,占总量85%—90%以上);有害废物(亦称垃圾,占总量1%—6%左右)。第一类是海关规章允许进口的固体废弃物,国家对其实行进口许可证管理,作为资源进行再生回收利用,以有效节约原材料,弥补国内资源不足。第二类,具体指国家禁止进口的固体废物目录中的废矿渣、废催化剂、废电子垃圾等工业废物,以及旧服装、建筑垃圾、生活垃圾、医疗垃圾和危险性废物。对此类真正的"洋垃圾",责令当事人作退回或进行无害化处置,防止对国内环境造成污染。无害化处置所指的处理方式主要包括分解焚烧、压缩减量、防渗填埋等。

为什么会出现进出口环节实际运行中的偏差行为?一是国外与国内在废弃物回收物流方面的利润、成本有较大价差;二是少数进出口双方经营者为逐利而采取"打擦边球"甚至违法违规的行为。出现而应正视的问题是,在我国大多数民众对此知之不多的情况下,部分新闻媒体以"洋垃圾"一语蔽之并讨伐之,带来了因噎废食的负面影响。

目前全国从事再生资源回收利用企业10万余家,各类回收网点30万个,从业人员1800多万人。以广东汕头贵屿镇为例,15万常住人口中超过80%的家庭直接参与废旧电子产品分解,每年分解量超过150万吨。仅从2012年7月到2013年5月间,我国64家有资质拆解电子产品的企业拆解量就达到了2200多万台。

据有关部门统计,我国现在主要品种再生资源回收总量1.65亿吨,其回收总值达5763.9亿元;废钢铁、废铜、废铝、废铅利用量分别已占当年产量的13%、50%、23%和42%。部分城市主要品种再生资源回收率已提高到70%。

从资源再生观点来看,"垃圾是放错地方的资源",一切物质资源均具有循环利用的价值。资源再生领域作为战略性新兴产业,被称为21世纪"朝阳产业",将成为未来新的增长点。据再生资源企业协会测算,发达国家每年产生40亿吨可利用废旧物资,如果中国每年增加进口利用其中的1亿吨,可节约包括水、煤、油、矿、木材等原生资源120亿吨、少产生"三废"100亿吨、节电1000亿度(相当4000万吨标煤)、减少二氧化碳排放1.25

亿吨、解决就业450万人。

二、"洋垃圾"概念滥用带来的不利影响

目前由于媒体对于所谓"洋垃圾"的报道,导致了部分地区、单位对于"可再生固体废弃物资源"和"洋垃圾"不作区分的误解和抵制,使我国再生资源产业作为原材料的进口废旧物资出现了较为严重的短缺,在广东、福建、浙江等地尤为明显。2013年上半年,我国进口可再生固体废弃物资源共计2804.2万吨,货值166.3亿美元,同比下降了8.2%。

在我国再生资源回收利用和加工体系日益完善、再生资源综合利用先进适用技术不断提升的背景下,将进口的废旧物资交给具有合格资质的企业加工处理,具有显著的经济价值,对于拉动内需、增加就业、促进消费、节约资源均有重要的意义。再生废弃物资源进口受阻,将使我国再生资源产业的原料来源面临困境。据不完全统计,我国进口废旧物资即统称"洋垃圾"总量中有害废物部分,2006年仅占0.5%;2013年1—6月我国海关查处有害废物6.8万吨,占同期进口废旧物资2804.2万吨中的0.24%。对此,应当坚决发现一起严处一起,依法查办走私或偷运有害废物的进出口经营者,并责令退回或强制其作无害化处理。

需要同时指出的是,我国每年进口大量可利用废弃物资源乃至出现"洋垃圾走私"现象,而另一方面国内多数城市均不同程度存在"垃圾围城"现象,其根源在于我国尚未建立起自己的可再生资源回收利用体系,垃圾分类制度缺失,百姓意识淡薄,激励政策不力。

三、规范可再生废弃物资源进口利用的建议

1. 明确基本概念,规范使用边界。"洋垃圾"是一个俗称,目前新闻媒体所称主要采用的是广义的概念,即进口的废旧物资和非法入境的有害废物的总称。从《国家限制进口的可用作原料的废物目录》和《中华人民共和

国固体废物污染环境防治法》相关规定可以看出,国家许可作为资源可再利用的"洋垃圾"的进口,而作为废物的"洋垃圾"是国家明令禁止入境的。为此,需要政府主管部门和新闻媒体重新审视统称"洋垃圾"的概念范围,不应一概以"洋垃圾"而否定国外进口的废旧物资的资源性价值。

2. 政府监管部门执法中不可矫枉过正。海关在严格查处非法走私偷运有害废物、继续加大执法力度的同时,应当理性务实执法,不搞运动式执法,不分配指标,实事求是地区分进口可利用废弃物资源,创新进口报关核查机制,为国内再生资源企业依法进口该类物资提供便利和服务。

3. 对进口可利用废弃物资源实行园区化管理。为防止在进口可利用废弃物拆解加工过程中造成环境二次污染,要求相关企业适当集中并进入专门园区。国家有关部门和地方政府加以指导,但不应强制,也不能搞成一个固定模式。对已经形成的太仓、台州、漳州、清远、河北大城等废旧物资加工利用园区,倡导建立污染物处理基金,用于企业再利用技术开发和环境保护。在适当调整可利用废弃物进口目录的同时,国家部门和地方政府应加强管理,更多采取经济手段,规范调控企业的进口可利用废弃物的行为,如降低可利用废弃物进口关税、提高原料出口关税等,促进可利用废弃物资源进口和循环利用。

4. 对固体废弃物资源进口企业实行分级管理。一是对企业实现分类管理,对评定为高资信级别的企业给予优先办理货物接单、查验、放行手续以及到厂监管等全方位的便利措施,降低经营成本,实现通关提速。二是在企业登记评定方面推动海关、环境保护、检验检疫的三方合作,相互通报情况,综合各自考评要素,评定资信等级,为资信等级高的企业提供优先服务。三是支持有良好信用记录、经营效益好的再生资源综合利用企业与商业银行建立长期稳定的合作机制,充分利用多种金融工具,解决企业融资问题。各级政府、职能部门和行业协会帮助企业建立信用评估体系,规范财务做账和记账制度,提高财务信息的公开度和透明度。四是针对目前再生资源加工企业在收购废弃物用作原料时,无法得到销售发票而不能抵扣进项税的实际问题,可研究对资信等级高的企业在销售环节缴纳的增值税酌情调整。

5.构建多层次多形式的宣传教育体系。通过开展广泛的宣传教育和培训,提高干部群众对发展再生资源产业重要性的认识。一是针对社会上出现的对资源再生产业原材料进口视为"洋垃圾"的误解,对废塑料、旧轮胎等均被看作是"洋垃圾"限制或禁止进口的舆论,要进行理性分析和说明,形成正确的舆论氛围。二是针对再生资源从业者被误解是"破烂王、拾荒的、丐帮、扒拉大军",并且往往成为教育子女不求上进的反面教材,通过宣传教育使人们树立资源节约和环境保护意识,消除对再生资源利用产业的认识误区。三是针对干部群众面对冠以"再制造"或"再循环材料生产"商品时,便认为其质量有问题的认识误解,要通过宣传教育使他们认识到回收和进口固废物进行拆解、加工利用不仅可以增加资源供应,也是节能减排的重要途径。

为此,本课题组建议加大对再生资源回收加工利用的知晓传播,将有关知识列入中小学教育教材,让节约资源、保护环境、循环利用的意识从小扎根。要充分利用主流媒体和现代网络,宣传引导社会各界积极支持和自觉参与再生资源回收利用事业,为绿色、低碳、循环发展,建设美丽中国出力。

重庆大学课题组组长　陈德敏
2013 年 7 月

附 4

制定"废弃物资源再生利用法"的建议[①]

我们多年来参与国家发改委及相关部门进行的"资源综合利用法"起草研究工作,认识到其中主要的内涵是废弃物资源的再生利用。最近两届全国两会已有多位人大代表提出议案,建议将"资源节约与综合利用法"列入立法计划。去年5月,我应邀作为两名专家之一参加了全国人大法工委、环资委召开的上述立法规划论证会并发言。我们从废弃物资源再生利用立法角度提出,在实质内容上支持从生态文明建设的全局出发,开展立法研究,尽快列入立法计划。

一、提出背景

我国是人口众多、资源不足、环境欠佳、粗放型经济发展模式尚存的新兴大国。资源匮乏将是长期制约我国经济社会持续发展的主要瓶颈。但是,生产过程中能源原材料使用不合理,消费领域中物品使用浪费过大,同时大量可用废弃物资源回收率偏低,亟待系统高效再生利用。例如,改革开放以来我国城市建设迅猛发展,建筑废弃物数量巨大,回收利用极少,大量被填坑弃置,影响环保。随着今后新型城镇化的推进,建筑废弃量还会增多,如何再生利用,甚为迫切。

多年的实践证明,废弃物资源充分再生利用既可弥补资源不足的短板,又可减少污染保护环境,拓展再生资源产业,扩大社会就业,是实现多赢的正确策略。

近年来,随着社会对资源循环利用的意识增强和工作推进,国家相关部

[①] 2014年2月请全国人大代表转交全国人大环境与资源保护委员会法案室。

门已实施部分废旧物品、废旧电子电器和建筑废弃物等单项政策办法,因缺少上位法律,实施力度和实施效果有限。尽管《循环经济促进法》有原则性条文,但目前我国尚没有一部专门系统界定和规范废弃物资源回收再生利用的法律。

二、立法建议

从遵循可持续发展基本国策、推进生态文明、建设美丽中国的全局出发,立足中国现代化进程的实际需求,借鉴发达国家制定废弃物回收利用专门法律实施的成功做法,特建议:启动立法研究,起草制定《废弃物资源再生利用法》,并尽快出台实施。这对于适应我国经济社会迅速发展需求,加快建设资源节约型、环境友好型社会具有紧迫的现实意义和长远的战略意义。

(一)废弃物资源再生利用的内涵及适用范围

废弃物资源是指:在社会的生产、流通、消费过程中产生的不再具有原使用价值而被弃置,但可以通过加工使其重新获得使用价值的各类物料(包括生活废旧物资)。

再生利用的定义是指:人们根据废旧物料的成分、特性和赋存形式,对其进行深度加工、再次制作和重新利用,使其转化为社会所需的再生物资资料的生产经营活动。

该立法的适用范围包括:

——自然资源开发领域中废弃物(尾矿等)的回收再生利用;

——生产领域中使用能源原材料加工产品所产生废弃物料的回收再生利用;

——流通与消费领域中产生的各类废旧物品的回收再生利用。

(二)立法框架设想

建议该法的体例结构如下:

第一章　总则；

第二章　市场经营体系及监管制度；

第三章　自然资源开发中废弃物再生利用；

第四章　生产过程中废弃物料再生利用；

第五章　流通与消费过程中废旧物品再生利用；

第六章　扶持激励措施；

第七章　法律责任；

第八章　附则。

重庆大学课题组组长　陈德敏

2014年2月

附 5

《循环经济促进法》的修改与建议[①]

改革开放以来,我国经济迅猛发展,已经成为世界第二大经济体,但不容忽视的是环境资源问题也越来越突出。对于我们这样一个自然资源相对匮乏、环境质量欠佳、粗放型经济发展模式尚存的发展中大国而言,坚定不移地推进资源循环利用是生态文明建设背景下的核心任务与重要使命,具有深远的战略意义。目前,我国资源约束趋紧,国内资源供给难以保证经济社会发展需要,可持续发展面临资源瓶颈约束的严重挑战。《巴黎协议》的生效对我国碳减排和应对气候变化提出了更高要求,亟须通过加速循环经济发展来缓解资源短缺、气候变化与经济下行等多重压力。党的十八届五中全会确立了"创新、协调、绿色、开放、共享"的五大发展理念,这是破解资源环境约束、加快生态文明建设、实现绿色转型发展的理论指导和实践指南。"十三五"规划也要求大力发展循环经济,推动建设绿色循环低碳发展产业体系。循环经济发展的机遇与挑战并存,所面临的挑战包括法律规制的顶层设计问题。我国《循环经济促进法》于2008年8月29日经十一届全国人大常委会通过,于2009年1月1日正式施行。在自然资源与环境容量日益稀缺的今天,《循环经济促进法》是实现绿色发展的里程碑式立法,开启了循环经济与资源综合利用的立法先例。

一、《循环经济促进法》的现状检视

《循环经济促进法》的特色在于:(1)有效结合了经济、能源、环境等相

[①] 2016年11月全国人大环境与资源保护委员会征求本法修改意见时提交此建议稿。

关部门的节能减排工作;(2)国务院发改委为法定主要监督协调机构,提高了节能减排的管理位阶;(3)170多个循环经济企业、园区或城镇试点为其立法提供了经验素材。然而,《循环经济促进法》在立法目的、立法框架的章节设置及相关立法概念方面存在不完善之处,无法克服循环经济发展所面临的一些挑战,《循环经济促进法》的运行现状有待检讨。

(一)立法定位不清导致与其他相关法律法规难以协调

根据《循环经济促进法》内容可以看出涵盖的层面相当广泛,其所牵涉的法律数量之多也是空前的。然而,循环经济法并非其他各法的母法,常与其他相关法律法规发生竞合和冲突。如《循环经济促进法》在废弃物方面强调生产者责任延伸,而《废弃电器电子产品回收处理管理条例》则强调收费制;《节约能源法》强调处罚机制,而《循环经济促进法》重视补贴等经济手段。此外,《循环经济促进法》与《清洁生产促进法》的重叠性较高,也与2011年起实施的《废弃电器电子产品回收处理管理条例》的立法精神相当,存在着竞合关系。

(二)立法体例不规范致使难以指导实践

《循环经济促进法》按照"减量化、再利用、资源化"(即"3R"原则)这种发展循环经济的基本指导原则为顺序,构建设计循环经济法的立法体例。这种立法架构设计固然突出了发展循环经济的指导原则,但是若将其作为一种制度安排,上升到法律结构高度来规制社会经济行为,则在实际运行中是难以对应把握的。这不仅无法做到立法层次清楚、易于理解与实践的要求,而且在规范内容涵盖上也不够全面。

(三)立法内容过于关注产业园区,缺乏社会生活中的循环经济规范

《循环经济促进法》规制的范围多是产业园区内的资源循环利用,而对园区外更大范围的资源循环并无关注,如城市或区域范围内的生产与生活系统之间资源交换共生体系没有涉及,这导致循环经济进一步发展的瓶颈,

无法形成区域资源循环圈。

《循环经济促进法》规制的对象主要是生产、流通、消费领域内的资源循环利用与回收,但对于社会生活中循环经济规范着墨不多,对于日常生活中如何减少废弃物、有何责任和义务并未规定。循环经济从日常生活层面着手才能真正全面贯彻循环经济的理念。正由于缺乏发展循环经济的全民意识,导致一些地方政府、企业和社会公民并未认识到循环经济的重要性,积极性不高、配合意愿也不强烈。

(四)法律责任的规定欠缺,可操作性不强

《循环经济促进法》的鼓励作用大于规范作用,并以试点工作进行示范与宣传论坛成果展的形式推广循环经济成功经验。就立法内容而言,许多条文的规定仅限于原则性规定,缺乏相应的责任规定,尚未形成指导循环经济发展的总体规范,法律责任规范缺乏制约了循环经济的全面推进。循环经济强调资源循环利用、清洁生产,强调从源头防治污染产生,即环境预防。随着《循环经济促进法》等一系列环境法律法规的颁布,环境预防也已确立,但这些立法规定仅原则性规定,缺少法律责任条款保障实施。如《循环经济促进法》第9条规定,企业事业单位应当建立健全管理制度,采取措施降低资源消耗,减少废物的产生量和排放量,提高废物的再利用和资源化水平。然而,在法律责任第六章中并未对此类主体违反法定义务所承担的责任进行规定。可见,《循环经济促进法》法律责任条款不够全面、具体与清晰。

二、《循环经济促进法》的完善建议

(一)进一步明确循环经济的立法目的

所谓循环经济,是指人们在生产、流通和消费过程中遵循生态规律和经济规律,以资源循环利用为核心,按照减量化、再利用和资源化的原则,实现资源高效利用和最少废弃物排放的活动。循环经济的核心内涵是资源循环利用。循环经济的中心含义是"循环",强调资源在利用过程中的循环,"循环"的真义不是指经济循环,而是指经济赖以存在的物质基础——资源在国民经济再生产体系中各个环节的不断循环利用(包括消费与使用)。资源循环利用是指自然资源的合理开发;能源原材料在生产加工过程中通过适当的先进技术尽量将其加工为环境友好的产品并且实现现场回用(不断回用);在流通和消费过程中的最终产品的理性消费;最后又回到生产加工过程中的资源回用——实现以上环节的反复循环。

我们应该清楚,资源短缺和市场需求是资源综合利用的根本引导力量,资源循环利用的根本推动力是科技进步。在这个过程中,保障环境保护与治理是一直伴随着的行动和措施,以实现生态环境与资源得到保护的目的。因此,循环经济立法只是起到一个保障功能,无法促进循环经济的发展,《循环经济促进法》应更名为《资源循环利用法》。发展循环经济,制定循环经济法,是应对传统发展模式的危机和实施可持续发展战略的现实选择。循环经济法调整的主要指向应当按照循环经济本身的内在要求,规范调整在生产建设、流通消费领域中的资源节约与循环利用活动。我国循环经济法应当对其调整指向进行明确界定,应当针对生产建设、流通消费领域进行相应的法律规范设计,而不宜泛化和模糊。

(二)合理设置循环经济的立法框架

目前的《循环经济促进法》按照"减量化、再利用、资源化"(即"3R"原则)这种发展循环经济的基本指导原则为顺序,构建设计循环经济法的立法体例。这种立法架构设计固然突出了发展循环经济的指导原则,但是若将"3R"原则本身作为一种制度实施环节,上升到法律结构高度来规制社会经济行为,在理论上是值得商榷的,在实际运行中是难以对应把握的。这不仅无法做到立法层次清楚、易于理解与实践的要求,而且在规范内容涵盖上也不够全面。比如,减量化作为章标题,并不能全面表述资源节约及合理利用概念的丰富内容。因为节约并不完全等同于减量;太阳能、地热能等可再生能源的循环利用就不是减量的问题,而是需要鼓励多用。

因此,按照生产、消费和再生利用等循环经济实践运行中的关键环节来设置中国循环经济法的架构,是我国循环经济法的应然要求。这样可以使其立法逻辑更为周延,法律体系更为严谨,层次更为明晰;易于人们按照其生产与生活的常识规律来熟悉和理解循环经济与循环经济法;便于循环经济法在实践中的操作。具体而言,循环经济立法的章节设置重点在资源合理利用的三个环节上,生产环节(资源开采)对应的是产业废弃物综合利用,消费环节(消费品)对应的是可持续消费,再生利用对应的是资源回收利用。

(三)明晰《循环经济促进法》的相关概念

1. 将"废物"替换为"废弃物"

借鉴国外关于循环经济成功的立法经验,结合我国社会经济现实,在我国的循环经济法中应当使用"废弃物"的概念,涵盖目前《循环经济促进法》中多处使用的"废物"概念。"废弃物"从外延上包括了"废物"和"弃置物"。"弃置物"是可以在一定技术加工手段下生产出再生产品的主要来源,而且在生产、建设、流通、消费领域中可再利用"弃置物"的种类和数量非常庞大。

中文里"废物"与"废弃物"在其含义和字面上都有明显的区别。在环境治理类法律中用"废物"表述另当别论;而在资源利用类和经济运行类法律里用"废弃物"表述应该更为切合实际。这既可以使在我国经济建设长期实践中明确与熟知的提法继续沿用,使循环经济立法用语更为严谨和科学,也可以使我国循环经济立法中的主要用语表述能与国际上相关法律的用语表述接轨。

2. 再定义"再生利用"和"资源综合利用"

《循环经济促进法》中关于"再利用"的解释为"将废物直接作为产品或者经修复、翻新、再制造后继续作为产品使用,或者将废物的全部或者部分作为其他产品的部件予以使用"。结合实践分析就会察觉,这样的含义解释是不完善的。而且,该法对"资源综合利用"的解释欠缺。法律概念的准确界定对于理解《循环经济促进法》的具体内容至关重要,概念内涵和外延的模糊势必导致对于法律条文理解的混乱,减损实践中法律的可操作性。建议将这两个概念的含义表述界定为:(1)再生利用是指将再生资源的全部或者部分回收再加工后重新使用的行为,其制成品为再生产品。(2)资源综合利用是指包括自然资源合理开发、能源原材料节约使用、废弃物资源回收再生利用的行为。

(四)完善《循环经济促进法》的规范内容

1. 增加有关"生态文明"的条款

生态文明建设、绿色发展已经上升为国家战略,生态文明建设、绿色发展和循环经济息息相关,互为因果。循环经济促进法应该成为推进生态文明建设、实现绿色发展的强有力的法律手段。建议将生态文明建设、绿色发展、低碳发展等相关要求纳入循环经济促进法的条款中。

2. 增加关于"可持续消费"的规定

可持续消费是循环经济在消费领域的具体形式,是循环经济发展的内在动力。现行《循环经济促进法》除了对一次性消费品和消费累进加价制度作了规定外,缺乏有关引导可持续消费模式的规定。一是明确消费者可持续消费的义务,如交回商品包装的义务,为促使消费者交回商品包装,商品包装实行回收押金制度;生活废弃物分类回收的义务。二是城镇水回用系统的建设,如城镇应当推广中水回用和雨水积用,积极建设节水型城镇;城镇建设和旧城改造必须规划和建设中水回用管网,并禁止将饮用自来水用作市政用水。

3. 完善关于"生活垃圾、污泥资源化"的规定

《循环经济促进法》第四十一条关于生活垃圾、污泥的资源化的规定欠妥当。污泥处置问题主要涉及的是污染处置问题,应当在环境保护法律中规定,出于处理好循环经济法与关联法律的协调问题以及增益法律的实际操作性的考虑,不适宜在循环经济法中提出。

4. 增加关于"防止二次污染"的规定，明确资源循环利用的目的和前提是减轻环境负荷，而不仅仅是资源的用尽耗竭

近年来，在资源循环利用中出现了一些"二次污染"环境事件，有一些是生产中环境保护措施不当，还有一些是随意添加未经任何处理的有毒有害废弃物，违法生产经营。建议加强"防止二次污染"的规制。资源的循环利用应当以减轻环境负荷为目的和前提，不应只以循环为目的，建议加入"在不进行下一次的循环利用更有利于减轻环境负荷的情况下，不进行下一次循环利用"的考量。

5. 明确减量化、再利用、再生利用、处置等的先后顺序

借鉴日本《循环型社会形成推进基本法》第 7 条规定的废弃物管理的优先顺位原则，即抑制产生→再使用→回收再利用→再生利用→处置。发展循环经济的 3R 原则，资源循环利用的减量化、再利用、资源化，也是存在先后顺位、层层递进的关系。

6. 完善生产者责任延伸制度中的主体责任、信息公开

明确国家、地方政府、企业和公众的责任，尤其需要规范企业和公众作为"废弃物的制造者"所应承担的具体责任，包括物理责任、经济责任和补偿责任；进一步落实生产者责任延伸，建议规定危害环境保护的企业负担正确处理循环资源、消除危害、恢复原状的费用，且规定当企业无力承担该费用时可采取的救济措施。

完善政府信息公开制度的执行和监督，定期向社会公众发布国家和地方废弃物回收利用和处理状况；建立产品信息披露制度，生产者、销售者和产品废弃物的回收处理组织应当接受公众监督，定期公布废弃物的回收、再利用等情况。

7. 培育循环产业，关注园区外的循环经济发展

(1) 建立再生资源产品品质标准与认证体系。从香水到衣物鞋子等上千种通过认证体系的产品，经消耗后，其原材料可以再回归自然界，为人类所利用。对于这类产品的生产厂商进行税收优惠或以绿色采购的方式鼓励其发展。

(2) 引导支持动静脉产业整合。以往的线性经济发展模式导致动脉强、静脉弱的不均衡状况。循环经济转型,应通过循环资源的高价值化,缩小动静脉之间的差距。动脉与静脉产业整合大致分为两种模式:一种是垂直整合的企业,另一种是跨企业整合。单一整合的企业可以发展产品服务化的商业模式,出售产品的使用权而非所有权,有效掌握所有产品的物料流动,让物料可以在企业内自行循环,也可根据产品使用情形与损耗情形再行调整设计和制作流程,持续改善消费者的使用体验,并降低维修与再制造成本。跨企业的整合需要动静脉间有良好的相互回馈机制以及利益分配机制,当合作共赢机制出现,动静脉产业整合的成效才会展现。

(3) 推进产业循环式组合。加强物质流分析和管理,统筹产业带、产业园区和基地的空间布局,借助"互联网+"等第四代工业信息技术,搭建循环经济技术、市场、产品等公共服务平台,鼓励企业间、产业间建立物质流、资金流、产品链紧密结合的循环经济联合体,促进工业、农业、服务业等产业间循环连结、共生耦合,实现资源跨企业、跨行业、跨产业、跨区域循环利用。

(4) 促进生产与生活系统的循环连结。推动生产系统的余能、余热等在社会生活系统中的循环利用,推动煤层气、沼气、高炉煤气和焦炉煤气等资源在城市居民供热、供气以及交通工具方面的运用。

(5) 积极培育循环经济服务产业。构建循环经济服务市场,充分利用中介性服务产业的专业企业提供的环境保护、资源节约与综合利用、废弃物处理等方面的技术咨询,并对其权利和义务作出规定。

8.建立循环经济教育制度,培养全民的循环经济意识

积极开展有关"循环经济"的宣传、教育活动,要求地方政府积极开展参与全球性环境合作项目,多途径、多角度学习国外发展循环经济的经验技术。引导企业将循环经济的理念融入企业的生产线与企业的内部激励系统中。倡议全社会成员共同参与,增强公众合理利用资源的意识和责任感。建议可以将循环经济教育纳入九年义务教学课程内容。

(五)健全《循环经济促进法》的责任制度,强化法律约束力、惩戒力

减少"应当、支持、鼓励"等有关规范,明确政府、企业、公众等主体的法律责任,并加大对生产者责任延伸制度中"生产者"的责任追究力度。循环社会的建立,需要国家、地方政府、企业和公众多主体在合理限定的责任范围内采取必要措施,并公平合理承担与之相关的负担或费用。具体而言:

国家负责制定推进循环经济的基本规划,作为政府制定其他规划的基础。

地方政府具体实施限制废弃物产生的技术标准制定等,并对废弃物进行分类、保管、收集、运输、再生及处理等措施进行规范。

企业的生产者责任是贯穿始终的,涵盖从产品生产到废弃物处理的全过程,即企业负有抑制废弃物的产生以及循环利用原物质资源、再生利用废弃物资源和无害化处置废物的不可推却的义务。生产者延伸责任要求企业在生产产品阶段,应通过提高产品的耐用性以及完善其维修机制措施,延长产品的使用寿命,以抑制产品转变为废弃物,并改进产品的设计,标示其材质与成分,促使该产品尽可能转变为循环资源后便于进行循环性利用。

公众应最大限度延长消费品的使用时间,并对地方政府或企业的回收措施予以全面配合。

重庆大学课题组组长　陈德敏
2016年11月

附 6

我国资源综合利用法律
规制的关键问题及建议[①]

我国工业资源综合利用经过三十余年持续发展,取得了历史性成就,为保障我国经济持续发展作出了突出贡献。从实际运行效果来看,工业领域是资源综合利用的主要承担者,是综合利用的主要环节。其他领域的资源综合利用亦依托于此。正是通过工业领域的资源综合利用,才能有效为流通、消费领域提供资源综合利用服务,才能实际支撑循环经济发展和循环社会的逐步建立。面对新形势,必须重新认识资源综合利用新的内涵,以及资源综合利用在资源战略中的地位,进一步理顺资源综合利用的模式与机制,并建立和完善相关的管理政策体系,进而全面推进节约型社会的整体构建。这对于尽快在全社会形成统一的资源综合利用价值观,改善我国环境资源问题,促进绿色经济发展,推进生态文明建设,提高中国在国际生态环境保护行动中的自主话语权,保障人类社会不断发展和进步,均具有重要的战略意义。从现实与发展需要出发,当务之急是加快资源综合利用法律规制的研究和立法步伐,使资源综合利用工作走上法制化的轨道。

一、导言

我国经济经历了持续多年高速增长后,进入了"新常态"时期。2014年10月陆续公布的宏观经济数据显示,代表经济增长动力的诸多指标如工业增加值、固定资产投资等数据仍在下行通道之中,尤其是曾经拉动中国经济高增长的重化工业,由于普遍面临产能过剩问题,重化工业比较集中的地区

[①] 2014年12月应要求撰写报送工业和信息化部节能与综合利用司。

增速明显减缓。经济"新常态"意味着我国经济发展的条件和环境已经或即将发生诸多重大转变,要求经济增长速度适宜、结构优化、社会和谐等,变革传统的不平衡、不协调、不可持续的粗放增长模式,对能源消耗、资源消耗、综合利用和环境保护等诸多方面提出了可持续发展的更高标准和要求。

在当前我国经济发展新常态中,新型城镇化建设为废旧资源的回收与综合利用提供了很好的基础条件;新常态下体制机制改革可有效指导企业实现资源综合利用的产能高效;新常态下资源环境对经济增长的约束性将促使企业提高自身资源综合利用率。但从目前来看,我国要加快发展资源综合利用产业,并不断提升资源综合利用水平,仍面临不少挑战:资源综合利用技术水平发展仍显迟缓,部分共性关键技术亟待突破;环保投入欠账多,环保成本压力日益增加;发展不平衡,资源综合利用往往受到区域经济实力、资源禀赋差异等因素的制约;资源综合利用企业普遍小而散,缺乏具有市场竞争力的大型骨干企业;支撑体系亟待完善,资源综合利用管理、培训、标准、信息、技术推广和服务等能力建设有待加强,回收体系亟待规范和完善;激励政策有待进一步加强和落实,现有资源综合利用鼓励和扶持政策有待完善。

在新机遇和新挑战并存的同时,也要看到当前新形势下我国资源综合利用方面遇到的一些新难点:一是大宗产业废弃物如何深化利用;二是小宗难处理产业废弃物成为利用重点;三是综合利用的新工艺路线和关键设备须破解技术瓶颈;四是市场经济环境下如何适应和开拓产业新需求,为废弃物有用组分探寻新的应用市场。

二、我国资源综合利用法律规制八大关键问题

(一)资源综合利用内涵定义与价值作用再审视

循环经济的核心内涵是资源循环利用和高效利用,而资源综合利用是循环经济的基础载体。随着时代的进步和新型工业化的推进,资源综合开

发利用成为节约资源、保护环境的重要实施领域。面对新形势,必须重新认识资源综合利用新的内涵,以及资源综合利用在资源战略中的地位,进一步理顺资源综合利用的模式与机制,并建立和完善相关的管理政策体系,进而全面推进节约型社会的整体构建。

所谓资源综合利用是指:人们根据资源的物质成分、特性、功能及赋存形式和条件,采取科学可行的方式方法,对资源进行合理开发、深度加工、循环使用和回收再生利用,全面充分发挥物质和能量效益的生产经营活动。资源综合利用包括物质生产全过程及其各个环节:经济建设中对自然资源的合理开发利用;在生产过程中使用能源原材料加工产品所产生废弃物的循环有效利用;在生产、流通、生活消费中产生的废旧物品的回收再生利用。

在全面建设小康社会进程中,随着我国经济持续发展,工业化不断推进,城市化步伐加快,资源需求必然增加,资源供需矛盾和环境压力将越来越大。解决这些问题的根本出路就是节约与合理利用资源。因此在广度和深度上开展资源综合利用,降低对国外能矿资源的依赖程度,对于确保资源安全和经济安全具有重要的战略意义。

(二)经济建设中自然资源综合开发问题

经济建设中自然资源综合开发是人们根据物质资源的物质成分、特性、功能及赋存形式和条件,采取科学合理的方式方法,对资源进行综合开发、合理开采、深度加工、循环使用和再生利用,全面发挥物质和能量的综合效益的生产经营活动。

近年来,我国自然资源利用规模不断扩大、技术水平不断提高,在促进经济增长方式转变和可持续发展方面发挥了重要作用,但仍存在许多不尽如人意的方面,表现在:综合利用水平低,资源浪费现象严重;乱采滥挖严重,自然资源开发秩序混乱;技术落后,利用总量少;资源综合利用所得产品科技含量低和附加值低,效益不佳;生态环境破坏大,安全隐患严重;等等。其原因在于:首先,适应市场经济体系发展的资源勘查机制尚未建立;其次,政府在资源开发管理中职能错位;再次,资源综合利用意识薄弱,监督管理机制不完善;最后,资源综合利用投入不足,政策扶持和协调服务力度不够,不能适应资源综合利用形势发展的需要。

当前,亟须革新自然资源综合开发利用的思路。我们认为,首先,应确立自然资源管理与保护的总原则,在保护中开发,在开发中保护。其次,按照"有序有偿、供需平衡、结构优化、集约高效"的要求来进行,以增强自然资源对经济社会可持续发展的保障能力。最后,实行最严格的自然资源保护制度,强化对自然资源开发总量的控制,加强自然资源开发利用的调控。

(三)生产过程中原材料系统利用问题

生产过程中原材料的系统利用需要充分调动生产者的积极性。引导企业主动开展资源综合利用工作,使企业投入的原料减少、废物产量降低、资源易于回收再利用,进而使企业降低原材料投入和污染物处理的成本,获得较大收益。生产过程中原材料系统利用的途径有二:其一是清洁生产,其二是生产者责任延伸。

清洁生产包含两个全过程控制,即生产全过程和产品整个生命周期全过程。其实质是从产品的开发设计、生产、运输的全过程,采用先进的技术、改进的工艺和完善的管理,使危险废物的排放量减到最少。具体而言,清洁生产包括三方面:清洁的能源、清洁的生产过程和清洁的产品,能够有效减少对环境的污染,也满足资源综合利用和可持续发展的要求。

生产者责任延伸有两个最基本的特征,其一强调生产者的主导作用,其二强调整个产品生命链中不同角色的责任的分担。生产者责任延伸制度的实施可以有以下三种思路:一是生产者自愿实施,二是政府通过法律手段强制实施,三是通过经济手段推动实施。

(四)废弃物资源回收再利用问题

废弃物资源是指在社会的生产、流通、消费过程中产生的不再具有原使用价值并以各种形态存在,但可以通过某些回收加工途径使其重新获得使用价值的各种废弃物的总称。

附6 我国资源综合利用法律规制的关键问题及建议

长期以来,废弃物资源回收再利用在我国产业结构体系中的地位和作用没得到应有的重视,没有将废弃物资源回收再利用放在实现经济与社会可持续发展的战略性产业的重要位置上,废弃物资源回收再利用行业市场管理机制混乱,各项政策制度安排没有形成长远规划和战略布局。造成上述问题的最主要原因,是中国到目前对废弃物资源回收再利用的重要意义认识不足,致使至今没有建立起独立的制度框架与组织体系。

目前,需继续健全废弃物回收再利用产业发展措施。首先,以"循环经济"作为产业结构调整的核心和理念指导,充分利用废弃物资源,减少原生资源的开采、利用,"变废为宝",实现废弃物的综合利用。其次,建立科学的回收处理体系,形成以城市社区回收站点为基础,集散市场为核心,点面结合,加工利用为目的的三位一体的再生资源回收网络体系,逐步提高回收集散加工能力。最后,构建"政府—环保处理企业—行业协会—公民"四位一体的废弃物资源回收利用体系。

(五)资源综合利用新技术研发的应用保障

资源综合利用的建立离不开先进适用的科学技术作为支撑和推动力,资源综合利用技术创新机制要求把技术创新行为纳入可持续发展的轨道。从宏观上来说,资源综合利用技术创新机制包括三个方面,即技术政策导向机制、绿色技术创新机制以及技术转化和应用机制。

立足当前形势下我国资源综合利用态势,通过利用政府政策引导机制建立多元化的资源综合利用技术设施投资渠道和不断引入市场竞争机制,提高资源综合利用技术设施的市场运行效率。在制定技术政策引导技术发展方向过程中,跟踪发达国家资源综合利用领域技术发展趋势,掌握技术发展和技术突破的主流方向。此外,应强化资源综合利用技术的推广与应用政策:实施一批应用资源综合利用技术的重点项目;加强资源综合利用和技术转让与转化服务;建立资源综合利用技术推广与应用的信息网络。

（六）基于资源综合利用公益性的政策扶持问题

资源综合利用具有一定的公益性，国家宜采取鼓励开展资源综合利用的经济政策，运用经济杠杆调节和激励资源综合利用工作的开展。

在税收政策上，对开展资源综合利用的企业或技术、产品实行税收优惠和进出口关税优惠。在税收优惠形式方面，从直接优惠为主向间接优惠为主转化。在税收优惠手段上，既可实行降低税率、定期减免、提高起征点、再投资退税，又可以按投资额、按经营年限等实行梯级优惠政策。

在价格与市场调节政策上，建立完善的资源价格体系；深化改革，完善促进资源综合利用的市场机制；通过政策调整，使得资源综合利用有利可图，使企业和个人对环境保护的外部效应内部化；依靠科技进步政策，提高资源综合利用水平。

完善奖励和教育制度，加强资源综合利用的宣传教育，建立资源综合利用奖励制度，对资源综合利用发展有贡献者，应予奖励及表扬。

（七）资源综合利用法律规范的基本监管制度问题

我国已经制定了一系列有关资源综合利用的法规和政策，推动了资源综合利用事业的发展。但是，仍存在一些问题：立法层级较低，未有统一的资源综合利用法规；现有法规空白点多，缺乏必要的法律责任制度；缺乏配套的资源综合利用立法；缺乏与循环经济相结合、与国际相接轨的法律规范；等等。因此，应建立对资源综合利用全过程监管和规制的法律监管制度。

产业主体监管制度。加强资源综合利用监管制度，首先应当对产业主体进行严格监管，建立市场准入与资格许可制度和市场化运行制度，这是完善资源综合利用监管制度的出发点。

生产源头监管制度。从生产源头监管，应当建立资源综合利用规划和计划制度、资源综合利用评价制度、资源综合利用标准化管理制度、再生资源的公告利用制度等。

生产过程监管制度。建立排放者责任制度、生产者责任延伸制度、资源综合利用统计制度、资源综合利用现场检查制度、绿色消费模式与回收清理付费制度、社区回收服务体系制度等。

(八)"资源综合利用法"与相邻部门法的关系问题

资源综合利用法与自然资源法、资源节约类法律和环境保护法等相邻部门法之间的关系是既有各自专门调整的领域,但同时又不乏相互重叠、共同发挥作用的部分,它们在概念、调整对象、目的任务、基本原则及法律关系的主体、内容和客体等基本问题上具有明显的差异性。

1. 与自然资源类法律的关系

现行《土地管理法》《水法》《矿产资源法》《森林法》《草原法》等自然资源法,主要是调整自然资源的所有权和使用权的权属关系、开发利用关系、保护关系和管理关系,其目的是强化自然资源管理,保证对其进行合理开发利用和保护。其中,对自然资源的合理开发利用,包含有采取措施对其进行综合开发利用的内容。但除了《矿产资源法》《水法》对综合开发利用有明确的政策原则性规定外,其他都缺乏明确的资源综合利用规定。有效的解决路径是,制定专门性的资源综合利用法,设置相应的社会义务,以法律调整资源综合利用中的复杂社会经济关系,依靠法律保障国家资源综合利用战略方针和经济技术政策的实行。

2. 与资源节约类法律的关系

现行《节约能源法》是从用能管理角度对减少污染物排放、有效合理利用能源进行的规范;《可再生能源法》是从能源结构调整和新能源发展领域所作出的规范;《清洁生产促进法》是从源头削减污染,提高资源利用效率作出的规范;《循环经济促进法》是在物质的循环、再生、利用的基础上发展经济,促进资源循环利用的规范。从调整领域范围来看,制定资源综合利用法不影响生产环节关于《清洁生产促进法》的适用,也不影响《循环经济促进法》关于减量化、再利用、资源化的法律适用。

3. 与环境保护类法律的关系

环境保护法是关于防治环境污染和其他公害、保护特殊环境的法律法规,很少涉及资源综合利用的规定。仅在《固体废物污染防治法》中有对废弃物采取综合利用的原则性规定,而且指向也仅仅是防治污染。资源综合利用法可以将环境资源保护与资源综合利用紧密结合起来,从整体、全局和宏观的高度,对开发、利用、节约、管理、保护和改善环境资源的基本原则、基本对策和重要制度作出规定。

三、资源综合利用的立法基础与法规对策

经过多年持续发展,我国资源综合利用已取得了历史性成就,为我国资源节约利用事业和经济社会可持续发展作出了突出贡献。全国许多地区和企业坚持资源综合利用的战略方针,以"减量化、再利用、资源化"为原则,不断推进资源综合利用发展,形成了许多行之有效的经验。课题组在研究过程中通过实地调研和走访等多种形式,对关涉资源综合利用的矿业、煤炭、化工、建材、再生资源等主要行业的资源综合利用和再生利用状况进行调查研究,形成了一些实证资料。其中,形成案例实证材料的典型地区和企业包括:攀钢集团资源综合利用案例,大唐集团公司"三废"资源综合利用案例,山西煤炭资源综合利用案例,窑街煤电集团煤炭资源综合利用案例,万华集团资源综合利用案例,北京水泥厂有限责任公司资源综合利用案例,贵州开磷集团资源综合利用案例,广东贵屿镇废弃物资源综合利用案例等。此外,课题组也结合实践材料,对全国工业固废综合利用12个基地的资源综合利用相关政策、法规情况进行了简要分析与总结。通过典型案例实证材料的分析和支撑,力图为我国资源综合利用立法总结行之有效的政策和实践经验,归纳基本管理制度和政策措施,加强制度的规范与整合。

党的十八大报告指出,把生态文明建设放在突出地位,融入经济建设、政治建设、文化建设、社会建设各方面和全过程,努力建设美丽中国,实现中华民族永续发展。根据生态文明建设"五位一体"总体布局,其发展模式涵盖了绿色发展、循环发展、低碳发展的基本路径,但归根结底发展的基础载体只能是资源综合利用,即自然资源合理开发、能源原材料全面利用以及废

弃资源再生利用等。资源综合利用不仅需要技术层面的创新与发展,以及社会意识的提升与进步,更重要的是需要健全的法治环境与良好的制度保障来推动其发展。

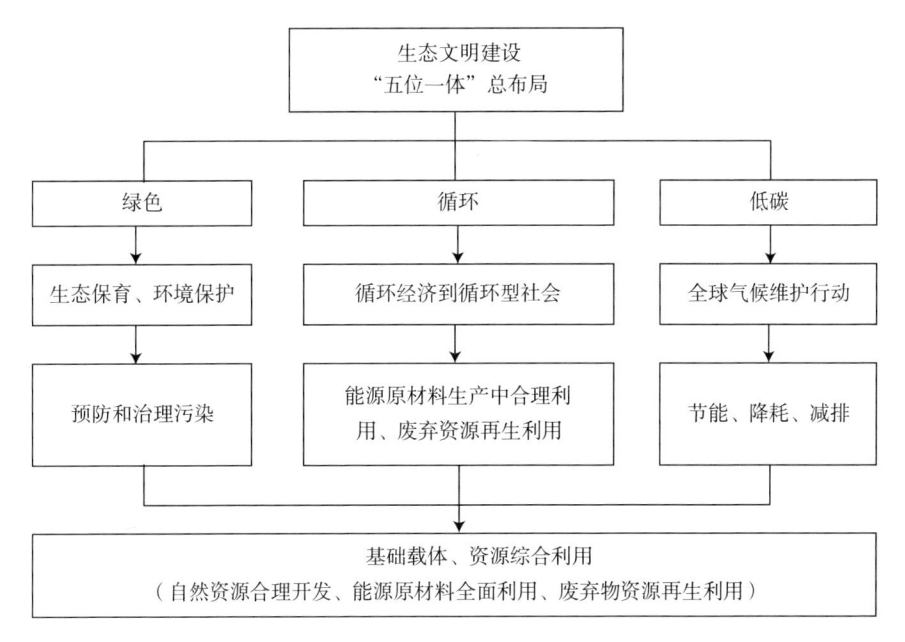

图1　生态文明建设结构运行图

回顾过去,审视当前,展望未来,对于我国这样一个历史悠久、人口众多、资源匮乏、环境欠佳、粗放型经济发展模式尚存的迅速崛起的新兴大国而言,资源节约与综合利用无疑是生态文明建设、美丽中国建设发展到新的阶段的主体任务与重要使命之一,着手在制度规制上务实高效推进,具有紧迫的现实性和深远的战略意义。根据党的十八届三中全会《关于全面深化改革若干重大问题的决定》和十八届四中全会《关于全面推进依法治国若干重大问题的决定》的部署,当前亟须研究如何依靠法治,有效推进资源综合利用的持续创新发展。在市场机制起决定性作用的背景下,由于资源综合利用具有一定的公益性质,如何深化改革、完善机制、推动发展,需要法律与政策体系给予强力保障。

(一)新形势下资源综合利用法律制度瓶颈

应当说,我国在资源综合利用方面的探索已经取得了明显成效。一些地区和工业行业立足自身的经济社会发展和资源环境等状况,在探索中不断发展和完善有中国特色的资源综合利用模式。但是与发达国家相比,我国资源综合利用事业还处于发展的规范建制阶段,仍然面临诸多问题与挑战如区域、行业、企业间发展不平衡,某些规范性文件不配套、约束力弱,市场经济机制下各类支持政策欠缺持续性,经济增长放缓影响企业综合利用的主动性,缺乏有效的法规制度保障等。我国资源综合利用存在的诸多法律制度问题,其形成原因与我国的国情及当前经济社会发展阶段密切相关,总体而言,主要包括市场机制作用不充分、有效的激励与政府导向不够、公众环境意识落后、资源综合利用的法律体系不健全及制度不完善等原因。

(二)资源综合利用的立法基础与框架设计

综观我国资源综合利用的法律规制现状,当前我国资源综合利用面临的最大挑战是:在依法治国、依法行政的今天,我国资源综合利用事业尚无一部法律或国务院条例可以遵循,已不能有效依托法治来推动发展。因此,为推进资源综合利用纳入法治轨道,急需将现有分散的、效力层级有限的规定统一起来,完善资源综合利用法律法规体系,制定"资源综合利用法"。

1. 制定"资源综合利用法"的立法基础

建立资源节约型、环境友好型社会,应当把资源综合利用作为我国一项重大的经济战略方针,这是我国的基本国情所决定的,也是历史赋予我们的任务。为此,必须加快资源综合利用法的立法工作。为了有效地运用具有强制力的法律手段,推动我国资源综合利用事业健康发展,当务之急是加快立法步伐,尽快制定"资源综合利用法"。其立法基础在于:我国现有法律的规定;国家现行资源综合利用方针政策和行政规章;资源综合利用工作全面开展的现实基础;党的十八届三中全会通过的《中共中央关于全面深化改革若干重大问题的决定》等党的重要文件中的有关规定。以上是立法的

附 6　我国资源综合利用法律规制的关键问题及建议

指导性原则和重要依据。

2. 制定"资源综合利用法"的立法内容与框架设计

从遵循节约资源和保护环境基本国策、建设美丽中国的全局出发,我们应当立足中国现代化进程的实际需求,借鉴《循环经济促进法》《清洁生产法》等的立法起草经验,重新审视资源综合利用的理念内涵、调整范围、制度规范、基本法律关系等,做好"资源综合利用法"的前期规划和起草研究工作。

——科学制定资源综合利用发展规划,保证资源综合利用持续稳定协调发展。要从立法上规定资源综合利用管理体制、指标体系和工作程序,并纳入国民经济核算指标体系,进行综合平衡与管理,以提高法律约束力。

——建立健全资源综合利用监督管理制度,建立正常的资源综合利用工作程序。根据资源综合利用的特点和有关规定,应当从立法上明确建立健全的资源综合利用监督管理制度。

——确定资源综合利用工作方针,规定在经济建设宏观规划中必须做到资源综合利用。这是在资源综合利用事业上贯彻积极主动节约利用和合理利用资源,控制资源流失浪费和破坏的根本性战略措施。

——对生产废弃物的排放作出限制,促进其合理利用。对工业生产中的废弃物的处理,要认真执行以综合利用为基础的资源化、减量化和无害化政策。

——对生产和生活消费中的废弃物的回收加工利用作出规定。进一步完善国家关于再生资源实行充分回收、合理利用、先利用后回炉的工作方针,建立健全回收和修旧利废制度。

——明确规定开展资源综合利用必须依靠科学技术,用科学技术进步来推动资源综合利用向深度和广度发展。

——建立资源综合利用发展基金。广辟基金筹集渠道,为开展资源综合利用提供必要的财力保证。应当从立法上规定基金的筹集方式、渠道、使用范围和管理办法,充分发挥其在开拓资源综合利用事业中的作用。

——实行资源综合利用的优惠经济政策。在税收、信贷、价格等政策方面实行鼓励与倾斜,建立资源综合利用的奖励制度,激励单位和个人搞好综合利用。

——建立和完善资源综合利用的合理管理体制,强化资源综合利用管理。各级人民政府要设置相应的资源综合利用管理机构,配置适当数量和相应业务水平的管理人员,明确其法律地位、权限和责任及其上下级之间、平行单位之间的关系,以及相互联系协作配合的工作制度,构成统一管理、分工负责、协调配合的资源综合利用工作体系。

——建立健全资源综合利用法律责任制,保证资源综合利用法及其对策措施的有效实施。凡是违反资源综合利用法律规范,不履行法律规定的责任和义务,实施法律禁止的行为,或者溢用权力牟取非法物质经济利益,侵犯他人合法权益,严重浪费、破坏国家资源者,都应依法追究法律责任。

(三)工业领域资源综合利用法律规制的制度对策

作为资源综合利用的起点与终点,工业领域资源综合利用法律规制应强化其在源头生产、过程控制、回收利用中资源综合利用的制度措施,以及面向新工艺和新技术推广、利用情况考核以及责任追查的制度建设。

1. 工业生产源头节约法律制度

根据资源综合利用特点和有关规定,应当从立法上明确建立健全工业生产资源源头节约与综合利用监督管理制度。要在法律中明确规定,在进行区域经济建设时,必须对区域综合资源进行科学调查、普查、勘查,进行综合评价和综合规划,实行综合开发建设,进行综合开采、生产和加工利用,形成区域综合开发建设和综合生产经营的综合企业群体,构成资源、能源、原辅材料、废弃物、废旧物资综合利用的专业协作综合生产体系。

2. 工业生产过程资源利用控制制度

对工业生产中的废弃物处理,要认真执行以综合利用为基础的资源化、减量化和无害化政策。采取综合利用技术措施,提高资源、能源综合利用率,减少或消除废弃物的排放。对已产生的废弃物要采取技术措施进行回收和再利用,促使其转化为社会产品或可供再生利用的二次资源和能源,增加社会财富,保证废弃物排放达到国家规定的标准。

3. 工业资源综合利用标准体系制度

对资源综合利用的产品和技术应实行标准化管理,企业开展资源综合利用应严格按照国家标准、行业标准或地方标准组织生产,没有上述标准的,应制定企业标准。

4. 资源综合利用新工艺和技术采用与推广制度

资源综合利用技术创新机制包括三方面,即技术政策导向机制、绿色技术创新机制以及技术转化和应用机制。明确政府、企业和科研机构等不同技术主体的责任和义务,确保先进技术的推广和应用。建立高效的绿色技术信息网络和绿色技术推广、服务机制,为企业提供先进的技术与管理信息,更有效地促进科技成果向应用领域的转化。

5. 工业资源综合利用考核制度

实行统一管理与分级部门管理相结合的体制,强化资源综合利用管理。统管部门和行业主管部门根据各自的职责规定建立资源综合利用责任制、生产建设单位责任制、资源综合利用评价、"三同时"、统计考核、现场检查、标准化管理等制度。

6. 工业资源综合利用责任制度

凡是违反资源综合利用法律规范,不履行法律规定的责任和义务,实施法律禁止的行为,或者滥用权力牟取非法物质经济利益,侵犯他人合法权益,严重浪费、破坏国家资源者,都应依法追究法律责任。法律应当明确规定资源综合利用违法犯罪行为的事项、应承担的法律责任形式、制裁措施及其执法的机关、程序和制度,建立和维护资源综合利用法制秩序。

(四)制定工业资源综合利用管理办法的思路建议

制定和实施专门的法律规章,是工业资源综合利用必须强化的主要调控治理手段和工作方向。在法律出台、国务院条例制定滞后的情况下,建议可先行制定工业资源综合利用管理办法,进行有效管理和规制,为治理现代化提供法规实践基础。其规制主要内容应包括以下八方面。

1. 明确工业资源综合利用新的指导原则与发展方向

在中国经济发展新形势下,应当适应绿色、循环、低碳的基本要求,结合工业资源综合利用的特殊性和现实性,确定工业资源综合利用全过程调整原则,市场在工业资源综合利用中的决定性原则,政府监管、社会监督与企业自控相结合原则,经济效益、环境效益、社会效益相统一的原则等具有指引性的指导原则与发展方向。

2. 规范工业资源综合利用主要管理制度、机制与方式

规范市场决定作用与政府调节作用相结合的主要管理制度、体制与方式。一方面,应当明确工业资源综合利用的管理体制,明确各级政府的管理机构与负责机构,明晰地位、权责与分工,便于工业资源综合利用工作的推进和展开;另一方面,对于源头生产、过程控制、回收利用中工业资源综合利用的主要管理制度,应将市场的决定性作用与政府管理有效统一起来加以规范,使之更有序的运行。

3. 出台分行业深化资源综合利用的引导激励政策

工业资源综合利用涉及共生、伴生矿产资源,冶金、电力、石油、化工、纺织、造纸、建材等主要领域。每一领域的资源综合利用方式、技术、标准、效率等存在一定的差异性,因此有必要区分行业出台相应的引导激励政策。

4. 探索对再生资源加工生产体系的工业政策指导

再生资源产业是由从事再生资源回收、加工和利用三大核心活动,以及一些从事与再生资源生产相关辅助活动的产业共同组成的产业体系,它与再制造业、垃圾处理业和环保产业密切关联。应探索将再生资源加工生产体系纳入工业资源综合利用的规制体系之中,加强工业政策指导,建立废旧资源回收和综合利用的准入制度等。

5. 推动行业生产规范和产品技术标准的制定

工业资源综合利用需要规范化和标准化的一系列规则体系指引,目前应由管理办法引导推动各行业性工业资源综合利用生产规范和产品技术标准的制定,从落后工艺和设备的限制使用、限期淘汰,国家鼓励发展的资源综合利用工艺、技术、设备目录,到各行业的具体规范和技术标准都形成规

范体系,从而利于主管部门进行综合平衡与管理。

6. 坚持创新驱动,推进科技研发成果产业化

管理办法应当进一步明确工业资源综合利用必须依靠科学技术,依靠科技和创新驱动资源综合利用向深度和广度发展,推进科技研发成果产业化。一方面,鼓励企业与行业自主进行工业资源综合利用相关技术研发,整合技术研发平台,合理吸收和采纳高新技术;另一方面,适时推进国家在关键和重大技术研发中的支持力度,对工业固废的"高、精、深"综合利用提供技术支撑,并促进高新技术开发与成果的推广应用。

7. 以工业废弃物利用的公益性为基础加大支持力度

明确工业废弃物利用的公益性,寻求财税、金融政策的持续支持。管理办法应从税收、信贷、价格等政策方面实行一定的鼓励与倾斜,加大相关优惠政策的覆盖面,进一步完善以企业投入为主体、政府投入为引导、金融信贷为支撑的多元化投融资体系等。

8. 明确工业资源综合利用各方主体的权利义务配置与责任

明确政府管理部门调控监管职责,企业及相关主体的权利义务配置和应承担的责任。管理办法应当进一步明确政府、企业与相关主体的职权、权利与义务配置,明晰法律责任。一方面,明确工业资源综合利用主管部门及其他相关管理部门的监管职责;另一方面,明晰企业在工业资源综合利用中的权利与义务。对于违反工业资源综合利用法律法规、不履行相关法律责任与义务的行为,应当严格依法追究其法律责任。

重庆大学课题组组长　陈德敏
2014 年 12 月

附7

"中华人民共和国资源综合利用法"立法建议[①]

一、法律名称

建议法律名称为：中华人民共和国资源综合利用法。

(一) 全面推进依法治国的内在要求

根据党的十八届三中全会《关于全面深化改革若干重大问题的决定》和四中全会《关于全面推进依法治国若干重大问题的决定》的部署，加快建立有效约束开发行为和促进绿色发展、循环发展、低碳发展的生态文明法律制度，制定和完善发展规划、能源和矿产资源、农业、财政税收、金融等方面法律法规。当前亟须研究如何依靠法治，有效推进资源综合利用的持续创新发展。在市场机制起决定性作用的背景下，由于资源综合利用具有一定的公益性质，如何深化改革、完善机制、推动发展，需要法规与政策体系给予强力保障。

(二) 以工业为资源综合利用的主线

我国工业资源综合利用经过三十余年持续发展已取得了历史性成就，为保障我国经济持续发展作出了突出贡献。从实际运行效果来看，工业领域是资源综合利用的主要承担者，是综合利用的主要环节。其他领域的资源综合利用亦依托于此。正是通过工业领域的资源综合利用，才能有效为

[①] 2018年3月依据十三届全国人大立法规划征集要求，报送工信部转呈全国人大法律工作委员会。

流通、消费领域提供资源综合利用服务,才能实际支撑循环经济发展和循环社会的逐步建立。作为资源综合利用的起点与终点,以及资源综合利用产业的主线,在重新认识资源综合利用新兴内涵、战略地位以及运作模式的基础上,工业领域资源综合利用法律规制、管理制度应有所强化,加快资源综合利用法律规制的立法步伐,使资源综合利用工作走上法制化的轨道。

(三)《循环经济促进法》推动资源综合利用收效甚微

在实践资源综合利用并经过多年资源综合利用立法的过程中,从20世纪90年代开始引入循环经济的理论,并于2009年1月1日颁布《中华人民共和国循环经济促进法》(以下简称《循环经济促进法》),尝试和规范循环经济的法制化发展。由于《循环经济促进法》主要以环境保护3R原则即减量化、资源化、再利用为脉络构建了法律结构和内容,而忽略循环经济的核心应当是资源在生产、流通、消费过程中节约综合再生利用的基本理念,《循环经济促进法》也未能以资源综合利用为核心和基础,在全国资源合理利用的实践中难以操作实施,成效不明显。因此,制定以资源综合利用为主线、框架和内容的法律,指导和规范资源综合利用方式,进一步推动生态文明建设和完善社会主义法制建设,迫在眉睫。

二、立法的必要性

习近平总书记在2017年5月中共中央政治局第四十一次集体学习时强调:生态环境问题,归根到底是资源过度开发、粗放利用、奢侈消费造成的。资源开发利用既要支撑当代人过上幸福生活,也要为子孙后代留下生存根基。要树立节约集约循环利用的资源观,用最少的资源环境代价取得最大的经济社会效益。进入"十三五"期间,经济建设和生态文明建设要协调推进,资源综合利用在其中发挥着必不可少的重要作用。着手在立法规制上务实高效推进,加快资源综合利用法律规制的研究和立法步伐,使资源综合利用工作真正走上法制化的轨道,具有紧迫的现实性和长期的战略效应。

(一)新形势下资源综合利用法律制度瓶颈

应当说,我国在资源综合利用方面的探索已经取得了明显成效。一些地区和工业行业立足自身的经济社会发展和资源环境等状况,在探索中不断发展和完善有中国特色的资源综合利用模式。但是与发达国家相比,我国资源综合利用事业还处于发展的规范建制阶段,仍然面临诸多问题与挑战,如区域、行业、企业间发展不平衡;部分规范性文件不配套、约束力弱;市场经济机制下各类支持政策欠缺持续性;经济增长放缓影响企业综合利用的主动性;缺乏有效的法规制度保障等。目前,我国资源综合利用事业尚无一部法律或国务院正式颁布的行政法规可以遵循。从现有法律法规体系看,仅有一些规章、规范性文件和目录、标准等,不能有效运用具有强制力的法律手段以推动持续健康发展。资源综合利用宏观管理的发展趋势是:随着政府职能改革,主管部门对企业的直接调控手段减弱,需要充分发挥市场主体地位,探索新的进行有效指导的工作规范与方式;大宗产业废弃物已处理有方,对规模日益增大的再生资源加工业管理提上日程。推进大宗固体废弃物和重要再生资源的综合利用,制定和实施专门的法律法规,是今后必须强化的主要调控治理手段和工作方向。

(二)落实生态文明建设和绿色发展的法制保障

党的十八大以来,以习近平同志为核心的党中央站在战略和全局的高度,对生态文明建设和生态环境保护提出一系列新思想新论断新要求。十九大报告再次强调坚持节约资源和保护环境基本国策,推进绿色发展,加快建立绿色生产和消费的法律制度和政策导向,推进资源全面节约和循环利用。生态文明建设"五位一体"总体布局,涵盖了绿色发展、循环发展、低碳发展的基本路径,归根结底发展的基础载体只能是资源的合理开发和综合利用,即自然资源合理开发、能源原材料全面利用以及废弃资源再生利用诸方面。工业经济部门着力推进的绿色制造体系建设,要求推进资源生产加工过程中的绿色发展,重点实施工业固体废物规模化、高值化利用,强化资源综合利用,推进产业绿色协调链接,发展再制造产业。资源综合利用不仅需要技术层面的创新与发展,也需要社会意识和治理能力的提升与进步,更重要的是需要健全的法律制度和良好的法治环境保障其持续发展。

(三)推进资源综合利用产业发展的现实需求

经济新常态背景下,中国经济下行压力总体较大,资源采掘工业、原材料工业和加工工业处于提档升级的关键时期。制造业发展面临新挑战,主要依靠资源要素投入、规模扩张的粗放发展模式难以为继,调整结构、转型升级、提质增效刻不容缓。

深入推进资源综合利用能形成经济增长新动力,是确保我国产业可持续发展的一项长远的战略方针。在产业发展向市场主导转变过程中,随着国家行政审批制度和政府职能改革加快,原有资源综合利用认定等优惠政策逐渐停滞,政府主管部门对企业的直接调控和支持手段减弱,需要探索新的工作规范与方式,强化法律规范的调控治理手段和工作方向。制定"资源综合利用法",对新形势下资源综合利用工作遇到的复杂局面与新难题进行指导和规范,有利于增强资源综合利用工作的前瞻性和可操作性,有利于建立各方面协调推进资源综合利用工作的新机制,紧扣国家和地方需求,推动资源综合利用产业创新与发展。

(四)健全资源综合利用管理体制的重要举措

在实际运行过程中,资源综合利用管理体制还存在不少问题和矛盾,存在部门之间、中央与地方之间权责不统一、交叉重叠管理,行业作用和特点不突出等情况,使地方资源综合利用主管部门和企业处于重叠应对或无所适从的状态。在具体规范上,目前国家部委除循环经济行动规划和示范基地推动方面的规范性文件外,仅制定了少量如煤矸石综合利用管理、粉煤灰综合利用管理、废旧电器电子产品回收、再生资源回收及经营等单项资源综合利用规范性文件,各部门间没有关于资源综合利用职责分工与管理的顶层设计,缺乏统一法律的规范约束和引领。制定"资源综合利用法",有利于进一步明确主管部门对资源综合利用活动的管理和监督职能,对行业、企业资源综合利用工作进行有效规范和指导,建立健全资源综合利用管理体制,进一步完善资源综合利用管理机制。

三、立法可行性

一是资源综合利用主要管理机制不断规范。目前,按照国家和法律规定,各级各类资源综合利用的主管部门及其职责得以明确。资源综合利用是一项长期性、公益性事业,依靠行政主管部门不断制定约束和激励政策加以宏观调控,生产者责任延伸制度、数据统计和信息监测制度、资源综合利用情况评估、监督检查制度等已步步落实,在立法层面和实践层面实现了双重推进。

"资源综合利用法"的现实条件:(1)党中央关于节约利用资源和绿色发展的战略部署。党的十八大报告提出:"要节约集约利用资源,推动资源利用方式根本转变,加强全过程节约管理,大幅降低能源、水、土地消耗强度,提高利用效率和效益"。党的十八届三中全会通过的《中共中央关于全面深化改革若干重大问题的决定》明确提出:"紧紧围绕建设美丽中国深化生态文明体制改革,加快建立生态文明制度,健全国土空间开发、资源节约利用、生态环境保护的体制机制,推动形成人与自然和谐发展现代化建设新格局。"党的十八届四中全会通过的《中共中央关于全面推进依法治国若干重大问题的决定》强调,"用严格的法律制度保护生态环境,加快建立有效约束开发行为和促进绿色发展、循环发展、低碳发展的生态文明法律制度,强化生产者环境保护的法律责任"。党的重要文件中的有关规定,是立法的指导性原则和重要依据。十九大报告再次强调,"推进绿色发展。加快建立绿色生产和消费的法律制度和政策导向,建立健全绿色低碳循环发展的经济体系。构建市场导向的绿色技术创新体系,发展绿色金融,壮大节能环保产业、清洁生产产业、清洁能源产业。推进能源生产和消费革命,构建清洁低碳、安全高效的能源体系。推进资源全面节约和循环利用,实施国家节水行动,降低能耗、物耗,实现生产系统和生活系统循环链接。倡导简约适度、绿色低碳的生活方式,反对奢侈浪费和不合理消费,开展创建节约型机关、绿色家庭、绿色学校、绿色社区和绿色出行等行动。"(2)资源综合利用工作全面开展的现实基础。各地区各部门在资源综合利用实践中取得的基本经验,可供立法时将其中带规律性的部分提炼上升为适用的法律规范。目前全国初步形成的资源综合利用管理体制、管理制度、管理干部队伍和技术干部队伍,将是实施法律的重要力量和组织保证。

二是资源综合利用的规章制度体系逐步形成。目前,为了回应实践中资源综合利用生产活动与生活消费的需求,国家和地方开展资源综合利用顶层设计,陆续出台了指导、规制资源综合利用行为的规章或规范性文件,为资源综合利用实践提供了充实的制度基础和广泛的制度依据。尽管上述法律文本零散而多有冲突,还是可以作为"资源综合利用法"的镜鉴,以现有的法律规范、法律制度为借鉴,明确资源综合利用法制建设的疑点、重点和难点,完善既已存在的管理体制,创新制度设计,消解法律法规之间的冲突与矛盾,形成以本法为核心的资源综合利用的法规制度体系。

"资源综合利用法"的立法依据有:(1)现有法律的规定。我国宪法第9条关于保护和合理利用自然资源的原则规定;土地管理法、水法、草原法、森林法、矿产资源法和环境保护法等法律中,关于合理开发和综合利用资源也有相应的规定;《循环经济促进法》《清洁生产法》《节约能源法》等法律也有资源综合利用的相关规定。(2)国家现行资源综合利用方针政策和行政规章。"十二五"规划开局以来,各相关部委先后出台政策指引资源综合利用,国务院办公厅印发的《能源发展战略行动计划(2014—2020年)》、工信部印发的《大宗工业固体废物综合利用"十二五"规划》、国土资源部印发的《矿产资源节约与综合利用"十二五"规划》对资源综合利用的一系列经济政策、技术政策和管理措施作了明确的规定。进入"十三五"时期,工业和信息化部印发的《京津冀及周边地区工业资源综合利用产业协同发展行动计划(2015—2017年)》以及中央机构印发的各类技术标准、先进目录等政策文件也对资源综合利用作出了具体而详细的指导和规定。

四、主要内容框架

从遵循节约资源和保护环境基本国策、建设美丽中国的全局出发,我们应当立足中国现代化进程的实际需求,重新审视资源综合利用的理念内涵、基本法律关系等,明确"资源综合利用法"的调整范围、框架结构、主要制度和管理体制等规范。主要内容框架如下:

第一章　总则。涵盖立法目的、调整对象、适用范围、遵循原则、管理职责、政府职责、企事业单位的义务、社会组织、公众的义务和权利等。

第二章　基本管理制度。根据资源综合利用的特点和有关规定,应当从立法上明确应建立健全的资源综合利用监督管理制度,包括资源综合利用规划制度、固定资产投资项目审核制度、资源综合利用认定制度、资源消耗限额制度、标准标识制度、统计核算制度、生产者责任延伸制度、资源综合利用评价与考核制度等。

第三章　原生资源合理开发利用。各级政府应当统筹规划、综合开发自然资源,坚持节约资源、合理开发和综合利用的原则,对土地、矿产资源等进行合理开发和综合利用。

第四章　产业废弃物系统利用。对产业废弃物的排放作出限制,促进其合理利用。规范工业固体废弃物综合利用,工业循环用水,废气、余热、余压综合利用,建筑材料及建筑废弃物综合利用等。工业生产中的废弃物的处理,要认真执行以综合利用为基础的资源化、减量化和无害化政策。

第五章　再生资源回收利用。对生产和生活消费中的再生资源的回收加工利用作出规定。进一步完善国家关于再生资源实行充分回收、合理利用、先利用后回炉的工作方针,建立健全回收和修旧利废制度。主要内容涵盖再生资源回收体系建设、废旧电子产品回收利用、电池回收利用、报废车船设备回收、机电产品再制造与使用、包装物回收利用等。

第六章　鼓励政策。实行资源综合利用的优惠鼓励政策。在政府绿色采购、税收、信贷、价格、公共设施和服务业节约管理等政策方面实行鼓励与倾斜,建立资源综合利用的奖励制度,激励单位和个人搞好综合利用。

第七章　法律责任。建立健全资源综合利用法律责任制,保证资源综合利用法及其对策措施的有效实施。凡是违反资源综合利用法律规范,不履行法律规定的责任和义务,实施法律禁止的行为,或者滥用权力牟取非法物质经济利益,侵犯他人合法权益,严重浪费、破坏国家资源者,都应依法追究法律责任。

五、与相关法律之间的关系

我国《宪法》第 9 条规定,"国家保障自然资源的合理利用"。这为资源综合利用法的制定提供了立法依据和指导原则。

现行《土地管理法》《水法》《矿产资源法》《森林法》《草原法》等自然资源法,主要是调整自然资源的所有权和使用权的权属关系、开发利用关系、保护关系和管理关系,其目的是强化自然资源管理,保证对其进行合理开发利用和保护。其中,对自然资源的合理开发利用,就包含有采取措施对其进行综合开发利用的内容。但除了《矿产资源法》《水法》对综合开发利用有明确的政策原则性规定外,其他都缺乏明确的资源综合利用规定。

现行《环境保护法》《水污染防治法》《大气污染防治法》《固体废物污染防治法》等环境保护法主要是调整因保护和改善环境、防治污染和其他公害而引起的社会关系的法律,很少涉及资源综合利用的规定。仅在《固体废物污染防治法》中有对废弃物采取综合利用的原则性规定,而且指向的是防治污染。

另外,现行《节约能源法》是从用能管理角度对减少污染物排放、有效合理利用能源进行的规范;《可再生能源法》是从能源结构调整和新能源发展领域所作出的规范;《清洁生产法》是从源头削减污染、提高资源利用效率作出的规范;《循环经济促进法》是在物质的循环、再生、利用的基础上发展经济,促进资源循环利用的规范。从调整的领域范围来看,资源综合利用法不影响源头生产环节关于《清洁生产法》的适用,也不影响《循环经济促进法》关于减量化、再利用、资源化的法律适用。

总之,作为专门集中、全面系统地调整物质资源的综合开发建设和综合利用生产经营管理关系及其行政监督管理关系的法规——资源综合利用法,与相邻法律在概念、调整对象、目的任务、基本原则及法律关系的主体、内容和客体等基本问题上具有明显的差异性。加之,相邻法律关于资源综合利用的规范大都相对单一分散,一般都是针对某一特定领域的专门性规范或附带性规范。因此,资源综合利用的发展亟需法律的总体谋划和规制,需要一部从全局上统领资源综合利用的法律规范,资源综合利用立法仍具有重要的时代和战略意义。

(截至目前,国务院及相关部门已制定资源综合利用类行政规章和规范性文件200余件,其中进入21世纪以来的有效文件亦有100件以上。详细统计及文件目录另行整理附录<略>)

重庆大学资源综合利用法研究团队负责人　陈德敏
2018年3月

附8

求实创新之路：从资源综合利用到推进循环经济[①]

重庆大学　陈德敏

中国从1978年至2018年的改革开放历程，是革故鼎新、跌宕起伏、砥砺前行、经济腾飞的四十年，是求实奋进、开拓崛起、创造辉煌、"换了人间"的四十年。抚今追昔，这归功于我们党正确的中国特色社会主义道路选择和基本路线坚持，归功于中国人民艰苦卓绝、勤劳智慧的奋斗与奉献，在人类历史长河中的"弹指一挥间"书写了彪炳史册的华彩篇章，以世界公认的"中国奇迹"为中华民族复兴伟业奠定了坚实之基。

在四十年改革开放进程中，与时俱进探索成就了一个从资源综合利用到循环经济的新兴事业，为中国的可持续发展开拓了节约利用资源、有效保护环境的成功路径，成为经济建设与社会进步中不可替代的组成部分，值得珍视，更应承续。

改革开放以来的时代大潮促进了发展理念的更新，从中国资源总体短缺的现实出发，催生了数次重要决策出台，开启了相应的发展时段，趟出了一条具有中国特色的资源综合利用及循环高效利用的新路。

——1985年国务院批转原国家经委《关于开展资源综合利用若干问题的暂行规定》（国发〔1985〕117号），明确重要意义、目标任务、行动方式，制定了一系列鼓励开展的政策和措施。从1985年至1995年，我国主要资源综合利用规模不断扩大，技术水平不断提高，在缓解资源紧缺和增加供给、提高社会经济效益、治理与保护环境、促进经济增长方式转变等方面发挥了重要作用。期间，在原国家经贸委组织指导下，创立了中国资源综合利用

[①] 应邀为中国循环经济协会纪念改革开放40年专辑撰写专稿。

协会。

——1996年国务院批转印发了《国家经贸委等部门关于进一步开展资源综合利用的意见》(国发〔1996〕36号),这是当时继续指导我国主要综合利用的纲领性文件。为进一步推进落实激励政策,多部委印发了《重要综合利用目录》作为企业优惠支持的依据。同年7月,国家计委主任办公会研究同意将"中华人民共和国资源综合利用法"(送审稿)正式上报国务院审查后,提交全国人大常委会审议。该法的起草研究是在原国家计委资源综合利用司主持下,从1990年起进行的。我有幸受聘担任起草组副组长和主要执笔人,经过历时六年多的立法调研、广泛征求国务院各部门各省市书面修改意见、多次听取专家企业家咨询论证,无数次修改内容条文,先后正式上会讨论六易其稿。因机构调整及换届等多种原因,虽然本法送审稿搁置未出台,但是为后来相关法律的制定出台打下了厚实的理论与实践根基。

——2003年10月11日召开的党的十六届三中全会中提出"坚持以人为本,树立全面、协调、可持续的发展观,促进经济社会和人的全面发展",从而确立了坚持科学发展观的重大指导思想。在这样的宏观背景下,2004年9月27日国务院召开的第一次全国循环经济工作会议全面部署发展循环经济,给予配套政策的持续支持,并对循环经济的概念给出了一个明确定义:循环经济是一种以资源的高效利用和循环利用为核心,以"减量化、再利用、资源化"为原则,以低消耗、低排放、高效率为基本特征,符合可持续发展理念的经济增长模式,是对"大量生产、大量消费、大量废弃"的传统增长模式的根本变革。进入21世纪,循环经济模式开始为实业界和学术界所关注。2002年5月我在北京召开的"国际环境保护大会"专题论坛上发言时第一次提出了"循环经济的核心是资源循环利用"的概念阐述,其后以此撰写发表论文,这一观点为国家领导层和宏观经济管理部门所采纳。

——2005年6月27日在党中央召开的工作会议上,胡锦涛同志指出:"节约能源资源,走科技含量高、经济效益好、资源消耗低、环境污染少、人力资源优势得到充分发挥的路子,是坚持和落实科学发展观的必然要求,也是关系中国经济社会可持续发展全局的重大问题。"此后,国务院颁发了《国务院做好建设节约型社会重点工作通知》,对建设节约型社会进行了部署。此前两年我们团队在国内率先开展了资源节约型社会的政策与制度研究;2005年3月我们的课题研究成果"节约型社会内涵特征和实现路径"被国务院研究室整理为《国务院研究室报告》(2005年第6号),专报中央政治局和国务院领导同志参考。在2005年10月召开的中国共产党第十六届五中全会上,中央正式将建设资源节约型、环境友好型社会确定为国民经济与社会发展中长期规划的一项战略任务。

——2008年9月第十一届全国人大第四次会议通过了《中华人民共和国循环经济促进法》,于2009年1月1日起实施。这部法律发挥了促进循环经济发展、提高资源利用效率、保护和改善环境的法律保障作用。该法起草研究历时三年多,期间经全国人大领导同志提议和起草小组安排,我作为参与起草专家撰写提交了《循环经济法》重庆大学建议版本,为起草直接提供了内容框架和条文参考。

——2012年以来,党的十八大、十九大确立和坚持生态文明五位一体总体布局,推进绿色、循环、低碳发展,使循环经济与资源合理利用得到更加广泛而深入的发展,实践成效进一步全面显现。2013年8月15日经民政部批准原中国资源综合利用协会更名成立为中国循环经济协会,由国务院国资委管理,业务上接受国家发改委等部门指导,国家发改委原副秘书长赵家荣同志担任第一任会长。五年来,协会贯彻基本国策,落实循环经济法规,团结依靠广大会员和协调各方力量,出色发挥了重要的桥梁纽带作用。

以上适应时代发展而作出的多次重要决策和工作部署推进,开启了一条适合中国国情的可行之路,促进了资源综合利用规模质量的跃升,进而全面衔接了我国循环经济的推开与拓展。

回眸来路,珍惜成果。30余年来,从资源利用到循环经济取得了令人瞩目的突出成绩。据有关部门和机构统计的主要指标对比列表如下:

表1 工业固体废弃物产生量和综合利用量/综合利用率

年度	工业固体废弃物产生量（万吨）	工业固体废物综合利用量（万吨）	工业固体废弃物综合利用率（%）
1995	64474	28511	44.22%
2000	81608	37451	45.89%
2005	134449	76993	57.27%
2010	240944	161772	67.14%
2016	314558	186920	59.42%

表2 废弃物资源回收利用主要数据

序号	名称	单位	1985年	1995年	2015年	2016年	2017年	增幅%（2017年较1995年）
1	废钢铁	万吨	2563	4100	14380	15130	17391	324.2%
2	废有色金属	万吨	14.03	93.22	876	937	1065	1042.5%
3	废塑料	万吨			1800	1878	1693	
4	废纸	万吨	176	580	4832	4963	5285	811.2%
5	废轮胎	万吨			500.6	504.8	507	
6	废弃电器电子产品	万吨			348	366	373.5	
7	报废汽车	万吨			871.9	721.3	665.8	
8	废玻璃	万吨			850	860	1070	
9	废电池（铅酸除外）	万吨			10	12	17.6	
	合计（重量）	万吨			24550.4	25642.1	28200.0	

数据来源：1997年原国家经贸委编写的《中国资源综合利用》《中国再生资源回收行业发展报告》以及相关协会的统计资料。

面对来之不易的成果，应当特别点赞的是：改革开放40年来，为资源综合利用到循环经济发展作出了持续贡献的各级各类劳动者们功不可没，值得致敬！

立足当前，直面挑战。在回顾前瞻之际，为发展我国的资源循环利用事业，需要对存在的主要问题有所认识。

1.在生态文明建设进程中全面强化了人们的环保意识，但对节约与合理利用资源的意识尚未同步提升。

2.本领域源头的行业规划和过程的调控规范亟待完善。近年来国家相关主管部门出台了不少规划、指导意见、行动方案及办法等,但单项指导意图明显,缺乏体系化引领,难以发挥应有指导作用。

3.相关管理部门统筹协调方式反复变化,已形成的有效机制坚持不够,行业、企业被动应付,发展缺乏稳定性。

4.产业政策尚不连贯,科技创新及技改政策措施滞后,财政、金融优惠支持政策起伏收缩,对骨干企业激励扶持不够,相关行业小、散、弱的不适应状况依然存在。

5.缺少有约束力的法律规范保障。《清洁生产促进法》对产业资源综合利用领域的规制作用有限;《循环经济促进法》多为原则性规定,缺少实践操作性,执行落地难,面临着结构和内容的较多修订;资源循环利用行业企业呼唤依法管控和按章规范。

展望前景,深化改革再出发。为此,必须立足中国实际,实事求是地提高认识,改革完善,及时采用强有力的行动策略。

一是确立节约资源、综合利用、循环利用、物尽其用的基本理念,进一步明确指导思想,形成推进工作的共识。明确这是适应中国国情和文明继承,贯彻节约资源、保护环境基本国策的中国特色之路。

二是各级政府有关部门牵头协调,充分发挥政府引领指导市场主体的功能,在市场经济体制作用下,为企业营造采用新技术新工艺、促进优胜劣汰、提高服务质量的发展环境。

三是对于这一具有社会公益性质的领域,相关扶持优惠政策应当一以贯之,适度修改调整,以形成激励、惩处等政策实施的合力。

四是依靠科技进步,建立科技人才引入机制和多元筹资协同研发方式,增加科技资金投入,推进本领域持续的技术创新,不断寻找和开拓新的利用功能和新的有效回用方式,使废弃物资源回收更为充分,再加工更为环保有效,绿色产品更加适合市场及民众需求。

五是完善我国资源循环利用产业法规体系,以产品生命周期为参照,构建资源循环利用产业监管制度体系,有效调控废弃物资源回收利用产业链各环节的运行拓展;全面修订《循环经济促进法》,研究制定《废弃物资源再生利用法》;分层次完善资源循环利用产业经营管理的系列规章,制定和执行科学的技术标准;分别对加工环节及产品严格规范,进而推动资源循环利用产业依法有序稳定发展。

  40年回望,感悟颇多;参与其中,言之亦切。提出问题供分析探讨,不当之处请予指正。

2018年9月

参考文献

一、中文部分

马克思:《资本论》第1卷,人民出版社2004年版。

商务部:《中国再生资源回收行业发展报告》,2013—2018年。

国家统计局:《中国统计年鉴》,2006—2017年。

工业和信息化部等:《工业和信息化部商务部科技部关于加快推进再生资源产业发展的指导意见》,2017年。

陈德敏、杜健勋:《循环经济理性下的资源安全制度创新研究》,《中国人口·资源与环境》2009年第5期。

陈德敏、高艳红:《劳动力成本上升背景下废旧物资回收企业与政府行为分析——一个激励契约的设计》,《中国人口·资源与环境》2013年第12期。

陈德敏、谭志雄:《循环经济:产业发展方式转变的新路径》,《经济问题探索》2011年第3期。

陈德敏等:《全要素能源效率与中国经济增长收敛性——基于动态面板数据的实证检验》,《中国人口·资源与环境》2012年第1期。

陈德敏等:《基于省域空间视角的资源型城市经济转型研究——以重庆市为例》,《软科学》2012年第5期。

陈德敏:《节约型社会法律保障论》,人民出版社2008年版。

陈德敏:《循环经济的核心内涵是资源循环利用——兼论循环经济概念的科学运用》,《中国人口·资源与环境》2004年第2期。

陈德敏:《中国可再生资源综合利用的战略思路与对策》,《中国软科学》2003年第8期。

陈德敏:《资源循环利用论》,新华出版社2006年版。

周宏春:《"互联网+"废品回收:催生新业态》,《中国资源综合利用》2016年第2期。

周宏春:《促进环保产业和循环经济的有机衔接》,《环境保护》2014年第17期。

周宏春:《废旧电器电子产品管理及其对策建议》,《再生资源与循环经济》2015年第4期。

周宏春:《力促生态环境质量明显改善——2016年政府工作报告解读》,《环境保护》2016年第5期。

周宏春:《绿色化是我国现代化的重要组成部分》,《中国环境管理》2015年第3期。

周宏春:《让绿色发展迈上"互联网+"快车道》,《中国发展观察》2016年第1期。

周宏春:《生态文明体制改革:知易行难》,《中国环境管理》2016年第1期。

周宏春:《探讨废旧电子电器产品管理方略》,《资源再生》2015年第6期。

周宏春:《我国再生资源产业发展的思路与对策》,《发展研究》2008年第9期。

周宏春:《我国再生资源产业发展现状与存在问题》,《中国科技投资》2010年第4期。

杜欢政等:《再生资源利用与区域特色经济——以浙江省为例》,《中国统计》2006年第12期。

杜欢政、张芳:《中国资源循环利用产业发展模式研究》,《生态经济》2013年第7期。

杜欢政、张旭军:《循环经济的理论与实践:近期讨论综述》,《统计研究》2006年第2期。

杜欢政:《再生资源——21世纪的主导产业》,《资源再生》2008年第6期。

杜欢政:《中国资源循环利用产业发展研究》,科学出版社2013年版。

蒲勇健、陈德敏:《再生资源与一次资源之间的动态价格关联》,《重庆大学学报(社会科学版)》1996年第3期。

蒲勇健等:《中国再生资源产业的技术效率及影响因素研究——基于随机前沿超越对数生产函数的分析》,《工业技术经济》2014年第12期。

谭志雄、陈德敏:《回顾与前瞻:中国循环经济的时代性拓展》,《贵州社会科学》2011年第9期。

谭志雄、陈德敏:《中国低碳城市发展模式与行动策略》,《中国人口·资源与环境》2011年第9期。

高艳红等:《废弃电器电子产品处理补贴政策优化、退出与税收规制》,《系统管理学报》2016年第4期。

高艳红等:《再生资源产业替代如何影响区域节能空间大小——中国省域经济视角的实证检验》,《经济科学》2015年第5期。

高艳红等:《保证金退还制度下废旧电器电子产品回收定价模型》,《科研管理》2015年第8期。

高艳红等:《再生资源产业替代如何影响经济增长质量?——中国省域经济视角的实证检验》,《经济科学》2015年第1期。

高艳红等:《废弃电器电子产品处理补贴政策——优化、退出与税收规制》,《系统管理学报》2016年第7期。

周启梁、陈德敏:《循环经济的理念演进及其实现路径》,《科技进步与对策》2006年第1期。

刘涛、李蜀庆:《区域可持续发展中经济增长与环境保护的关系及对策研究》,《软科学》2004年第3期。

陈勇等:《钢铁企业循环经济发展水平评价指标体系的构建及应用》,《中国软科学》2009年第12期。

张强等:《区域产业集聚与经济增长影响因素研究》,《重庆大学学报(社会科学版)》2015年第3期。

张勇、蒲勇健:《产业结构变迁及其对能源强度的影响》,《产业经济研究》2015年第2期。

蔡吉跃、蔡振:《再生资源产业发展的国际经验与启示》,《经济地理》2010年第12期。

陈安全:《中国循环经济运行效率的评估与空间差异性研究——基于DEA-ESDA的探索性分析》,《生态经济》2015年第12期。

程会强:《再生资源行业升级创新促进绿色发展》,《环境保护》2016年第17期。

单宝:《政府政策与循环经济发展》,《生态经济》2005年第10期。

单豪杰:《中国资本存量K的再估算:1952—2006》,《数量经济技术经济研究》2008年第10期。

邓光君:《基于产业链分析的资源再生产业发展模式研究》,《湖北社会科学》2012年第5期。

董锁成、范振军:《中国电子废弃物循环利用产业化问题及其对策》,《资源科学》2005年第1期。

冯慧娟等:《再生资源产业链及产业组织形式分析》,《环境与可持续发展》2009年第6期。

冯慧娟、张继承:《论再生资源产业的发展——基于产业链运行机制的分析》,《生态经济》2009年第10期。

冯慧娟:《我国再生资源产业的多级治理模式研究》,《生态经济》2013年第12期。

郭庭政、段宁:《资源再生产业特征解析:基于"结构—行为—绩效"范式的研究》,《生态经济》2012年第6期。

郭庭政:《我国资源再生产业集群化及其影响因素研究》,博士学位论文,大连理工大学,2009年。

郭学益等:《日本再生资源产业发展对我国的借鉴》,《中国资源综合利用》2006年第12期。

何强:《要素禀赋、内在约束与中国经济增长质量》,《统计研究》2014年第1期。

黄少鹏:《重视深加工完善再生资源产业结构》,《再生资源与循环经济》1994年第8期。

贾国柱等:《基于改进DEA模型的建筑业循环经济效率评价研究》,《管理评论》2014年第4期。

贾国柱等:《基于支持向量机的建筑企业循环经济评价研究》,《管理评论》2013年第5期。

贾学军:《我国公众参与再生资源产业发展的现状分析与推进措施》,《再生资源与循环经济》2007年第6期。

江涛、张天柱:《煤炭行业循环经济发展模式与指标体系研究》,《中国人口·资源与环境》2007年第6期。

金丹阳:《再生资源行业应成为我国国民经济发展的重要产业》,《中国资源综合利用》2000年第12期。

李健等:《中国再生资源产业集群变动趋势及影响因素研究》,《中国人口·资源与环境》2012年第5期。

李天籽:《自然资源丰裕度对中国地区经济增长的影响及其传导机制研究》,《经济科学》2007年第6期。

李文东:《再生资源产业发展中市场机制的缺陷和对策》,《再生资源研究》2007年第6期。

李小平、朱钟棣:《国际贸易、R&D溢出和生产率增长》,《经济研究》2006年第

2期。

李小平、朱钟棣:《国际贸易的技术溢出门槛效应——基于中国各地区面板数据的分析》,《统计研究》2004年第10期。

李艳梅等:《再生资源产业关联及宏观经济效应分析》,《资源科学》2018年第3期。

李云燕:《循环经济发展中的政府行为作用分析》,《经济与管理》2008年第8期。

刘福森:《发展观念的历史演变》,《中共天津市委党校学报》2005年第3期。

刘光富等:《中国再生资源产业发展问题剖析与对策》,《经济问题探索》2012年第8期。

刘光富等:《基于产品全生命周期理论的再生资源产业政策体系研究》,《科技进步与对策》2014年第9期。

刘光富、严荣爱:《中国再生资源产业园区演进阶段与驱动力研究》,《科技进步与对策》2015年第18期。

刘光富、田婷婷:《基于顶层设计视角的我国再生资源产业链协同发展研究》,《生态经济》2017年第1期。

刘光富等:《中国固体废弃物回收处置产业顶层设计框架研究》,《科技管理研究》2017年第10期。

刘慧慧等:《废旧电器电子产品双渠道回收模型及政府补贴作用研究》,《中国管理科学》2013年第2期。

刘琳琳、杨力:《煤炭企业循环经济评价指标体系的构建》,《统计与决策》2013年第17期。

刘强、张艳会:《再生资源行业发展的现状和机遇》,《中国资源综合利用》2011年第1期。

刘晓平:《基于循环经济的企业环境绩效评价研究》,博士学位论文,大连理工大学,2009年。

路日亮等:《绿色发展的必然性及其发展范式转型》,《北京交通大学学报(社会科学版)》2018年第1期。

马其芳等:《区域农业循环经济发展评价及其障碍度诊断——以江苏省13个市为例》,《南京农业大学学报》2006年第2期。

庞庆明、郭志伟:《中国特色社会主义资本观:历史溯源、当代发展与新时代阐释》,《西北大学学报(哲学社会科学版)》2018年第1期。

彭光晶等:《再生资源从业人员职业培训模式创新与实践》,《再生资源与循环经济》2016年第2期。

曲格平:《发展循环经济是21世纪的大趋势》,《中国环保产业》2001年第1期。

阮宜胜:《我国发展循环经济税收政策研究》,《财贸研究》2006年第6期。

邵帅等:《资源产业依赖如何影响经济发展效率?——有条件资源诅咒假说的检验及解释》,《管理世界》2013年第2期。

邵天一、李华友:《日本城市固体废弃物循环利用管理模式分析》,《环境科学动态》2005年第2期。

唐未兵等:《技术创新、技术引进与经济增长方式转变》,《经济研究》2014年第7期。

陶金国等:《化工园区企业可持续发展能力评价研究——基于南京化工园区企业调查问卷数据》,《中国工业经济》2013年第8期。

王昶等:《日德城市矿产开发利用的实践及启示》,《城市问题》2018年第4期。

王虹、段宇琛:《再生资源综合利用评价指标体系构建》,《科技管理研究》2011年第22期。

王建民、狄增如:《"顶层设计"的内涵、逻辑与方法》,《改革》2013年第8期。

王文铭等:《循环经济背景下我国再生资源开发与利用研究》,《生态经济》2011年第10期。

魏家鸿:《国外资源再生产业发展现状浅析》,《世界有色金属》2004年第4期。

吴解生:《再生资源产业的涵义、构成、特征及其与环保产业的区别》,《再生资源与循环经济》2002年第5期。

郗永勤、艾良友:《我国省域循环经济发展的综合评价、类型分析与路径探讨》,《中国行政管理》2015年第4期。

谢琨、刘思峰:《基于灰色评估的钢铁企业生态效率评价》,《生态经济》2016年第5期。

薛耀文、宋媚:《循环经济发展各阶段仿真研究》,《中国软科学》2007年第8期。

严耕等:《中国省域生态文明建设的进展与评价》,《中国行政管理》2013年第10期。

张必清:《再生物流系统绩效评价指标体系的构建》,《再生资源与循环经济》2010年第6期。

张菲菲等:《再生资源产业人才需求与院校专业人才培养分析》,《再生资源与循环经济》2014年第6期。

张菲菲、郎庆成:《再生资源产业发展的市场化路径探讨》,《再生资源与循环经济》2009年第11期。

张菲菲、彭光晶:《2010年再生资源产业宏观发展环境综述》,《再生资源与循环经济》2010年第11期。

张菲菲:《供给侧结构性改革背景下关于再生资源产业转型升级的思考》,《再生资源与循环经济》2017年第2期。

张海洋:《R&D两面性、外资活动与中国工业生产率增长》,《经济研究》2005年第5期。

张思锋、周华:《循环经济发展阶段与政府循环经济政策》,《西安交通大学学报(社会科学版)》2004年第3期。

张筱雷:《建立我国再生资源回收利用体系支持经济可持续发展战略》,《科技与经济》2004年第6期。

张旭军、胡文蔚:《循环经济与区域经济发展——以台州废旧五金拆解业为例》,《嘉兴学院学报》2006年第4期。

张越:《再生资源产业内涵及其与相关产业关系》,《再生资源与循环经济》2008年第12期。

赵娟、周火平:《我国再生资源产业发展的现状及对策研究》,《中国人口·资源与环境》2013年第S2期。

郑石明、方雨婷:《环境治理的多元途径:理论演进与未来展望》,《甘肃行政学院学报》2018年第1期。

周宾等:《基于AHP-模糊推理的甘肃省循环经济发展度实证分析》,《系统工程理论与实践》2010年第7期。

周春应、章仁俊:《基于SFA模型的我国区域经济技术效率的实证研究》,《科技进步与对策》2008年第25期。

朱坦、张墨:《以"城市矿产"示范基地促资源"新生"》,《环境保护》2010年第21期。

二、英文部分

Aghion P., Howitt P., "A Model of Growth through Creative Destruction", *Econometrica*, Vol.60, No.2, 1992.

Aksen D.et al., "Design and Analysis of Government Subsidized Collection Systems for Incentive-dependent Returns", *International Journal of Production Economics*, Vol.119, No.2, 2009.

Alexis M. et al., "Sustainable Recycling of Municipal Solid Waste in Developing Countries", *Waste Management*, Vol.29, No.2, 2009.

Ali Alichi, Rabah Arezki, "An Alternative Explanation for the Resource Curse: the income Effect Channel", *Applied Economics*, Vol.44, No.22, 2009.

Battese G.E., Coelli T.J., "A Model for Technical Inefficiency Effects in a Stochastic Frontier Production Function for Panel Data", *Empirical Economics*, Vol.20, No.2, 1995.

Bjorvatn et al., "Resource Curse and Power Balance: Evidence from Oil-rich Countries", *World Development*, Vol.40, No.7, 2012.

Boulding, Kenneth E., *The Economics of the Coming Spaceship Earth*, Johns Hopkins University Press, 1966.

Elkington, J., *Cannibals with Forks: The Triple Bottom Line of 21st Century Business*, Capstone Publishing, 1997.

Garrick Louis, Jhih-Shyang Shih, "A Flexible Inventory Model for Municipal Solid Waste Recycling", *Socio-Economic Planning Sciences*, Vol.41, No.1, 2004.

Gordon R. Munro, "The Optimal Management of Transboundary Renewable Resources", *The Canadian Journal of Economics*, Vol.12, No.3, 1979.

Haughton, G., "Environmental Justice and the Sustainable City", *Journal of Planning Education and Research*, Vol.18, No.3, 1999.

Heinz D.Kurz, Neri Salvadori, "The Dynamic Leontief Model and the Theory of Endogenous Growth", *Economic Systems Research*, Vol.12, No.2, 2000.

Hong I.H., Ke J.S., "Determining Advanced Recycling Fees and Subsidies in 'E-scrap' Reverse Supply Chains", *Journal of Environmental Management*, Vol.92, No.6, 2011.

Hotelling, "The Economics of Exhaustible Resources", *Bulletin of Mathematical Biology*, Vol.53, No.1-2, 1991.

Islam M.R., "Renewable Energy Resources and Technologies Practice in Bangladesh", *Renewable & Sustainable Energy Reviews*, Vol.12, No.2, 2008.

J.Kuhner, J.J.Harrington, "Mathematical Models for Developing Regional Solid Waste Management Policies", *Engineering Optimization*, Vol.1, No.4, 1975.

Johnson et al., "Ethnic Variation in Environmental Belief and Behavior: an Examination of the New Ecological Paradigm in a Social Psychological Context", *Environment and Behavior*, Vol.36, No.2, 2004.

Jones C., Munday M., "Evaluating the Economic Benefits from Tourism Spending through Input-Output Frameworks: Issues and Cases", *Local Economy*, Vol.19, No.2, 2004.

Kalimo H., *E-Cycling: Linking Trade and Environmental Low in the EC and the US*, Ardsley: Transnational Publishers, 2006.

Kirkeby J.T.et al., "Environmental Assessment of Solid Waste Systems and Technologies: EASEWASTE", *Waste Management*, Vol.24, No.1, 2006.

Ko H.J., Evans G.W., "A Genetic Algorithm-based Heuristic for the Dynamic Integrated Forward/Reverse Logistics Network for 3PLs", *Computers & Operations Research*, Vol.34, No.2, 2007.

Kumar S., "A Decomposition of Total Productivity Growth", *International Journal of Productivity & Performance Management*, Vol.55, No.3-4, 2006.

Kurz H. D., Salvadori N., "The Dynamic Leontief Model and the Theory of Endogenous Growth", *Economic Systems Research*, Vol.12, No.2, 2000.

Listeş O., Dekker R., "A Stochastic Approach to a Case Study for Product Recovery Network Design", *European Journal of Operational Research*, Vol.160, No.1, 2002.

Lucas, Robert E.Jr, "On the Mechanics of Economic Development", *Journal of Monetary Economics*, Vol.22, No.1, 1989.

M.A.Abduli, "Industrial Waste Management in Tehran", *Environment International*, Vol.22, No.3, 1996.

Malgorzata Crrodzin'ska-Jurcza, "Management of Industrial and Municipal Solid Wastes in Poland.Resource", *Conservation and Recycling*, Vol.32, No.2, 2001.

Mitra S., Webster S., "Competition in Remanufacturing and the Effects of Government Subsidies", *International Journal of Production Economics*, Vol.111, No.2, 2012.

Naushad Kollilckathara et al., "A Purview of Waste Management Evolution: Special Emphasis on USA", *Waste Management*, Vol.29, No.2, 2008.

Office USGA, "International Climate Change Programs: Lessons Learned from the European Union's Emissions Trading Scheme and the Kyoto Protocol's Clean Development Mechanism", *Government Accountability Office Reports*, 2008.

Olli Tahvonen, Jari Kuuluvainen, "Economic Growth, Pollution, and Renewable Resources", *Journal of Environmental Economics and Management*, Vol.24, No.2, 1993.

R.M.Clark, *In Models for Environmental Pollution Control Solid Waste*, Cambridge University Press, 1976.

Robert E.Chapman, Harvey Yakowitz, "Evaluating the Risks of Solid Waste Management Programs: A Suggested Approach", *Resources and Conservation*, Vol.11, No.2, 1984.

Romer P.M., "Endogenous Technological Change", *Journal of Political Economy*, Vol.98, No.98, 1989.

Ronald H.Coase, "The Institutional Structure of Production", *in The Handbook of New Institutional Economics*, Ménard C, Shirley M M(eds.), Springer, 2008.

Shmelev S.E., Powell J.R., "Ecological-economic Modeling for Strategic Regional Waste Management Systems", *Ecological Economics*, Vol.59, No.1, 2006.

Sachs J.D., Warner A.M., "Natural Resource Abundance and Economic Growth", *NBER Working Papers*, Vol.81, No.4, 1995.

San Cristobal J.R., Biezma M.V., "The Mining Industry in the European Union: Analysis of Inter-industry Linkages Using Input-output Analysis", *Resources Policy*, Vol.31, No.1, 2006.

Scheel H., "Undesirable Outputs in Efficiency Valuations", *European Journal of Operational Research*, Vol.132, No.2, 2001.

Simpson R.D., III R.L.B., "Taxing Variable Cost: Environmental Regulation as Industrial Policy", *Journal of Environmental Economics & Management*, Vol.30, No.3, 1996.

Vita G.D., "Natural Resources Dynamics: Exhaustible and Renewable Resources, and the Rate of Technical Substitution", *Resources Policy*, Vol.31, No.3, 2006.

Walsh, E.et al., "Quantitative Guidelines for Urban Sustainability", *Technology in Society*, Vol.28, No.1, 2006.

Wang, H.J., "A Stochastic Frontier Analysis of Financing Constraints on Investment: The Case of Financial Liberalization in Taiwan", *Journal of Business and Economic Statistics*, Vol.21, No.3, 2003.

William M.Brown, "The Meaning of Scarcity in the 21st Century: Drivers and Constraints to the Supply of Minerals Using Regional, National and Global Perspectives", U.S. Geological Survey Open-File Report, 2002.

Xu Y.et al., "SRCCP: A Stochastic Robust Chance-constrained Programming Model for Municipal Solid Waste Management under Uncertainty", *Resources Conservation & Recycling*, Vol.53, No.6, 2009.

后　　记

本书付梓之际,中国共产党十九届四中全会于2019年10月28日至31日举行并审议通过了《中共中央关于坚持和完善中国特色社会主义制度、推进国家治理体系和治理能力现代化若干重大问题的决定》,其中重申了"坚持节约资源和保护环境的基本国策";提出"全面建立资源高效利用制度""落实资源有偿使用制度,实行资源总量管理和全面节约制度。健全资源节约集约循环利用政策体系。普遍实行垃圾分类和资源化利用制度"。本书的面世,因应了新时代生态文明建设和资源节约利用的战略需求,呈现了国家社科基金重大项目"我国再生资源产业顶层设计与发展实现路径研究"的理性分析及建制规范等策略,正逢其时。

本研究团队同仁将持续跟进调查研究,主动服务于资源再生利用产业领域的前瞻研判、改革调整与机制完善,为中华民族伟大复兴与可持续发展,奉献学者的点滴智慧。

特此谨记。

陈德敏
2019年11月

责任编辑:李媛媛
封面设计:周方亚
责任校对:陈艳华

图书在版编目(CIP)数据

我国再生资源产业发展研究:顶层设计与实现路径/陈德敏 著.—北京:
  人民出版社,2019.12
ISBN 978-7-01-021456-6

Ⅰ.①我… Ⅱ.①陈… Ⅲ.①再生资源行业-产业发展-研究-中国
Ⅳ.①F259.2

中国版本图书馆 CIP 数据核字(2019)第 234202 号

我国再生资源产业发展研究:顶层设计与实现路径
WOGUO ZAISHENG ZIYUAN CHANYE FAZHAN YANJIU DINGCENG SHEJI YU SHIXIAN LUJING

陈德敏 著

人 民 出 版 社 出版发行
(100706 北京市东城区隆福寺街 99 号)

中煤(北京)印务有限公司印刷 新华书店经销
2019 年 12 月第 1 版 2019 年 12 月北京第 1 次印刷
开本:710 毫米×1000 毫米 1/16 印张:20.25
字数:280 千字
ISBN 978-7-01-021456-6 定价:69.00 元

邮购地址 100706 北京市东城区隆福寺街 99 号
人民东方图书销售中心 电话 (010)65250042 65289539

版权所有·侵权必究
凡购买本社图书,如有印制质量问题,我社负责调换。
服务电话:(010)65250042